《我们深圳》

首部全面记录深圳人文的非虚构图文丛书

《我们深圳》丛书，

因“我们”而起，为“深圳”而生。

这是一套“故园家底”丛书。

这是一套“城市英雄”丛书。

这是一套“蓝天绿地”丛书。

这是一套“都市精灵”丛书。

《我们深圳》，是你的！

谨以此书献给深圳经济特区建立四十周年

《园岭叙事：深圳社区记忆》创作团队

总策划：罗 平

编委主任：赖育明

编委副主任：王 强

编委：苏志权 郭 超 欧国强 陈 毅 黄思睿 郑奇武 刘振廷 范 丹

统筹：徐雅岚

策划统稿：老 亨 孟文英 朱蔓青

特约撰稿：何 良 董韶华 陆 佳 陈志清 水去先生 憩园 冰凌花 江飞泉等

访谈采写：杨晓霞 柴小平 魏沛娜 黄芷如 黄颖怡 潘燕生 袁叙田 邵永玲等

园岭叙事

深圳市福田区园岭街道办事处/编著

深圳社区记忆

我们深圳

MEMORIES OF YUANLING

深圳报业集团出版社

八卦岭产业升级，由工业区成功转型为综合服务区

园岭风貌几经变迁，从一片低矮浑圆的山岭，变成特区建制后第一块经济、政治、文化的根基与中心，堪称深圳“大IP”

绿意盎然的园岭，成为辖区人民良好的生产生活环境

园岭的生活气息浓厚，食街、商城、菜市场，商业配套非常齐全

深圳经历了从商品短缺到商品极大丰富的变化过程。1984年，在全国率先取消一切票证，粮食、猪肉、棉布、食用油等商品敞开供应，价格放开

八卦岭片区正在转型升级，旧厂房和新高楼错落有致，形成独特风景（憩园 供图）

园岭拥有四通八达的交通系统，是深圳不可多得的黄金地段

许多独具特色的书吧、文创店隐匿于建材市场和印刷厂林立的八卦岭工业区。图为飞地书局一角（憩园 供图）

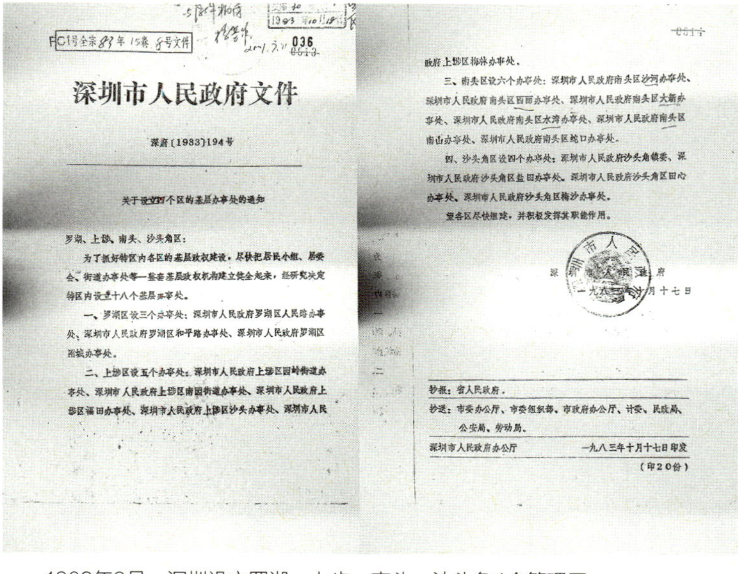

FC1号全宗83年15卷8号文件

036

深圳市人民政府文件

深府〔1983〕194号

关于设立四个区的基层办事处的通知

罗湖、上埗、南头、沙头角区：

为了抓好特区内各区的基层政权建设，尽快把居民小组、居委会、街道办事处等一整套基层政权机构建立健全起来，经研究决定特区内设立十八个基层办事处。

一、罗湖区设三个办事处：深圳市人民政府罗湖区人民路办事处、深圳市人民政府罗湖区和平路办事处、深圳市人民政府罗湖区附城办事处。

二、上埗区设五个办事处：深圳市人民政府上埗区园岭街道办事处、深圳市人民政府上埗区南园街道办事处、深圳市人民政府上埗区福田办事处、深圳市人民政府上埗区沙头办事处、深圳市人民政府上埗区梅林办事处。

三、南头区设六个办事处：深圳市人民政府南头区沙河办事处、深圳市人民政府南头区西丽办事处、深圳市人民政府南头区大新办事处、深圳市人民政府南头区水湾办事处、深圳市人民政府南头区南山办事处、深圳市人民政府南头区蛇口办事处。

四、沙头角区设四个办事处：深圳市人民政府沙头角镇委、深圳市人民政府沙头角区盐田办事处、深圳市人民政府沙头角区田心办事处、深圳市人民政府沙头角区梅沙办事处。

望各区尽快组建，并积极发挥其职能作用。

深圳市人民政府

一九八三年十月十七日

抄报：省人民政府。

抄送：市委办公厅、市委组织部、市政府办公厅、计委、民政局、公安局、劳动局。

深圳市人民政府办公厅　　一九八三年十月十七日印发

（印20份）

1983年9月，深圳设立罗湖、上步、南头、沙头角4个管理区。其中上步区即如今福田区的前身，辖园岭、南园、福田、沙头、上梅林5个街道办事处。同年11月，园岭街道办事处正式成立

014

总序

《我们深圳》？

是的。我们，而且深圳。

所谓“我们”，就是深圳人：长居深圳的人，暂居深圳的人，曾经在深圳生活的人，准备来深圳闯荡的人；是所有关注、关心、关爱深圳的人。

所谓“深圳”，就是我们脚下、眼前、心中的城市：是深圳市，也是深圳经济特区；是撤关以前的关内外，也是撤关以后的大特区；是1978年以来的改革热土，也是特区成立之前的南国边陲；是现实的深圳，也是过去的深圳、未来的深圳。

《我们深圳》丛书，因“我们”而起，为“深圳”而生。

这是一套“故园家底”丛书，它会告诉我们：深圳从哪里来，到哪里去，路边有何独特风景，地下有何文化遗存。我们曾经唱过什么歌，跳过什么舞，点过什么灯，吃过什么饭，住过什么房，做过什么梦……

这是一套“城市英雄”丛书，它将一一呈现：在深圳，为深圳，谁曾经披荆斩棘，谁曾经独立潮头，谁曾经大刀阔斧，谁曾经侠胆柔情，谁曾经出生入死，谁曾经隐姓埋名……

这是一套“蓝天绿地”丛书，它将带领我们遨游深圳天空，观测南来北往的鸟，领略聚散不定的云，呼叫千姿百态的花与树，触碰神出鬼没的兽与虫。当然，还要去海底寻珊瑚，去古村采异草，去离岛逗灵猴，去深巷听传奇……

这是一套“都市精灵”丛书，它会把美好引来，把未来引来。科技的、设计的、建筑的、文化的、创意的、艺术的……这座城市，已经并且正在创造如此之多的奇迹与快乐，我们将召唤它们，吟诵它们，编织它们，期待它们次第登场，一一重现。

这套书，是都市的，是时代的。

是注重图文的，是讲究品质的。

是故事的，是好读的，是可爱的，是美妙的。

是用来激活记忆的，是拿来珍藏岁月的。

《我们深圳》，是你的！

胡洪侠

2016年9月4日

目录

CONTENTS

四、往事如昨

相关附录

后记

、剧院等"大大文化设施"，大多集聚在这里，构成了深圳这个新型城市的骨骼和精神。所有的这一切，都攸关园岭，都发生在大园岭这块热土上。园岭有深圳最棒的学校之一、最棒的书吧之一、最深圳的
，但就事论事居多，散佚支离不成体系，这次算是有了第一本讲得清"小园岭、大园岭"，讲得清园岭的过去、现在和未来的专著了。《园岭叙事》对园岭发展的脉络梳理得很清晰，重点也非常突出，但是丝
这种方式去往深圳更多街道社区作客叙谈，摆"龙门阵"。《园岭叙事》是一本非虚构作品，立足于纪实，却不乏文学的创意。资深作家、纪录片导演何良，前深圳青年杂志社社长、总编辑董韶华，深圳女作
园岭是深圳的"上只角"，大园岭是深圳的"大IP"，《园岭旧事》《园岭迷藏》《园岭之恋》都是演绎园岭IP极具张力、极具想象力的文学发引。《园岭叙事》之后，期待更多园岭题材的诗歌、散文、小说
历史，"打捞"园岭，书写园岭故事、弘扬园岭精神，《园岭叙事》是个尝试、是个开端。感谢所有为本书编撰做出努力的各位创作者、受访者、支持者以及默默奉献的团队工作人员。要说深圳的历史，得从
成立以后最早规划、最成规模的工业区，电子产业、印刷产业、服装产业等深圳后来的支柱产业，在这里起步，并形成气候。通心岭住宅区、园岭新村住宅区、白沙岭住宅区，是深圳特区成立后参照国际标准
，大多集聚在这里，构成了深圳这个新型城市的骨骼和精神。所有的这一切，都攸关园岭，都发生在大园岭这块热土上。园岭有深圳最棒的学校之一、最棒的书吧之一、最深圳的传奇之一、最深圳的文化之一
离不成体系，这次算是有了第一本讲得清"小园岭、大园岭"，讲得清园岭的过去、现在和未来的专著了。《园岭叙事》对园岭发展的脉络梳理得很清晰，重点也非常突出，但是丝毫没有学究式的枯燥乏味，
社区作客叙谈，摆"龙门阵"。《园岭叙事》是一本非虚构作品，立足于纪实，却不乏文学的创意。资深作家、纪录片导演何良，前深圳青年杂志社社长、总编辑董韶华，深圳女作家朱蔓青、冰凌花、魏沛娜
大园岭是深圳的"大IP"，《园岭旧事》《园岭迷藏》《园岭之恋》都是演绎园岭IP极具张力、极具想象力的文学发引。《园岭叙事》之后，期待更多园岭题材的诗歌、散文、小说、剧本不断地涌现出来，大
园岭故事、弘扬园岭精神，《园岭叙事》是个尝试、是个开端。感谢所有为本书编撰做出努力的各位创作者、受访者、支持者以及默默奉献的团队工作人员。要说深圳的历史，得从南头古城、大鹏所城、东门
规模的工业区，电子产业、印刷产业、服装产业等深圳后来的支柱产业，在这里起步，并形成气候。通心岭住宅区、园岭新村住宅区、白沙岭住宅区，是深圳特区成立后参照国际标准兴建的新式住宅区，特区的
了深圳这个新型城市的骨骼和精神。所有的这一切，都攸关园岭，都发生在大园岭这块热土上。园岭有深圳最棒的学校之一、最棒的书吧之一、最深圳的传奇之一、最深圳的文化之一，园岭故事值得写出来、
了第一本讲得清"小园岭、大园岭"，讲得清园岭的过去、现在和未来的专著了。《园岭叙事》对园岭发展的脉络梳理得很清晰，重点也非常突出，但是丝毫没有学究式的枯燥乏味，而是以众多人物记忆的方
阵"。《园岭叙事》是一本非虚构作品，立足于纪实，却不乏文学的创意。资深作家、纪录片导演何良，前深圳青年杂志社社长、总编辑董韶华，深圳女作家朱蔓青、冰凌花、魏沛娜，旅居新加坡多年的双语
，《园岭旧事》《园岭迷藏》《园岭之恋》都是演绎园岭IP极具张力、极具想象力的文学发引。《园岭叙事》之后，期待更多园岭题材的诗歌、散文、小说、剧本不断地涌现出来，大家一起把园岭故事讲出来
，《园岭叙事》是个尝试、是个开端。感谢所有为本书编撰做出努力的各位创作者、受访者、支持者以及默默奉献的团队工作人员。要说深圳的历史，得从南头古城、大鹏所城、东门老街去回溯；要说深圳的
印刷产业、服装产业等深圳后来的支柱产业，在这里起步，并形成气候。通心岭住宅区、园岭新村住宅区、白沙岭住宅区，是深圳特区成立后参照国际标准兴建的新式住宅区，特区的早期建设者、深圳最早引
和精神。所有的这一切，都攸关园岭，都发生在大园岭这块热土上。园岭有深圳最棒的学校之一、最棒的书吧之一、最深圳的传奇之一、最深圳的文化之一，园岭故事值得写出来、讲开来。深圳文化学者、深
大园岭"，讲得清园岭的过去、现在和未来的专著了。《园岭叙事》对园岭发展的脉络梳理得很清晰，重点也非常突出，但是丝毫没有学究式的枯燥乏味，而是以众多人物记忆的方式讲述园岭。几十位园岭人
非虚构作品，立足于纪实，却不乏文学的创意。资深作家、纪录片导演何良，前深圳青年杂志社社长、总编辑董韶华，深圳女作家朱蔓青、冰凌花、魏沛娜，旅居新加坡多年的双语作家陈志清，深圳睦邻文学
》《园岭之恋》都是演绎园岭IP极具张力、极具想象力的文学发引。《园岭叙事》之后，期待更多园岭题材的诗歌、散文、小说、剧本不断地涌现出来，大家一起把园岭故事讲出来、讲开来。2020年是深圳经
是个开端。感谢所有为本书编撰做出努力的各位创作者、受访者、支持者以及默默奉献的团队工作人员。要说深圳的历史，得从南头古城、大鹏所城、东门老街去回溯；要说深圳的改革开放，也许蛇口和罗湖
后来的支柱产业，在这里起步，并形成气候。通心岭住宅区、园岭新村住宅区、白沙岭住宅区，是深圳特区成立后参照国际标准兴建的新式住宅区，特区的早期建设者、深圳最早引进的人才，大多居住在这里
攸关园岭，都发生在大园岭这块热土上。园岭有深圳最棒的学校之一、最棒的书吧之一、最深圳的传奇之一、最深圳的文化之一，园岭故事值得写出来、讲开来。深圳文化学者、深商研究学者老亨先生策划、
去、现在和未来的专著了。《园岭叙事》对园岭发展的脉络梳理得很清晰，重点也非常突出，但是丝毫没有学究式的枯燥乏味，而是以众多人物记忆的方式讲述园岭。几十位园岭人物的故事很生动，人物讲述
却不乏文学的创意。资深作家、纪录片导演何良，前深圳青年杂志社社长、总编辑董韶华，深圳女作家朱蔓青、冰凌花、魏沛娜，旅居新加坡多年的双语作家陈志清，深圳睦邻文学大奖获得者憩园、水去先生
岭IP极具张力、极具想象力的文学发引。《园岭叙事》之后，期待更多园岭题材的诗歌、散文、小说、剧本不断地涌现出来，大家一起把园岭故事讲出来、讲开来。2020年是深圳经济特区成立40周年，深圳市
编撰做出努力的各位创作者、受访者、支持者以及默默奉献的团队工作人员。要说深圳的历史，得从南头古城、大鹏所城、东门老街去回溯；要说深圳的改革开放，也许蛇口和罗湖桥的起步更早一些；要说深
步，并形成气候。通心岭住宅区、园岭新村住宅区、白沙岭住宅区，是深圳特区成立后参照国际标准兴建的新式住宅区，特区的早期建设者、深圳最早引进的人才，大多居住在这里，形成了深圳最早移民社区
这块热土上。园岭有深圳最棒的学校之一、最棒的书吧之一、最深圳的传奇之一、最深圳的文化之一，园岭故事值得写出来、讲开来。深圳文化学者、深商研究学者老亨先生策划、深圳市福田区园岭街道办事
《园岭叙事》对园岭发展的脉络梳理得很清晰，重点也非常突出，但是丝毫没有学究式的枯燥乏味，而是以众多人物记忆的方式讲述园岭。几十位园岭人物的故事很生动，人物讲述的故事也很生动，读来如老
家、纪录片导演何良，前深圳青年杂志社社长、总编辑董韶华，深圳女作家朱蔓青、冰凌花、魏沛娜，旅居新加坡多年的双语作家陈志清，深圳睦邻文学大奖获得者憩园、水去先生等文学俊才，均参与了本书
的文学发引。《园岭叙事》之后，期待更多园岭题材的诗歌、散文、小说、剧本不断地涌现出来，大家一起把园岭故事讲出来、讲开来。2020年是深圳经济特区成立40周年，深圳市福田区成立30周年，还是全
者、受访者、支持者以及默默奉献的团队工作人员。要说深圳的历史，得从南头古城、大鹏所城、东门老街去回溯；要说深圳的改革开放，也许蛇口和罗湖桥的起步更早一些；要说深圳经济特区的规划和建设
住宅区、园岭新村住宅区、白沙岭住宅区，是深圳特区成立后参照国际标准兴建的新式住宅区，特区的早期建设者、深圳最早引进的人才，大多居住在这里，形成了深圳最早移民社区、市民社区。深圳特区的
最棒的学校之一、最棒的书吧之一、最深圳的传奇之一、最深圳的文化之一，园岭故事值得写出来、讲开来。深圳文化学者、深商研究学者老亨先生策划、深圳市福田区园岭街道办事处主持编撰的这本《园
展的脉络梳理得很清晰，重点也非常突出，但是丝毫没有学究式的枯燥乏味，而是以众多人物记忆的方式讲述园岭。几十位园岭人物的故事很生动，人物讲述的故事也很生动，读来如老友茶叙，有心得，又心
前深圳青年杂志社社长、总编辑董韶华，深圳女作家朱蔓青、冰凌花、魏沛娜，旅居新加坡多年的双语作家陈志清，深圳睦邻文学大奖获得者憩园、水去先生等文学俊才，均参与了本书的采写和创作。书中特
叙事》之后，期待更多园岭题材的诗歌、散文、小说、剧本不断地涌现出来，大家一起把园岭故事讲出来、讲开来。2020年是深圳经济特区成立40周年，深圳市福田区成立30周年，还是全国地方史志完成"两
及默默奉献的团队工作人员。要说深圳的历史，得从南头古城、大鹏所城、东门老街去回溯；要说深圳的改革开放，也许蛇口和罗湖桥的起步更早一些；要说深圳经济特区的规划和建设，上步、福田、园岭，
区、白沙岭住宅区，是深圳特区成立后参照国际标准兴建的新式住宅区，特区的早期建设者、深圳最早引进的人才，大多居住在这里，形成了深圳最早移民社区、市民社区。深圳特区的新办公大楼、市政公园
的书吧之一、最深圳的传奇之一、最深圳的文化之一，园岭故事值得写出来、讲开来。深圳文化学者、深商研究学者老亨先生策划、深圳市福田区园岭街道办事处主持编撰的这本《园岭叙事》，第一次系统地
重点也非常突出，但是丝毫没有学究式的枯燥乏味，而是以众多人物记忆的方式讲述园岭。几十位园岭人物的故事很生动，人物讲述的故事也很生动，读来如老友茶叙，有心得，又心怡。据说，这是《我们深
总编辑董韶华，深圳女作家朱蔓青、冰凌花、魏沛娜，旅居新加坡多年的双语作家陈志清，深圳睦邻文学大奖获得者憩园、水去先生等文学俊才，均参与了本书的采写和创作。书中特意保留了这些作家原汁原
题材的诗歌、散文、小说、剧本不断地涌现出来，大家一起把园岭故事讲出来、讲开来。2020年是深圳经济特区成立40周年，深圳市福田区成立30周年，还是全国地方史志完成"两全目标"之年。园岭记忆，
。要说深圳的历史，得从南头古城、大鹏所城、东门老街去回溯；要说深圳的改革开放，也许蛇口和罗湖桥的起步更早一些；要说深圳经济特区的规划和建设，上步、福田、园岭，就有说不完的故事，写不完
特区成立后参照国际标准兴建的新式住宅区，特区的早期建设者、深圳最早引进的人才，大多居住在这里，形成了深圳最早移民社区、市民社区。深圳特区的新办公大楼、市政公园、市政道路，图书馆、博物
之一、最深圳的文化之一，园岭故事值得写出来、讲开来。深圳文化学者、深商研究学者老亨先生策划、深圳市福田区园岭街道办事处主持编撰的这本《园岭叙事》，第一次系统地叙述了园岭的生发、开发史
没有学究式的枯燥乏味，而是以众多人物记忆的方式讲述园岭。几十位园岭人物的故事很生动，人物讲述的故事也很生动，读来如老友茶叙，有心得，又心怡。据说，这是《我们深圳》丛书"深圳社区记忆"
朱蔓青、冰凌花、魏沛娜，旅居新加坡多年的双语作家陈志清，深圳睦邻文学大奖获得者憩园、水去先生等文学俊才，均参与了本书的采写和创作。书中特意保留了这些作家原汁原味的园岭故事。老亨先生
剧本不断地涌现出来，大家一起把园岭故事讲出来、讲开来。2020年是深圳经济特区成立40周年，深圳市福田区成立30周年，还是全国地方史志完成"两全目标"之年。园岭记忆，是福田记忆、深圳记忆、中
头古城、大鹏所城、东门老街去回溯；要说深圳的改革开放，也许蛇口和罗湖桥的起步更早一些；要说深圳经济特区的规划和建设，上步、福田、园岭，就有说不完的故事，写不完的篇章。上步工业区、八
建的新式住宅区，特区的早期建设者、深圳最早引进的人才，大多居住在这里，形成了深圳最早移民社区、市民社区。深圳特区的新办公大楼、市政公园、市政道路，图书馆、博物馆、体育馆、科学要说深圳
深圳经济特区成立以后最早规划、最成规模的工业区，电子产业、印刷产业、服装产业等深圳后来的支柱产业，在这里起步，并形成气候。通心岭住宅区、园岭新村住宅区、白沙岭住宅区，是深圳特区成立后
大文化设施"，大多集聚在这里，构成了深圳这个新型城市的骨骼和精神。所有的这一切，都攸关园岭，都发生在大园岭这块热土上。园岭有深圳最棒的学校之一、最棒的书吧之一、最深圳的传奇之一、最深
居多，散佚支离不成体系，这次算是有了第一本讲得清"小园岭、大园岭"，讲得清园岭的过去、现在和未来的专著了。《园岭叙事》对园岭发展的脉络梳理得很清晰，重点也非常突出，但是丝毫没有学究式
深圳更多街道社区作客叙谈，摆"龙门阵"。《园岭叙事》是一本非虚构作品，立足于纪实，却不乏文学的创意。资深作家、纪录片导演何良，前深圳青年杂志社社长、总编辑董韶华，深圳女作家朱蔓青、
的"上只角"，大园岭是深圳的"大IP"，《园岭旧事》《园岭迷藏》《园岭之恋》都是演绎园岭IP极具张力、极具想象力的文学发引。《园岭叙事》之后，期待更多园岭题材的诗歌、散文、小说、剧本不断
"园岭，书写园岭故事、弘扬园岭精神，《园岭叙事》是个尝试、是个开端。感谢所有为本书编撰做出努力的各位创作者、受访者、支持者以及默默奉献的团队工作人员。要说深圳的历史，得从南头古城、

序

峥嵘往事 烛照未来

黄伟

在深圳经济特区建立40周年、福田建区30周年之际，出版《园岭叙事：深圳社区记忆》，叙深圳峥嵘往事，谋改革开放新局，是一件极有意义的事。

40年，弹指一挥间。深圳已经从“摸着石头过河”的“试验田”成长为“建设中国特色社会主义先行示范区”，福田也从一片农田、水塘、荒山，崛起成为代表深圳向全世界展示中国特色社会主义成就的典范窗口。

上步工业区、八卦岭工业区，是深圳经济特区建立以后最早规划、最成规模的工业区，电子产业、印刷产业、服装产业等深圳后来的支柱产业，在这里起步，并形成气候。通心岭住宅区、园岭新村住宅区、白沙岭住宅区，是深圳特区建立后参照国际标准兴建的新式住宅区，特区的早期建设者、深圳最早引进的人才，大多居住在这里，形成了深圳最早的移民社区、市民社区。深圳特区的新办公大楼、市政公园、市政道路，图书馆、博物馆、体育馆、科学馆、报馆、剧院等“八大文化设施”，大多集聚在这里，构成了深圳这个新型城市的骨骼和精神。所有的这一切，都发生在大园岭这片热土上。园岭记忆，是福田记忆、深圳记忆的一部分。

今天的园岭，正在有序开展城市更新和社区营造。八卦岭工业区的改造升级，笋岗体育中心的规划重建，白沙岭社区和园岭新村社区致力于儿童友好型学校和街区的创建，是福田区继往开来，全力打造

“国际金融中心”“科技创新中心”“文化教育中心”“服务交流中心”，贯彻落实《中共中央国务院关于支持深圳建设中国特色社会主义先行示范区的意见》和深圳市加快建设高质量发展的社会主义现代化典范城区的重大战略的有机组成部分。建设深圳“首善之区、幸福福田”，要以老一辈“拓荒牛”为榜样，薪火相传，延续根脉；要以特区精神、特区作风，来创造福田品牌、福田干劲、福田业绩。

园岭最动人的风景是人文。这是深圳市和福田区多年来重视城市文化建设、重视基础教育服务的结晶。福田区作为全国公共文化服务示范城区，一直致力于打造市民参与型的公共文化服务体系。七年来，福田区响应深圳市全民写作计划，并通过社区文学大赛的方式，鼓励市民记录深圳、记录社区，讲述自己的“入深圳记”。一定意义上说，这本书是社区文学记录和市民讲述的结果。诚如《我们深圳》丛书的宣言：深圳这座城市，需要这样一系列深圳市民自己创造历史、自己书写历史、自己见证历史、自己传承历史的书。《园岭叙事》做了很好的实践。

期待读到更多更好的福田故事、深圳故事。

感谢所有为本书编撰做出努力的创作者、受访者、支持者以及默默奉献的团队工作人员。

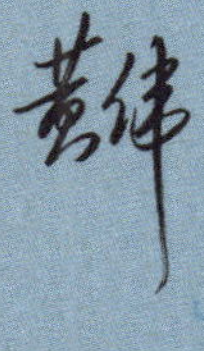

1

深圳建市以前，当然不是人们以讹传讹的小渔村，而是小有历史、小有故事的边陲县城。

小城不大，时而兴旺，时而萧索。紧靠铁路车站和边境口岸处，市井繁华，多有远客。老城以外，河泽密布，田连阡陌，山岭绵延。行走在今天的惠州滨海地区，不难想象当年深圳的样子。

深圳老城应该有四门，东门是喧哗老街，西门之外大约就是园岭。如果说，老街是街，蔡屋围是村，园岭就是街村西头的山坡。

说大园岭是连绵不断的山岭，也是一点不错的。

初时，大园岭辖区东起红岭路，西至华强路，南抵深南路，北达泥岗路。这个范围内，北部是八卦岭，西部是白沙岭，南部是通新岭，园岭或红岭居中偏东，这不是连绵不断的山岭是什么？只是这些山岭比较平缓，并不险峻。园岭之所以称为园岭，据说就是这些山岭大多低矮浑圆的缘故。

平地、田地也有。西面的上步工业区地势就比较平坦。今天华联大厦附近原来就是一片甘蔗地，曾经的夏巴汽车厂就在那里选址。更西北一点，嘉华印刷厂，也是建在一片旱地里。建成工业区以前，这里有荒山，有小河，有木薯地，再往西，就出城郊了。

2

离老城近，紧邻深南公路，山地平缓，田地不多，这正是建设工业区的最佳选址。1980年，深圳市城市建设规划委员会一成立，就规划了上步工业区和八卦岭工业区。上步工业区东起上步路，西至华富路，南临深南路，北抵红荔路。南北向的华强路大致居中，将上步工业区一分为二，东边的部分就属于大园岭。八卦岭工业区则一直在园岭范围内。

经济特区，国际上通常叫作“出口加工区”，工业是根本。深圳最早的蛇口工业区自成体系；罗湖的工业区见缝插针，显得分散。只有福田的上步工业区和八卦岭工业区是根据产业分析精心规划的。早在20世纪80年代初，国家就支持深圳以电子工业为城市支柱产业，规划部门从上步工业区中划出1平方公里的面积给最早来深办企业的电子工业部。上步工业区、八卦岭工业区最初都是以电子工业和来料加工工厂为主的工业区。1979—1980年间，来自内地其他城市和香港的电子产业资源就已经在不断地向深南大道和华强北路交会处聚集。1981年1月，深圳第一座高层建筑——电子大厦动工，1982年8月建成。电子大厦是深圳的第一个地标，她不无骄傲地表明电子制造业是当时深圳最大的支柱产业。围绕电子大厦，逐渐兴起了华强北电子商圈，带动了深圳电子工商业的发展。1988年3月28日，华强北电子市场开业。“中国电子第一街”不仅成为深圳商业的一张亮丽名片，也彰显了深圳电子信息产业的核心竞争力。或许可以这样说，没有电子加工业，就没有深圳特区经济的快速崛起；没有成建制的电子工业规划，就没有后来异军突起的深圳高新技术产业；没有上步工业区，没有华强北，就没有深圳电子信息产业在全中国乃至全世界的江湖地位。

八卦岭工业区也属于深圳第一批大型工业园区。八卦岭的开发起点，是1982年11月开工的鹏基工业区。1987年，八卦岭开始大规模建设，至20世纪90年代初，达到鼎盛。初时有很多电子厂云集八卦岭，后来产业聚焦到包装、印刷、服装、餐饮等。1986年，名企先科在八卦岭扎下营盘，生产出中国第一张CD、第一台VCD、第一批DVD。八卦岭的服装企业演绎了深圳女装的“经典故事”；八卦岭的餐饮企业捯饬出了与众不同的“深圳味道”；

八卦岭包装印刷企业，据说一度达到3000多家，不仅是全球最大的印刷基地之一，而且是深圳平面设计的孵化基地。深圳之所以能成为世界“设计之都”，八卦岭可谓居功至伟。

3

深圳经济的基石奠定之余，特区行政的重心也迁徙到了园岭。

“革故鼎新，得宝而安。”宝安曾叫新安，历史源远流长，县治历来在南头。1953年，因深圳连接广九铁路，人口聚居较多，工商业兴旺，宝安县治东迁至深圳墟，也就是深圳镇。镇中心就是现今东门老街一带。1979年3月，宝安县改为深圳市，市政府就驻在深圳镇。东门老街的西头，地王大厦的北面，蔡屋围的地界，现今深圳广播电视大学、深圳市公安局出入境管理处的所在，就是当年新成立的市委市政府的办公地。南临解放路，往东不过一里，就是东门老街；往西不过一里，就是大园岭了。

1980年7月，深圳经济特区还没有正式成立，深圳市委市政府的新办公大楼就已经开始动工兴建了。大楼选址就在大园岭，紧邻深南路。如果以深南路（解放路与深南路成小夹角，与深南路近似平行）为横坐标，以红岭路为纵坐标，新的市委市政府办公大楼与旧的办公大楼，都在坐标横轴线深南路的北面，以坐标纵轴线红岭路为对称轴，处于大致对称的东西两端。红岭路以东，是罗湖的蔡屋围、旧市委大院、老东门；红岭路以西，是现今福田的小平画像广场、荔枝公园、新闻大厦、深圳博物馆、新市委市政府大楼。

新市委、市政府大楼由基建工程兵一支队所属的一团承建。建筑面积8539平方米，这在当年的深圳算得上是一座大型建筑。据回忆，当时的深圳，市场物资供应情况很差，十字镐、铁锹等最普通的施工工具也很难买到。挖地基时，施工工具严重不足，大家只好轮流使用。白天的活儿干不完，晚上接着干。挖好地基后，一场大暴雨把地基坑变成了水塘。关键时刻抽水机坏了，战士们只好用洗脸盆接力排水。主体工程建设开始后，施工材料运输跟不上，大家肩扛手抬把所需材料运到作业面上。战士们克服了种种困难，用不到一年的时间建成了这座大楼，给了新成立的市委、市政府机关干部们一个惊喜。

1981年1月，从新市委、市政府大楼沿深南路再往西不到1里，深圳当年的标志性建筑、深圳经济特区第一栋20层高楼——深圳电子大厦，也由一团承建。这不仅是当时深圳面积最大的第一栋20层大厦，就是在全国数量也不多。一支队对这个“特区第一高楼”的项目高度重视，调来一台高150米、吊量3吨的塔吊，保证了建高层大楼的设备技术条件。一支队深圳指挥所的领导和工程技术人员，周密筹划，反复研究设计图纸，制定出严密的施工方案。经过一年多时间施工，电子大厦于1982年提前一个月正式竣工。大厦施工质量优良。经市专业测量公司进行测量，大厦垂直度偏差不到5厘米，远远低于国家容许偏差10厘米的标准。

2005年，为庆祝深圳经济特区建立25周年，深圳评选“改革开放十大历史性建筑”，深圳博物馆、电子大厦、市委大院及拓荒牛雕塑均榜上有名。特区人早期的开拓进取，特区政府早期的敢闯、敢创，都凝结在这些历史性建筑的泥梁钢构中，体现在市委大院那尊象征奋力拼搏的拓荒牛形象上。大园岭正是深圳早期特区精神的策源地和实践地。

4

深圳建市之初，发展目标规划为50万人口的城市。1980年8月26日，深圳经济特区建立，城市愿景就更大了。1980年，从蔡屋围到当时上步工业区的深南路第一段修通，这是一条名副其实的“深南小路”：全长只有2.1公里，7米宽，仅够两台车来回并行。到1981年，正在施工的贯穿深圳东西的深南路，便成为深圳实现城市梦想的主线。规划设计部门将路面加宽到50米，宽度是原来路面的7倍多，“深南小路”由此变成了“深南大道”。

如此恢宏的规划蓝图，如此浩大的工程建设，如此壮阔的城市规模，需要各类人才，需要众多建设者。早期来深建设者，一般都在罗湖老街附近的各类宾馆、招待所、单位宿舍临时居停、“搭伙”。随着来深各类人才不断增多，新的居所建设迫在眉睫。于是，在新的市委市政府大院以北区域，规划建设了两个大的居住区，一个是通新岭社区，一个是园岭新村社区。当然，这里所说的“社区”，是一般意义上的社区概念，不是狭义的行政社区。

通新岭社区南起深南路，北到红荔路，西至上步路，东至红岭路，总面积不足1平方公里。市委市政府大院、博物馆、图书馆、荔枝公园、新闻大厦、青少年活动中心等城市配套设施，都在这个大社区内。当然，最为关键的是，荔湖新村、通心岭住宅小区几十栋崭新住宅，为数以千计的机关干部职工解决了居住难题。

在红荔路以北，与通新岭社区几乎南北对称的，就是园岭新村社区。园岭新村社区，南起红荔路，北到笋岗路，东西与通新岭社区齐平，分别是红岭路和上步路。面积与通新岭社区相仿佛，略略小一些。园岭新村是深圳最早最大的公务员福利房社区，7层左右的多层住宅共112栋，全部是参照当时国际标准统一规划。园岭新村一楼的连廊架构设计，非常新潮，成为当时深圳一景。后来，还陆续建设了5栋31层的园中花园，3栋32层的园东花园，以及圆龙园32层的圆亨阁、28层的利贞阁。放眼望去，园岭新村社区，几乎全是清一色新式住宅。这里的居民，大多是深圳早期的拓荒牛：转业的基建工程兵及其家属，深圳电视台、深圳特区报等文化事业单位的干部职工，深圳医疗、教育系统的医生、老师、专业人士等等。

园岭新村多层住宅小区初步竣工后，深圳又在白沙岭社区规划建设高层住宅。白沙岭社区，又叫“0.8小区”，面积大约0.8平方公里，与园岭新村社区、通新岭社区面积大致相当。白沙岭社区在园岭新村西头，中间只隔一条上步路。南面通到红荔路，北面也到笋岗路，西边止于华强北路。白沙岭社区是当时中国除香港外首个纯高层居住区，居住区的规划结构不采用居住小区的形式，而是将住宅区作为一个整体，由六组大小不等的居住组群所构成。住宅组群大部分采用塔板结合的布置方式，并用低层公共服务设施和人行天桥联成整体。这在当时是非常先进的设计理念、社区理念。白沙岭社区技术含量高、建设成本高，入住的居民的素质也比较高，核电集团等企业高管都居住在白沙岭社区的长城花园、南天花园、百花园、国城花园等。

此外，上步工业区华强北片区还有红荔村、华新村、群星广场等居住区，八卦岭工业区还有配套宿舍区、鹏盛村、旭飞花园、盛世鹏程花园等居住区。大园岭范围内，行政干部、专业人士、企管人员、工商业者等城市新移民，分别在通心岭、园岭新村、白沙岭、华强北和八卦岭工业区集群居住的大格局趋于成熟。

5

与深圳墟东门老街的原住民大不相同的新移民，在老城西方圆五公里的旱地山坡上开拓出一座全新的城，也开始了一种几近全新的生活。

最能诠释这种新生活图景的莫过于荔枝公园了。

古木楼台烟雨中，芳园应锡荔枝名。荔枝公园以荔枝得名，自有来源。据笑笑书生李瑄的《游园不惊梦》介绍，1982 年公园初建时保留了 589 棵老荔枝树。双木成林，三木为森，589 棵大树，可以想见其蓊郁之势。荔枝公园除了荔树婆娑、红果飘香，更分布着约 11 公顷的水域，水边次第分布着亭、台、楼、阁、水榭、拱桥、花廊、竹径等，密而不挤，多而不乱，在有限的空间内创造出丰富耐看的景观，宛如魔术师在一顶帽子里玩出许多花样。对风景动线的组织，既注重体验感，又追求视觉效果，以满足游览者的心灵需求。空间形态构建的几种主要方法，诸如设立、围合、覆盖、抬起、下沉、架起等，似乎全被有序地用在造园中，最终创造出一组高低错落、曲直相生、优雅和谐的风景长短句，每一句都很完美，甚至连标点符号都无可挑剔，人们可以在其中漫步，坐下休息，再接着漫步。

园林的妙处在园，不在林。园岭往昔是荔枝林，于今则成了荔枝公园。精心规划、匠心营建的城市公园，是城市文明的标志物。环绕荔枝公园，深圳图书馆、深圳博物馆、深圳报馆、画廊、茶楼、酒肆、广场、雕塑等等，鳞次栉比。这不同于东门老街的商业集市，这是城市人生活休闲的经常去处，是百姓日用之物，也是文化生发之地。荔枝公园西北角的青少年活动中心，是年轻移民歌舞会友的所在，也是独具深圳城市禀赋的“大家乐文化”的诞生地，深圳市民文化雏形乍现，从此开始大有说头。

同样令人难以忘怀的是深圳体育馆（因位于笋岗，市民又称之为笋岗体育馆）。

深圳笋岗体育馆，建在园岭西北角。说是西北角，其实园岭西北是没有角的。南北向的上步路与东西向的笋岗路一交会，就折向西北，这就是上步北路。南北向的华富路与东西向的红荔路一交会，就折向东北，再与笋岗路交会后就是泥岗西路。泥岗西路继续往东北延伸，与西北向的上步北路相交后才转向东行，成了泥岗东路。笋岗西路、泥岗西路、上步北路围合成的三角形地块，就是深圳体育馆、体育场的所在地。

1985年，作为“八大文化设施”之一，深圳投巨资兴建了笋岗体育馆。这座可容纳6000人的银白色正方形体育馆，是当时深圳市唯一的体育馆，也是当时全国设备最先进、功能最齐全的现代化体育馆。1993年，笋岗圆形体育场落成。此时，越来越完善的笋岗深圳体育中心成了深圳大型公共活动的主场。城市运动会、大型足球赛、明星演唱会、特区10周年20周年庆典，一年一度的年货节，莫不在此举行。来自五湖四海的人们，在这里一起呐喊、一起欢唱、一起挥洒激情、一起回味流金岁月，他们因此有了一种认同，融进了一个叫作“深圳人”的团队，在一个陌生的移民城市里拥有了一个属于自己的“主场”。

大园岭也开始形成了与众不同的新商圈。

园岭新村其实是自带商圈的。有食街、商城、菜市场，有娱乐休闲，足不出村，完全可以自给自足、自娱自乐。这种商业配套齐全的大型屋村，即使到现在也并不过时。前些日子，许多大城市封闭式小区整改，无非就是拆除围墙，向社会开放小区空间，这在园岭新村早已不是新鲜事。白沙岭高层住宅区，也是楼联户接，社区共享，生活与商业无缝连接，便利极了，烟火极了。满园春、凤凰楼、沃尔玛、新一佳、好又多，就在这烟火味极浓的生活社区里，不动声色地繁衍着。

八卦岭是工业区，也是商业区，看似分得清，其实分不清，像极了八卦岭的路和街。东西向的八卦一路、八卦二路、八卦三路、八卦四路，由南往北排过去，你以为东西向就都是路，可是中间最大的一条八卦路就不是东西向，而是南北向。八卦六路、八卦七路、八卦九路也是南北向，与南北向的八卦五街、六街、七街、八街、九街、十街间杂在一起。分不太清楚的路和街，分不太清楚的工业区和商业区，食街、服装街、书市、超市、文具印刷品店、建材装饰品店，也似乎分区又似乎不分区地分布在八卦岭的地界上。

上步工业区是什么时候变成了华强北商业街？想来也是朦胧的。华强北电子一条街，却为何冒出了仓储式的万佳生活超市？硬朗的工业厂房，如何摇身一变成了女人世界、茂业百货？想来依然是朦胧的。大抵工、商不分家，商家的生意总是追逐着顾客的需求，顾客的需求又随着时代的潮流变动不居。四十年的改革开放，深圳由一个寥落边城，出落成国际化大都市，华强北由一个工业配套市场，发展成为像北京王府井、上海南京路、广州上下九那样的知名商业街。这是沧海桑田，也是人定胜天。

商业圈的繁华，不仅是物质的。华强北的电子产品，带来的是一个电子时代，IT技术支撑起的是前所未有的互联网文化。笋岗体育场的芝加哥酒吧，既骚动着荷尔蒙旺盛的躯体，也洋溢着少年中国、青春之城的生命力与创造力。在白沙岭社区，百花二路和百花五路的三岔路口，有一家唤作“物质生活”的书吧。卖书，也卖咖啡；卖酒，也卖讲座。物质、生活、文化，混沌一色，偏居一隅，却存续20年。20年里，这家书吧胜友如云。深圳本地的文化人自不必说，外地来深的，如：白先勇、梁文道、马家辉、刘再复、周国平、许鞍华、彭浩翔、林奕华、邱立本、杨锦麟、吴思、沙叶新、毕飞宇、吴文光、史建、刘宇扬、谢泳、余书存、张曼菱、舒国治、洁尘、祝勇、王琛、闻黎明、王天兵、刘元举、吴书仙等海峡两岸暨香港、澳门知名文化人、艺术家、生活家，都曾在物质生活书吧举办讲座，张五常、贾平凹、南方朔、朱德庸、王小帅、吴小莉、窦文涛、许戈辉、陈晓楠、应天齐以及欧元之父蒙代尔等名人也是书吧常客。这家由深圳普通文化人开设的集书店、酒吧、咖啡馆于一体的普通书吧，却成了深圳文化活动的指标性场所，并获评“华语世界最具影响力人文书店”。

华为创始人任正非先生说过，“物质资源总会枯竭，唯有文化生生不息。”一度被视为“文化沙漠”的深圳，却也长出了物质生活书吧这样的“铿锵玫瑰”，这是值得园岭骄傲并珍惜的。园岭是老社区，二手房价却比新社区还高，文化、教育是最重要的考量。在园岭新村和白沙岭社区不足2平方公里的地头，簇拥着红岭中学、深圳实验学校、深圳艺术学校、荔园教育集团、百花小学、园岭小学、园岭实验小学、园岭外国语小学、深圳第四幼儿园、工交第二幼儿园、基建幼儿园、银鹰幼儿园、爱心培幼儿园、深圳实验幼儿园等一系列不可多得的优质教育资源。这才是园岭最珍稀的、历久弥新的、不随时光变老、不随社区变老的永恒财富。

6

30年前，园岭属于“上步管理区”。上埗码头，上埠头。步步高升，历来是中国人的好彩头。1990年10月，上步管理区更名为福田区。“湖山拥福，田地生辉。”种“福田”，“得福于田”，也是好彩头。园岭街道最初设立于1983年11月，辖区大致东起红岭路，西至华强路，南抵深南路，北达泥岗路，面积约5平方公里，是为大园岭；2009年7月，华强北街道分设后，园岭辖区东起红岭路，西至华强北路，南抵红荔路，北达泥岗西路，面积3.8平方公里，这是现在园岭街道办事处的辖区范围；东起红岭路，西到上步路，南起红荔路，北到笋岗路，面积0.6平方公里，最初无名，开发者称之为“0.6小区”，是为小园岭。园岭开发早、人口密度高、工商经济发达，文化、教育、卫生、体育等社会事业繁荣兴盛，是深圳首屈一指的人文居住社区。叙说完这么多年来园岭的前述种种，末了，倘要用一个词来概括园岭在深圳这座城市的角色地位，也许只有“上只角”最合适。

“上只角”是上海话。

近代上海开埠以后，不过百年，就一跃成为远东第一大都市。上海的近代文明是由租界发端的。那时上海的法租界和公共租界的中西区，买办、洋人、社会名流聚集，洋房别墅林立，石库门中西合璧，因为地处西南方向的苏州河上游，上海话就叫“上只角”。东北方向的苏州河下游，闸北、南市区一带，贫民区较多，则称为“下只角”。

今天看来，上只角与下只角最主要的区别并不在于漂亮房子的多少，而是一种生活方式与社会文化习惯的不同。浦东这些年建设得很快，可以说，上海的最高建筑大多数在浦东，但是在人们的心目中，浦东还不算是上只角，还没有一种文化的“范儿”。文化上开风气，才称得上是真正的上风上水，这才是“上只角”的真义。

20世纪80年代，深圳最早开发的蛇口社区、罗湖社区和园岭社区，风气新开，群英荟萃，无疑是深圳的上只角。在通新岭、白沙岭、园岭新村，聚集了深圳最精干的行政人才、专业人士、工商精英，他们不仅仅是建设深圳的拓荒牛，他们更是深圳城市精神和城市文化的建树者。

时光荏苒，岁月如梭。深圳市政府办公场所已经迁往新的市民中心；图书馆、博物馆都有了相应的新馆；园岭新村青藤满墙、华英如盖，最先居住在这里的主人大多有了自己的新居所；八卦岭工业区在转型、升级；上步工业区、华强北商业街则几经改造，至今尚未定型；笋岗的市体育馆已经拆除，新的体育中心呼之欲出……园岭已然不是昔日的园岭，深圳人的一天，也有了新的样子。

但是，拓荒牛依然在奋力开拓，闯深圳的人们更需要闯劲，小平画像前人潮如涌；园岭新村的二代们带着第三代回到园岭就读；百花路在规划更新，百花二路的物质生活书吧则刚刚完成了店面翻新；八卦岭的书市少了书局多了，加工厂少了科技公司多了；笋岗体育馆还在重建就签约长期承办顶级国际赛事；白沙岭的学位房里，新主人也许比旧主人年轻，却同样热爱这个片区的人文环境，同样重视子女的基础教育；民间自发的教育培训如雨后春笋，街道主导的园岭书院也在悄然落地……

旧时园岭新村，新村匆匆已旧。省得琅琅读书声，风流不论新旧。人事总有代谢，往来便成古今。记得少年筑新城，新城如今迎新人。却问花开与花落，几番燕子归宁？

园岭依然是深圳的上只角。

追根溯源，**园岭故事**要从**深南大道、上步工业区、八卦岭工业区、华强北商业街**讲起。

一

拓荒岁月

八卦岭的春天

中国的改革开放，举世瞩目。有一位著名海外学者，很早就持续观察中国改革开放前沿阵地广东，尤其是深圳，他就是“中国先生”傅高义。

美国哈佛大学东亚研究所的中国研究专家傅高义，20世纪60年代就立足香港，研究中国，研究广东。1969年，傅高义发表专著《广州：一个省会的规划与政治（1949—1968）》，展示了他对中文掌握的娴熟程度及他关于现代中国发展的渊博知识。20世纪80年代初，广东省与哈佛大学所在的马萨诸塞州建立了姐妹关系，傅高义也参与了这两个地区的交流与合作。当时广东省领导们知道傅高义就是《日本第一：对美国的启示》这本书的作者，并且这本书对美国人了解日本非常有帮助，就盛情邀请傅高义来广东做研究，以期他也写出一本对广东招商引资有帮助的书。1989年，傅高义完成了他的书《先行一步：改革中的广东》（*One Step Ahead in China:Guangdong Under Reform*）。这是外国学者全面研究和报道中国改革的第一本专著。该书对广东改革开放的动因、性质、过程及前景进行了颇为全面系统的研究。这本书与20年前的关于广州的那本书，前后相续，正好构成了一部完整的广东当代史。

在研究广东的过程中，傅高义实地考察过广东100多个县中的70多个县，还通过各种途径了解各地发生的有影响的重大事件。其中，来自深圳经济特区八卦岭工业区的消息，很快就传到了傅高义那里。于是，广东省经委主管下的《管理良友》杂志，被分派了一个重要任务：收集深圳经济特区开

1983年的上步工业区厂房。上步工业区东起上步路，西至华富路，南临深南路，北抵红荔路，是深圳第一批大型工业园区之一（尚敏智 供图）

发工业区的做法和经验，为上级领导和傅高义先生研究深圳经济特区提供参考。这个任务，具体落到了时任广东省经委企业协会学术研究部部长、《管理良友》杂志社副主编何良身上。何良先生因此有机会深入采访八卦岭工业区建设的前前后后，并于1986年采访了傅高义本人。深圳经济特区华强北工业区和八卦岭工业区的开拓史从此铭刻在何良心间。后来也来深圳发展，并曾任深圳市委宣传部文艺处处长的何良，每每想起华强北，想起八卦岭，整个20世纪80年代的峥嵘岁月便一股脑儿弥漫在眼前。

20世纪80年代末的一天晚上，几位来自广州新闻媒体的朋友相聚在八卦岭八卦一街一家露天海鲜店，同道好友喝起酒来海阔天空漫无边际地海聊。一位兄弟神秘地问大家："你们知道八卦岭什么最厉害？"

"八卦！"有人抢答。有人说10万打工妹！也有人说这条食街的

1983年的上步轻工业区管理大厦。上步工业区是根据产业分析精心规划的，最初是以电子工业和来料加工工厂为主的工业区（尚敏智　供图）

海鲜……

"没出息！"兄弟翘起嘴巴卖关子，久久没往下说。"今天采访时听说：根据最新发布的深圳地图显示，八卦岭工业区是深圳市区开发面积最大、环境最优美的工业区，从高空俯瞰全市可以看到八卦岭工业区翠绿成荫的大街小巷和规划有致的现代化厂房，特别提及可以看到深圳市工业发展服务公司的办公大院、凉亭和人工湖。"

……

时隔30多年，朋友对八卦岭的这段赞美常常不经意间闪入何良的脑海。这么多年来，八卦岭，已成为何良的乡愁。每隔一段时间何良都要回八卦岭走走。

八卦岭的故事，始于1979年的春天。那一年的春天，深圳撤县建市。

何良说，他第一次到深圳是1980年。1985年到深圳，则是为傅高义收集并提供开发工业区的研究素材。领导交代说，要了解深圳经济特区工业区开发，首先一定要了解一个人和他掌舵的公司，这个人就是尚志安，这个公司就是深圳市工业发展服务公司。

1979年，深圳撤县建市，深圳蛇口一声"开山炮"响，拉开了改革开放的序幕。深圳这个边陲小镇一夜之间举世瞩目，沉寂的罗湖桥热闹了起来，先是一些港澳同胞、华人华侨衣锦还乡，接着是更多的港澳台商、侨商满怀梦想，回乡回国，投资办厂……然而，贫穷落后、只有两万人口的深圳，一方面是一下子迎来了前所未有的发展机遇，另一方面是人才短缺、资金匮乏、水电道路通信样样不通，要在这么恶劣的环境和条件下发展经济、建设特区，困难重重，可谓"鬼见愁"。

决定闯一闯这"鬼见愁"的，是一个叫作"尚志安"的家伙。

陕西籍的尚志安，在广州奋斗了20多年，本来已拥有很好的工作岗位和优越的生活环境，妻子、儿女都在广州，一家人相亲相爱其乐融融。作为市机电系统的干部，尚志安当时已是广州第二机械厂的厂长，工作顺利，前程无量。但是，不甘安稳平庸生活的尚志安，想尝尝闯荡的滋味儿。经过一番苦口婆心的劝说，妻子勉强同意：要去你一个人去……

那是1982年仲夏的一天。尚志安经过大半天的折腾，到达深圳已近傍晚。让他有点小失望的是深圳几乎不见什么像样的街市和道路，只听到远近工地上传来隆隆的推土机声和闷雷般的打桩机声，通信和交通都十分不便。尚志安初到深圳，好不容易联系上他将要出任副经理的新单位"深圳市机械汽车配件公司"，见过拍档领导，然后在一个说是招待所的工房安顿了下来，草草吃了个泡面，想睡觉了。然而，他辗转反侧，忧心忡忡，怎么也睡不着，不知道从明天开始自己将开始怎样动荡的工作和生活？！

时间过得飞快。作为几个人的公司副经理，尚志安整天无所事事，说是熟悉环境、适应节奏，他却没感到有报纸上说的"特区速度"和建设气氛。大概半个月过去了，而他似乎度过了半个世纪。

到了1982年8月14日，尚志安接到新的调动通知书，他被委派到深圳市工业发展服务公司任副经理，并于不久后全面主持工作。同年9月3日，市里配套成立了深圳市工业区基建工程指挥部，尚志安又被任命为总指挥。指挥部的主要工作是开发工业区。

在20世纪80年代初，很多国有企业都具有一定的政府行政职能，代表政府进行行业企业管理。深圳市工业发展服务公司的成立，一定程度还存在着某些行业管理职能，但也是对企业松绑放权的一个尝试。何良还记录着当时政府规定的深圳市工业发展服务公司的"业务职能范围"：1. 接待客商，组织投资洽谈，办理合同批准手续；2. 为业经批准的工厂企业建厂和生产提供各种服务；3. 为保护外资企业合法权益提供服务；4. 经营工业生产所需要的生产资料和部分工业产品；5. 开发工业区及建标准厂房，出租或出售给厂家使用。公司的办公地址：深圳市政府大楼一楼西……

尚志安虽说只是一个只有7个人的小小公司的副经理，但给他下"委任状"和要他立下"军令状"的却是深圳市委市政府。时任深圳市领导接见了

1984年八卦岭开发之初，周边还有许多山丘、空地（尚敏智 供图）

尚志安，恳切而严肃地嘱咐："给你优惠政策，给你两片荒山，给你两块'金招牌'，再给你一万元开办费，你大胆去干去闯，咱们等价交换，你得尽快交给我两个现代化工业区。"

面对老领导们的急切嘱咐，有点书生激情和浪漫情怀的尚志安，此时才知道深圳经济特区多么急需吸引外资的工业区，也才真切感受到自己身上的担子究竟有多重！

半个多月里，尚志安几乎每天只睡四五个小时，经过紧张的策划、筹措和规划，公司确定了第一个进军目标：开发上步轻工业区。上步轻工业区，在红荔路到振兴路之间。按照规划目标，要在两年内开发建成0.12平方公里、建筑面积达20多万平方米的轻工业区。

那天上午，在上步片区泥泞的竹棚门前，尚志安庄严地挂上"深圳市工

1984年，相关人员赴新加坡考察学习工业区建设规划（尚敏智 供图）

业区基建工程指挥部”的牌子，这就标志着上步轻工业区开发的开始。作为总指挥，面对寥寥几个干部和新招来的大学生，他一时感慨得说不出话来。开发工业区，除了一万元开办费，就只有这几个人，巧妇难为无米之炊，没有钱推土机也推不动啊。在这么艰难的条件下拿下工业区，首先他要能够说服他自己，他需要铿锵的自信和满满的底气。

尚志安说他有两座富矿！第一座富矿是精神富矿。他的几个伙伴，包括两个大学生在内，个个都是放弃了优越的工作生活环境，满怀激情投身特区建设事业的，都是来闯特区的！应该说，20世纪80年代早期来深圳的绝大部分人，都满怀激情，都有敢闯敢干敢为天下先的勇气和精神，他们有些是放弃铁饭碗铁交椅，自断回头路，辞职闯深圳的，大有点英雄断臂、死而后生的胆魄。尚志安此前在广州有十分安稳的生活和待遇很好的工作，但就是缺乏现在这股创业的干劲儿和激情。第二座富矿是资源富矿。即通过把握天时地利人和，充分利用政府给予的优惠政策和他的人脉资源，将资源富矿转化为物质财富。这是他的资源富矿之说。事实证明，尚志安确实是十分沉稳准确地利用了他的两座富矿，为他开发上步轻工业区和八卦岭工业区提供了坚实的精神支撑和物质保障。

上步轻工业区开发之初，由于公司一穷二白的背景和捉襟见肘的家底，由于既没有经济实体也还没有树立起企业信誉，当时即使市长出面担保贷款，银行也左右为难，结果还是要协调市财政局出面，根据市长的指示并提供公司已经签约的几份办厂协议，终于获得银行的第一笔贷款50万元。然而，当时上步轻工业区开发中，仅仅是第一批五栋厂房计划需要开发资金就得1000多万元啊，50万元只不过杯水车薪。尚志安在后来那几个月里整天为钱犯愁。为了工业区开发，他已顾不上面子了，几乎使出浑身解数，到处开口借钱，几经周折，疏通关系，陆续获得银行贷款290万元。

为了从根本上解决资金问题，尚志安不屈不挠想了很多办法，最具突破性的就是"滚雪球"的筹集资金谋求发展的办法。在利用银行少量贷款，暂且解决土地开发中一些急需资金问题后，现在华强北国美附近的第一批厂房竣工，可以开卖了。由于是第一次出售厂房，担心卖不出去，为了能够尽快回收资金，第一批厂房的销售价格偏低，最低价每平方米仅售450元左右。结果厂房很快被抢购一空，顺利回收了部分资金，赢得了开发时间。之后，随着工程建设的逐步推进，尤其是政府放宽了工业房地产买卖的有关政策，公司自身也改善了买卖方式，吸收了香港预售楼花等做法，通过"滚雪球"方式不断增加再生产资金，在不同时期他们分别采用不同的预售方法，对预售用户实行优惠待遇，在不到半年时间，筹集到四倍于银行初期提供的贷款。随着资金链的顺畅运转，工程开发进度基本实现了预期，后来，又得益于政府政策主导作用，工业投资迅速增长，配套厂房的需求量也越来越大，工业区所建的厂房供不应求。尚志安他们边建边卖，边卖边建，雪球越滚越快。上步轻工业区"规划一片，开发一片，收益一片"滚动发展，"统一征地，统一规划，统一施工，统一销售，统一管理"，克服了资金分散、建设速度慢、经济效益低的通病。何良提供的资料表明：上步轻工业区，1982年11月开始地面工程施工，1984年年底全面落成，仅耗时两年。至1985年9月，已有84家中外合资企业和市内企业进入，投产的企业已有45家。企业计划总投资1.7亿元，已投入1.2亿元，占总投资的70.7%，大部分的投产企业都做到当年投产当年获利。

七八个人，一万元开办费，住竹棚、吃泡面，硬是把荒山野岭的上步片区建成标准厂房林立的轻工业区。尚志安借鉴香港“商品房预售”等开发模式，通过“边盖边卖”“先卖后盖”等预售方法，有效解决了当时工业房地产资金紧缺和厂房紧缺等问题。“工业房地产预售制度”应该是当时内地开发工业房地产的首创之一，也是尚志安敢想敢干敢闯、敢为天下先的又一创新。

不过，说到尚志安开发工业区的“传奇”，可谓版本众多。何良说，有些版本太过传奇，接近神话，甚至可以说是谬传。譬如，2018年12月17日，某报记者是这样神化尚志安的：“湖北人尚志安自从1980年走进深圳市政府，喊出‘给我政策，不要市委一分钱，我在荒山野岭的上步开辟出一个工业区来’以来，他已成功开发了上步工业区……”，传奇故事编得潇洒大气、酣畅淋漓，可惜谬误百出，有悖常理。首先，尚志安是陕西人，并非湖北人；其次，尚志安不是1980年来的深圳，而是1982年才来的深圳；最重要的，作为有着近30年党龄的共产党员，尚志安断不会一走进市政府就“喊”，即使“喊”也不会向市政府喊“不要市委一分钱”（**开发工业区，太需要钱！**），市政府更不会随便到给闯进市政府的陌生人一块“荒山野岭的上步”让他“折腾”工业区……这个传奇故事实在是浪漫可笑……

早在上步轻工业区开发走上快车道之时，尚志安的八卦岭之梦便悄然酝酿了……

开发八卦岭，建设现代化的八卦岭工业区，不仅是市领导的重托，更是尚志安梦想的创业主场！八卦岭的占地面积是上步轻工业区的近九倍，其地势丘陵坑洼，自然条件十分恶劣，开发所需要的资金和人力物力更是上步轻工业区所无法比拟。然而，就在1983年年底，当手头的资金稍微有一

1985年，八卦岭工业区成片的建设开发引起了客商浓厚兴趣，第一批建设的标准厂房甚至供不应求（尚敏智 供图）

来自五湖四海的客商纷纷争先到八卦岭工业区占领一席之地，投资办厂、开设公司。图为荣生企业有限公司首期工程开工典礼（尚敏智 供图）

点点结余的时候，尚志安便迫不及待地提前进军八卦岭，去啃八卦岭这块硬骨头……

八卦岭曾经是深圳的“西伯利亚”。据说当年尚志安带着他的几大“金刚”第一次去八卦岭，从市委出发，走到笋岗、上步一带，怎么找也找不到进去的路口，最后绕到北边的泥岗路才艰难进到八卦岭……

尚志安开发八卦岭工业区的目标十分明确：建设一个区内布局合理、规划设计超前、交通纵横交错、环境时尚优美的现代化工业区。在20世纪80年代的中国，面对这样的高要求，只能走出去，学习“亚洲四小龙”尤其是新加坡的经验。于是，尚志安带着一个小团队并带着实际的问题和项目意向方案去求学，从考察境外到学习境外先进管理经验、规划设计工业区开发方

尚志安与时任广东省委书记谢非（中），深圳市政协主席林祖基（右）（尚敏智 供图）

尚志安在办公室（尚敏智 供图）

案，这种做法在当时也是经过一番力排众议，担当风险的。

八卦岭工业区的标准厂房设计，不同于传统厂房，具有通用性、配套性、集约性等特点。传统厂房一般只是一层高达十来米的平房，轻工业会有建一些两层楼的厂房。上步的定位是轻工业区，所以一开始就建几栋几层高的标准厂房，这种厂房除了底层保证承重力之外，二层以上从设计材料到配套产业，都是选择承重要求低、占地面积小、利用率高、适合轻工业生产的产业，比如上步轻工业区初期引进的服装厂、电子厂等。基于八卦岭工业区的定位，标准厂房建设要求更高，其设计理念是在规定区域内按照统一规划，建成具有通用性、配套性、集约型特点的，主要为中小企业集聚和工业投资项目提供生产经营场所的生产作业平台。所以，八卦岭工业区的厂房设计，有利于资源优化配置，有利于优化生产力布局，促进中小企业的发展；有利于培育产业集群，建设先进的制造业基地；更有利于改善生态环境，实现经济效益和社会效益和谐发展。

八卦岭工业区在规划中，对大马路和小街巷的设计也是学习了新加坡的经验，做到：意识超前、独具匠心。每一条大马路，在规划中都留有30米的绿化带，每条街巷的规划都从绿化、休闲、生活等方面考虑，十分人性化。时隔近40年，即使今天，走进八卦岭，我们仍会赞叹其四路九街，纵横交错；厂房林立，标配适当；街市配套，人文关怀，一派城市森林、安居乐业气象。八卦岭，恰似一个中年汉子，身着一袭锦衣，或中山典装、或古韵绸缎，有点令人古韵，但永远都是那么风流倜傥、引领时尚。

在深圳的改革开放史上，1984—1985年是一个艰难时期。根据美国学者傅高义的观察："外国观察家分析了酒店开房率、利润水平和债务偿还计划后，很快就宣布深圳是失败的。甚至一些年轻干部，包括一些高干子女，在1984到1985年的衰退时期，抛弃了深圳。……从1984年至1985年，外来新投资下降，但在1986年又大幅度回升。"[1]

就是在这样的艰难时期，尚志安要同时兼顾两个工业区的开发。八卦岭进入开发初期，急需解决资金、征地、迁坟、通平工程、规划、施工等问题，而上步轻工业区面临边建厂边招商、边招商边管理等十分关键而琐碎的事情。上步片区虽开始回笼资金，但要扩大再生产，"滚雪球"也需要资金；八卦岭的通平工程难度大更急需资金，尚志安一直都在"愁钱"。那段时间的尚志安像一个"饿鬼"，时间不够用、人手不够用、钱不够用，什么都不够用啊。

在上步工业区开发之初，尚志安用一万元开办费搭建了100多平方米的竹棚，作为"深圳市工业区基建工程指挥部"办公室，那是个夏天闷热潮湿、冬天寒风刺骨的竹棚。然后再购置了三部自行车作为"公车"。那时，两个在建的工业区都没有现成的自行车路，上班需要去工地，遇到下雨路面泥泞，还得扛着自行车爬坡。

在八卦岭工业区开发初期，由于条件限制，他们吃饭没饭堂、睡觉没瓦房。只好在公司大院的一块平地里搭一排竹棚住宿，不料1983年一场强

1. ［美］傅高义：《先行一步：改革中的广东》，广东人民出版社，1991，第161—162页。

台风将整排竹棚掀翻了，大伙儿又无家可归。于是只好重新搭建，当然，还是竹棚。那天，看到大家兴高采烈地搬进竹棚时，尚志安一阵心酸。他说他会永远记住这个很凄凉的情景。当时他就暗下决心：只要公司发展稍微有积蓄了，他一定千方百计让跟他闯荡创业的兄弟姐妹们住上楼房。后来公司熬到当年年末，刚好售楼、还贷等都比较顺利，已有一定资金结余时，他第一时间想到要给大家买房，解决员工的后顾之忧。当时正值园岭新村商品房开售，他立马决定订购三栋商品楼，共近200套房，让员工们在1984—1985年家家户户陆续住上新房。后来几年，公司不断发展，员工越来越多了，他又不失时机在下步庙购置了几十套新房。回忆起当年尚志安决定为员工购房的情景时，不少与尚志安共事多年的老同事们都百感交集，忍不住泪眼蒙眬……

1985年9月3日，尚志安在深圳市工业发展服务公司开发工业区三周年纪念大会上，向新闻媒体透露了振奋人心的八卦岭开发建设的惊人业绩：“从

尚志安在工业发展服务公司与外商会谈（尚敏智 供图）

1983年年底开始，以一年十个月的时间开发建设了1.08平方公里的八卦岭工业区。截至1985年9月，八卦岭工业区竣工面积达44万平方米，占总开工面积的45%。……八卦岭工业区现有企业125个，总投资约为5亿元，其中，37家企业从1985年年初就陆续投产……”尚志安的传奇在于他利用短短不到3年时间，将在上步轻工业区开发时即使市长担保银行也不肯贷款，发展到八卦岭工业区开发时银行找上门来拉贷款。他大胆利用银行贷款，以“滚雪球”方式，低投资、高速度等做法成片开发工业区，这是当时深圳经济特区大胆改革、招商引资的成功经验，在当时的中国也属首创。这一年，正是国家经济贸易委员会深化企业体制改革，推广18种现代化管理方法的重要一年。尚志安管理的公司，正是在那个时期成为国有企业改革、向管理要效益的成功典范，尚志安和他的八卦岭工业区的传奇正是在那个时候传遍大江南北的。

［注：深圳市工业发展服务公司成立于1982年2月，1989年更名为深圳市鹏基工业发展总公司，1999年经过公司制改造，正式组建深圳鹏基（集团）有限公司，2007年更名为深业鹏基（集团）有限公司，现为深圳市属港资企业。本节内容根据何良专为本书撰写的报告文学《八卦岭之春》缩写］

电子产业“头啖汤”

深圳国贸大厦，三天一层楼的“深圳速度”曾令世人惊叹。深圳地王大厦，是一座超过300米的超高层摩天大楼，曾是亚洲第一高楼。深圳电子大厦，只有20层，可能算不上真正的摩天大楼，但是深圳电子大厦之于深圳的意义，丝毫不逊色于深圳任何一座大厦。

深南路上的电子大厦，始建于1981年1月，1982年8月竣工，69.9米高。这座高楼放在现在来说不算高，可在当年这就是深圳第一高楼了。深圳电子大厦的所属单位是电子工业部，电子大厦是深圳第一栋以城市支柱产业命名的大厦，围绕电子大厦，逐渐兴起华强北电子商圈，带动了深圳电子业的发展，使深圳成为中国电子市场的“风向标”。

1980年3月，电子工业部在广州三元里的矿泉宾馆召开一次特别重要的会议，会议决定利用深圳“出口加工区”的特殊政策，调集精兵强将，在深圳兴办一个大型电子产品出口基地。深圳也认为电子工业是新兴产业，是朝阳产业，是工业现代化的重要推进器，对各行各业都有引领作用。于是，深圳划出30万平方米，建电子工业区，委托电子工业部统一规划。这就是上步工业区，深圳电子业的摇篮，全国新兴电子信息产业的源头。

那时候，世界范围内正在出现产业大转移的趋势，发达国家的加工制造业向东南亚、台湾和香港加速转移。此时的香港已是全世界最大的电子加工集散地之一。与香港一河之隔的深圳成为对接国际电子产业的桥头堡。电子工业部750厂来深圳兴建爱华电子公司，这是电子工业部在深圳建立的第一家大型国有企业，爱华路因此得名。电子工业部中国电子进出口公司深圳分

华强路原本只是上步工业区内的一小段，许多年后因为电子商铺林立，被称为“中国电子第一街”

公司找到南京无线电厂和香港新华贸易公司，组织成立了合营的京华电子公司，京华街因此得名。电子工业部直属的大型军工企业083基地，自筹资金710多万元到深圳创办振华电子公司，振华路因此得名。振华电子公司又发起创办了华发电子公司，生产华发彩电，华发路因此得名。

在电子工业部以及其他国家部委的大力支持下，粤北山区有三家军工企业——国营红权电器厂、国营先锋机械厂、东方红机械厂，集体来到深圳福田，共同组建了华强电子工业公司，靠装配日本三洋收录机赚取加工费。华强电子工业公司边上的那条路，因此命名华强路；南北向的华强路，被东西向的深南大道拦腰截断，一分为二，北边的那一段就叫“华强北”。

风云际会，群英聚集深圳。中国第一台电子计算机发明人王之就是在这种氛围中来到深圳的。

1984年，湖南浏阳人，哈尔滨军事工程学院毕业的高级工程师，历任电子部计算机管理局副处长、处长、副总工程师、副局长的王之，组织科研攻关小分队在北京散热器厂的地下室里埋头苦干，终于迎来国产第一台电子计算机——长城0520-CH的诞生。1985年6月，长城0520-CH在全国计算机应用展览会上正式发布，其性能超过当时的IBM PC和NEC 980，成为国家计算机工业发展史上最具历史意义的里程碑。

在20世纪中国IT业的起步阶段，王之为微型计算机的中文化、工业化、规模化生产做出了巨大贡献，并因此被誉为中国IT业的真正的“教父”级人物。1986年，王之在深圳八卦岭工业区筹建创办了长城集团在深圳的研发、生产基地，创建了中国最早的PC生产企业，长城也成为中国最早的计算机品牌。从1986年起，王之和他带领的长城，为中国的IT业做了大量有示范性、启发性的工作，带领全体员工将长城集团从一个只有300万债权的小型企业发展成为国内著名高科技企业集团。长城集团从无到有、从小到大，在科技创新、生产制造、市场开拓、技术服务等方面实现了跨越发展，并建立了与国际IT产业巨人的密切合作关系。长城集团业务涵盖计算机核心零部件、计算机整机制造、软件和系统集成以及宽带网络和增值服务等多个领域。在计算机核心零部件领域，产品包括磁头、盘基片、硬盘驱动器、显示器、开关电源、板卡等；在整机领域，产品包括PC机、笔记本电脑、服务器、ATM机、税控收款机、投影机、数字电视、网络电表等；在软件和系统集成领域，产品包括面向公安、税务、工商和金融等行业应用的大型信息系统；在宽带网络和增值服务领域，是国内除基础运营商以外的最大宽带网络运营商。鉴于王之为深圳的发展所做出的巨大贡献，2003年深圳市授予他深圳市市长奖。

在中国改革开放后的第一个十年里，他弃官从商，选择了一条今天看来竞争最激烈的IT业之路。王之，这位有着贵族气质的高级工程师始终对计算机业有着一份执着本真的热情。在改革开放前期“倒爷”盛行的年代，他不允许“长城倒卖产品，坚持踏实做计算机制造”。在软件概念满天飞的20世纪90年代初，他不为所动，一心尝试生产“长城”硬盘，被人称为“中国最爱硬盘的人”；他也是不怕垄断力量的独行者，曾被国外媒体称为“第一

华强北步行街，如今是集聚了商务、购物、娱乐多种功能的重要商圈

个让比尔·盖茨停下脚步的中国人”，据说长城的Windows操作系统进货价非常优惠。不迷恋政治权力，不轻易为金钱所动，能长期坚持理想，亦不向垄断妥协……《网易科技报道》评论说，这背后所韵透的正是王之身上的气质，不是圣人，但是贵族。

另一只“东南飞的孔雀”是叶华明，他将先科的“巢”安在了八卦岭工业区这棵梧桐树上。

叶华明，1933年出生于澳门，祖籍广东惠阳，为开国名将叶挺将军第四子、新中国第一批地空导弹专家。1983年，他毅然放弃在北京舒适的生活，南下深圳。1984年，着手创建先科技术开发公司；1990年4月，组建深圳市先科企业集团，其后历任集团董事长、总经理、党委书记等职。先科集团在他的领导下，瞄准世界先进水平、紧跟先进科技步伐，取得多项“中国第一”的骄人成绩，成为中国激光光盘的生产基地、中国液晶显示器生产基地、中国精密模具和机电产品生产基地。1998年到2002年，先科集团被国家电子工业部评为中国电子百强企业；2002年，“先科SAST”荣获中国驰名商标称号。叶华明生前口述的《先科的故事（1984—2004）》，洋洋数万言，字字真切，所表露的拳拳之心，令人动容。《深圳口述史》曾将其中精彩的篇章进行过梳理并发表。

1983年6月6日午休时，叶华明随手拿起《北京日报》阅读，突然看到一则深圳市委组织部在北京招聘各种人才到深工作的公告。当时叶华明在国家科委的新技术局参与筹建计算机工程中心。机关工作是很正规但枯燥的，令叶华明在心里萌生了离开的念头。因此他将这则公告仔细看了几遍，并且把报纸收了起来。

两天后，叶华明和妹妹叶剑眉一起报了名。1984年春节过后，叶华明离开了生活工作近30年的北京，到任深圳市科委主任兼党组书记。

当时许多外国公司和香港公司前来深圳了解情况，科委的外事活动中，叶华明经常与客人交换名片，他们一看到是“科委主任”，认定是政府官员，只能从政府政策层面上了解一些情况，而无法在投资和商业上往下谈。叶华明认为科委要尽快成立一家对外洽谈的公司。小平同志在科技大会曾说过：“科学技术是第一生产力。”深圳要发展科技，首先发展先进科技项目，新公司就起名叫“先科技术开发公司”。

1981年，叶华明在荷兰做访问学者时看到过激光唱盘，动人的音乐似从唱盘中流淌而出，那时他就想：“我们何时能拥有这种高科技的产品？”先科公司成立以后，经人牵线，邀请飞利浦（香港）公司专门派人到深圳演示激光视盘产品，俄国经典芭蕾舞《天鹅湖》视盘的音乐和色彩还原度非常高。

当时我国正处于改革开放的探索阶段，家用电子消费产品方面正处在发展彩色电视机的初级阶段，谁家买了彩电都会成为街头巷尾的新闻，而在

道路两边矗起密密麻麻的高楼，记录着华强北作为电子信息产业龙头地位的辉煌历史

当时，激光视盘这个名词也只是在一些研究所有人知道，公众和传媒基本对它一无所知。先科公司的领导班子根据市领导对该项目的支持态度，慎重研究，制定了详细方针，其中一点便是“坚决引进飞利浦激光视盘的生产技术和设备，采取以我为主的引进方针”。

1985年的春节前夕，先科公司与荷兰飞利浦公司就技术转让费用和生产线及母盘生产设备的价格等方面达成一致。经过考量，双方决定将厂房选址在当时正在规划成为工业区的八卦岭。由于激光视盘是一个高科技项目，根据飞利浦公司提供的技术要求，厂房要建成封闭式的特殊厂房。1986年6月，工程正式开工。一年后，先科大院按照预想顺利竣工，图纸上的厂房变成现实。1990年8月16日，第一张国产CD诞生，是在北京出版的亚运会会歌——《亚洲雄风》；1991年3月，第一张LD视盘诞生，内容为《红楼梦》。从此，中国有了自己的光盘产业，也成为继荷兰、日本、法国之外第四个既能生产LD视盘又能生产CD音盘的国家。

凭借密集的人口，华强北的外卖生意如火如荼

1992年，小平同志来深圳视察，于1月20日视察了先科企业集团属下的深飞激光公司。叶华明向小平同志汇报先科集团及激光集团项目情况，接着便开始演示激光视盘。看了由先科业余歌手演唱的卡拉OK——《在希望的田野上》，小平同志很高兴地说："很好，我听得很清楚，不走调，音响效果不错。"并带头鼓掌。进入激光母盘车间，小平同志很仔细地听叶华明讲解母盘的制作过程。当叶华明提到每年先科公司要生产几百部国内外电影的视盘时，小平马上询问："版权怎么解决？"叶华明说，按国际规则，向国外影视公司购买国内版权，才可生产。小平同志对此表示满意："应该这样，要遵守国际有关知识产权的规定。"[1]

小平同志视察先科一事，后来随着那篇著名通讯《东方风来满眼春》的刊发，传遍大江南北。自1992年4月后，先科的光盘基地——深飞激光公司成为许多来深圳参观的领导和外宾的必到之处。

深圳还吸引了一位电子产业的领军人物——马福元。

1985年，国务院的经济管理部门开始转换职能，实行政企分离，部属

1. 陈锡添：《东方风来满眼春》，《深圳特区报》1992年3月26日第一版。

企业脱离计划经济的轨道，转向市场。这次变革给深圳的电子工业的发展带来了百年未遇的良机，一大批电子口的转制人员带着资金、带着项目、带着人才来到深圳，兴办电子工业。在深圳的上步工业区，各种各样的电子公司兴建起来，都是各省市电子业在深圳开办的窗口企业。这些企业都有一个通病，就是技术力量薄弱、企业规模小、产品批量少、投资回收周期长。电子工业部领导坦率地说："中国有近3000家电子企业，近200万职工，1984年电子工业的总产值才274亿元。而日本三洋公司为40亿美元，东芝公司57亿美元，日立公司78亿美元，人家一个公司就差不多等于咱们全国的总和。"深圳要又快又好地发展电子工业，必须有效地整合资源，成立一家大型的电子集团企业，使之成为电子行业的龙头，全面提高电子业的档次。

就在这样的背景下，原电子工业部办公厅主任马福元作为深圳急需的一位电子业领军人物南下深圳，出任深圳电子总公司董事长兼总经理、深圳电子行业协会首任会长、电子工业部深圳办事处主任。他的职责是把深圳100多家中小型电子企业联合起来，组建成一个集团，形成团队的力量。集团的模式在国际上多是先有母公司，后有子公司，然后组成集团。可是电子集团则是先有子公司，后组成集团。这中间有很多问题需要理顺。在没有任何开办资金的前提下，如何筹谋与设计一个新型企业集团的组织管理模式和经营模式，这是摆在开拓者面前的巨大考验。当时有议论把企业联合说成是"拉郎配"。面对这样的情况，马福元对参加集团的117家公司采取自愿加入、自由退出的方式，没有发红头文件。这样，集团初步形成了以电子部的企业、深圳市的企业，再加上深圳以外的广东企业为主体的组成框架。

1987年，集团的工业总产值达到20亿元，销售收入达到15亿元，外销收入达到1.5亿美元，分别比1985年增长了105%、106%和292%，集团的"规模效应"开始显现。至1988年年初，深圳电子集团公司正式更名赛格电子集团，成员企业发展到158家，集团旗下一度拥有桑达、华强、康佳、宝华等知名电子企业。赛格集团的崛起成了深圳电子业蓬勃发展的重要标志。

在计划经济体制下，企业生产什么要向电子工业部报计划，今年生产多少电视机，需要多少彩管，生产多少录放机，需要多少机芯，这些作为生产原料的电子元器件由电子工业部按计划统一分配。说白了，就是政府主管部门实行统筹，对上下游厂商进行配对，这一模式被人们用北方方言戏称为“骡马大会”。这种体制，并不适合计划外的深圳电子企业。伴随深圳的电子业进入快速发展期，电子元器件生产不能配套的问题格外突出。当时，企业无法在深圳采购到必需的元器件，常常为了几个电阻、电容之类的小东西，不远千里前往北京、上海。那个时候的深圳交通与通信还不发达，采购人员费时费力，难以满足需要，付出的成本极高。还有许多的元器件国内不能生产，不得不依赖进口，而深圳的电子企业没有进口权，进口必须经过层层审批，手续极为复杂，批文好不容易下来了，等到急需的元器件到了深圳，行情却擦肩而过。电子元器件的不配套严重制约深圳电子产业的进一步发展。

马福元决定打破常规，建立一个对内对外开放的电子配套市场，利用境内境外元器件市场的资源，使得境外与境内的两个市场互为补充。让所有供应商都来市场“摆摊”，让所有需要元器件的企业都来市场采购，供需双方根据市场信息来安排企业生产。马福元后来回忆说：“这个是不好批的。这个配套市场是和国家计划经济体制对立的，是对着干的，不允许的，要冒很大风险的。”

好在那是一个改革的年代。在多方努力下，1988年3月28日，全国第一家专门销售国内外电子元器件、组织生产资料配套供应的深圳电子配套市场——赛格电子市场——开业，由160多家内地厂商和10家港商，以自营自销、联营代销的方式经营。国内外用户不但可以选购到各种急需的元器件，还可了解到世界高新技术发展的最新动态，产供销三方直接“碰头”，很快就出现了购销两旺的喜人景象。三尺柜台，一个账本，早晨店铺一开门，全国各地操着方言的小老板们便围着店铺一脸笑意地接客。配套市场越办越红

曾经，有不少怀揣梦想的年轻人来到上步工业区做电子产品批发零售的生意，这里“一柜难求”

火，从一楼扩大到二楼，从一二楼扩大到赛格集团整个大楼，营业面积从1000多平方米扩大到8000多平方米。起初是一点星火，不久便成烹油。鼎盛时期，36家电子专业市场云集华强北。不知不觉间，华强北也从原来的上步工业区、工厂区变成了举足轻重的电子交易市场。自由市场，替代了原来计划经济的“骡马大会”！

华强北电子第一街的行业地位由此奠定。

自20世纪90年代始，以信息技术为标志的新技术革命浪潮兴起，制造业面临一场世界范围内的全面升级。美国等发达国家相继进行了产业结构调整和制造业转型，微电子、计算机、通信设备等新兴制造业迅速崛起并与传统制造业并驾齐驱而成了承载经济增长的两大车轮。韩国、中国台湾抓住机遇紧随发达国家之后成功完成了产业转型，中国台湾成了美国之外的全球最大IT制造业代工基地。深圳也赶上信息技术革新浪潮，成为中国高新技术产业高度发展的一极。

大致说来，深圳的第一步，是发展“三来一补”初级加工业：香港、台湾的资金、技术、成套设备、成熟的海外市场、成体系的企业管理经验与内地（祖国大陆）相对廉价的土地、劳动力在深圳结合到了一起，诞生了深圳经济奇迹。原住民的土地、外来劳务工的劳动力，通过深圳经济特区参与国际经济分工后获得了国际市场价值，成为土地红利和人口红利。深圳今天的城市规模、城市人气、城市地位，就是这个阶段打下的基础。这个阶段的工贸经济，就体现在蛇口工业区、上步工业区、八卦岭工业区的兴旺发达上。

深圳的第二步，是以电子技术升级制造业：上步工业区、八卦岭工业区成建制地引进电子工业，形成了强大的电子产业配套。深圳电子产业基础之扎实，产业链之坚实，产品迭代更新能力及市场辐射能力之强大，一举实现对台湾和香港制造业的反超。深圳在承接港台制造业转移之后很快赶上了IT技术的广泛应用。用IT技术改进、装备传统制造业，深圳依托境内境外两块资源，技术更新快、技术人才充裕、新产品市场需求量大。可以说，电子产业正是深圳高新技术产业的中坚，华强北是亚洲首屈一指的电子产品批发中心，华强北正是这个时期群星灿烂的大舞台。

深圳的第三步，是真正具有自主知识产权的高新技术产业的崛起。无论是逐渐脱离“山寨”的腾讯，还是一直强调自主开发的华为，自主知识产权开始成为深商的核心资产。无论是基于IT技术，还是基于新材料、新能源、新生命科学，第三代科创类深商几乎都是先有技术专长、技术专利，然后才开设公司，融资发展。2016年5月30日，全国科技创新大会上，任正非代表华为汇报发言，说华为已经攻入无人区，处在无人领航、无既定规则、无人跟随的迷茫境地。这表明以深圳为代表的中国制造业已经从跟随型创新阶段，逐步发展到引领型创新阶段。

未来已来，而历史的起点就是上步工业区、八卦岭工业区、华强北商业街。

印刷业大浪淘沙

沈广能，一个典型的客家男人，浓浓客家口音的普通话里透露出客家人忠厚、平和、质朴、坚韧的特质。他是深圳知名的高端印刷整体解决方案提供商——信和印刷的创办人。采访过程中，过往几十年的创业打拼经历仿若平静的溪流汩汩流淌。那些挫折、起伏、考验，都消释在云淡风轻般的微笑中。眼前的他，和想象中那个在生意场上时刻神经紧绷摩拳擦掌的他，非常不一样。

沈广能的老家在梅州市梅县桃尧镇深教村，祖祖辈辈，世居山村，耕田谋生，久处于清寒之境，但沈广能不愿将自己的人生局限于此。1984年，十几岁的沈广能决定离家出外闯荡，寻找人生新的可能性。第一站，他选择到三百多公里外的广州打工。那段时间，日子过得比较坎坷，沈广能咬着牙挨了下来。过了几年，他想到了创业。折腾半年，失败了，最后身上只剩下几百块钱。一个并不在深圳的朋友向他推荐了深圳，“创业，还是去深圳吧”。

20世纪80年代末，沈广能从广州乘车来到了深圳，兜里揣着他那几百块钱。

初来深圳，人生地不熟。正好碰到有老乡从事打印工作，他也开始往这方面发展，跑起相关业务。两年后，自己开了个打字复印的小店，积累了一点钱。他也尝试过做餐饮，但不成功，才正式转入印刷行业。

八卦岭工业区也是包装印刷行业的生产基地。当时大大小小的包装印刷厂云集此地，连接成供应采购业务链，并以设计优秀、工艺先进、产品种类多、质量高而著称，生产设备无论是种类、数量还是技术含量都遥遥领先国内其他地区，甚至有了“十步之内，必有印厂”的说法。无数创业者从这里踏入印刷之门、淘得人生第一桶金，并逐步发展壮大。

2003年，沈广能在八卦岭工业区创建了深圳市信和印刷有限公司。这是一家为房地产、珠宝、摄影、服装、消费电子、化妆品等行业客户提供印刷产品的企业。

在竞争对手如云的环境中，沈广能深知企业形象的重要性。“企业要长久发展，必须注重品质。当时我的公司刚起步，虽然竞争压力很大，但是我不打价格战，而是要主打质量，因为价格上不可能永远你最低，虽然品质不一定是我做得最好，但是我会尽量满足客户的需求，关键是以品质和服务来取胜。”

“信和”二字寄托着沈广能对生意和对为人处世的深刻理解。“任何一个企业，品质、服务、诚信很关键。做生意就像做事做人一样，首先要有诚信，才会做好事情；同时大家要和谐，才能做好自己的企业，这就是‘信和’的由来。”沈广能说。

在逐步开拓印刷事业的过程中，沈广能始终保持谦逊好学的态度。平时他喜欢认识比自己年纪大的人，跟他们聊天，从他们身上学习创业经验，了解更多一手的行业资讯。比如他在2003年左右，认识了时任深圳印刷行业协会会长的李秋光，从这位举足轻重的印刷行业老前辈身上他“取经”很多，至今受益。

“我也算是边走边学，到今天还是这样。” 沈广能谦称自己是一个初中毕业的“60后”，知识面不广，故更要争取机会补短。“我这个人比较喜欢学习，做事比较专一。我经常告诉我的员工，无论做哪种职业，首先要爱好，要喜欢上这份职业才能做得好，如果你对这个行业都讨厌了，那么你自然就不想去做。”

巨大的行业竞争，激励他去对这个行业的技术、设备、工艺等加深了

沈广能凭借忠厚、坚韧的品质，在
八卦岭印刷界激烈的竞争中站稳脚跟

信和印刷旧址前台

解。情况了解得越多，他对印刷就越做越有信心。在他看来，外国的印刷企业有很多值得国内同行学习的地方。比如外国企业的管理模式、企业形象、生产要求、工作环境等，但是最重要的是先进设备。

“工欲善其事，必先利其器。”对印刷来说，技术储备既是生存的基础，也是每一次成长的起跑线。完备、先进的设施可以使极具创意的设计和精心超凡的制作得以充分展现，从而为印刷的优质服务奠定坚实的基础。为增强企业的核心竞争力，公司斥巨资连续引进两台全新对开海德堡印刷机，并且引进先进的CTP输出设备，实现了真正的印刷一体化服务。目前公司拥有对开印刷机三台、四开印刷机一台、对开1+1双色机一台，全新斯塔尔折页机、高速阿斯塔锁线机、德国天马晒版机、自动包面机等先进设备。后来的事实证明，沈广能的信和印刷之所以能历经行业洗牌发展到今天的规模，就是因为他舍得在设备上花真金白银，在管理上狠下心力。

信和印刷琳琅满目的成品，以高品质获得了市场青睐

沈广能不惜重金购买先进的设施，
为优质印刷服务奠定坚实的基础

“全国印刷看广东，广东印刷看深圳。”这句耳熟能详的话，道出的正是深圳印刷行业盛极一时的辉煌史。据了解，在巅峰时期的2013年，深圳印刷企业2430家，工业总产值达320亿元，从业人员18万人。400多家深圳印刷企业承接50多个国家和地区的印刷品，加工产值达104多亿元，10多家企业入选“全国印刷企业百强”。

随着中国经济进入迅速调整的时期，到达辉煌顶点的深圳印刷业迅速滑落。从2014年开始，缺乏核心竞争力的中小微印刷企业出现倒闭潮。2015年，一批老牌印刷企业倒闭，给整个行业带来了强烈的震撼。2017年春节后，白卡纸、铜版纸的价格疯涨，安监与环保风暴持续加码，又进一步加速了行业的洗牌。八卦岭工业区的印刷企业，同样迎来了历史性的命运。随着深圳城市更新的进程加快，八卦岭工业区迎来旧改。印刷行业因为油墨易燃易污染，存在环保和安全隐患，属于迁离类企业。沈广能怀着依依不舍的心情搬离了这个几十年来承载了无数印刷人的梦想与光荣的生产基地。

2020年，已经搬迁到龙华的信和印刷，团队成员有160多人，厂房面积达5000多平方米。沈广能坚持企业不盲目扩张，稳健前行。他强调学习，追求创新，为此公司成立了专门的工艺研发组，负责开发各类新工艺，希冀为社会打造高品质的印刷精品、印刷艺术品。在沈广能看来，哪个行业都一样，当市场需求量到了一定的饱和度，可能就要重新洗牌，这是正常的现象。“出现产能大于市场需求就没办法，有些就要被淘汰了。”沈广能常常晚饭后回去八卦岭工业区周围散步，在对往昔岁月的缅怀中汲取力量。“你去努力，总是有机会的，这是我对深圳最大的感受。”沈广能说。

万捷是土生土长的北京人，他比沈广能更早来深圳。

1984年，万捷大学毕业，被分配到中科院的印刷所，端的是大家羡慕的“铁饭碗”。可他到那里的第一天就不想干了，因为不喜欢那种安静平稳的生活。几个月后，恰逢深圳的一些合资公司到北京招聘，万捷抱着试一下的心情去面试，很顺利地被当时深圳的一家中日合资企业——美光彩色印刷有限公司录用了。

在美光，万捷得以第一次在空调房里跟外国人一起工作，接触到当时世界上一流的印刷设备、材料、工艺、技术、专家和产品，连裁纸的刀都是进口的，令他感到很新奇。他从调度员做起，先后做到课长、部长，25岁就升任公司最年轻的董事。7年时间里，万捷如饥似渴地学习，经常熬夜看很多关于印刷的原版书，这为此后的创业打下了良好基础。

1992年，万捷辞职下海，自己创业。那一年邓小平视察南方，改革开放掀起了新高潮，万捷赶上了好时候。他通过借款、租赁、分期付款等多种方式，和自己原来美光的几个老部下，在华强北创建了雅昌。

雅昌的初期投资也花在先进设备上，1993年，苹果电脑引发了印刷业的一次技术革命。在此之前，人们只能用手工拍照、打字，再将图片和文字结合做成胶片，然后才能用金属板开始制版，再拿去印刷，从设计到人工调色到印刷，没有一个星期都完不成，一个版的成本要几万块。而在苹果电脑上，有自带的专业设计软件可满足从创意、设计到制作的整个流程，作业时间不仅缩短为一两个小时，而且成本只要几百块钱。因此，虽然当时一台苹果电脑要十几万块，对于雅昌这样一个创业型的公司而言价格不菲，且系统不兼容，但是万捷坚信技术将会改造包括效率、质量和商业模式在内的整个行业生态，于是毫不犹豫买了几台。雅昌因此成为深圳印刷界最早使用苹果电脑的企业，在其后的20多年间，也一直紧紧跟随技术的更新迭代而走在产业前沿。

1994年年初，万捷去南京出差，刚好遇到一家拍卖公司要做一场拍卖，老板得知万捷来自深圳，说“深圳的印刷水平不错”，问他有没有兴趣做拍卖图录。所谓的拍卖图录，就是拍卖公司在拍卖前把所有拍卖品的信息和图片结集成册，寄送给潜在的买家。虽然万捷那时候对拍卖市场完全没有概念，但是他大胆地把活儿接了下来。由于国内没有先例可循，连相关的研究书籍都没有，雅昌只能从全世界最顶尖的拍卖公司开始研究，同时跑了很多全球拍卖会在中国设立的预展，买回他们用过的图录，开始研究包括艺术分类、装帧、设计、文字编排以及图片处理等各个细节，摸索规律。对艺术品的图片进行修图调色，尽可能还原艺术品本真，已极其繁琐；由于每一件拍卖品的价格动辄数十万元甚至上百万元，所以对图录的品质要求极高，不仅要有品位，而且整体的风格、材质和装帧要“高大上”，能体现出拍卖公司的实力，以及激发买家潜在的购买欲望，一般的印刷公司都不敢接这种活儿。啃下拍卖图录这块硬骨头，万捷发现了艺术图书印刷的“蓝海”。

2000年，中国决定申办2008年奥运会，但因为当时国际奥委会有规定：禁止奥委会成员到申办城市视察，同时也谢绝任何申办方到委员居住地拜访。这意味着，一个鲜活的城市，只能通过一本平面的纸质版《申奥报告》

去展现它的内涵与魅力，难度之大，可想而知。

2000年12月17日，万捷接到来自北京申奥委员会总部的电话，问雅昌是否有意承印《申奥报告》。万捷犹豫片刻，决定拿下这一任务。结果，“经过人生当中最紧张的时刻”，雅昌顺利地在规定时间内印出了高质量的《申奥报告》。此后，“国有大事，必有雅昌”——国家有一些重大活动的报告印制，基本上都交给雅昌来做。多年来，雅昌是国家指定的唯一一家非国有企业的安全印制单位。

雅昌初创时，政策上还不允许注册私营企业，所以最初是在香港注册，“雅昌”这个名字也是在香港定的，当时在会计师楼准备办注册手续的材料，备选名字中有一个英文名“Artron”，会计师解释说意为art electronic，也就是“艺术+电子”，粤语发音“雅昌”，万捷几乎不假思索地决定：“就选这个名字了！”他认为这是冥冥当中注定的缘分——后来雅昌走的确实是一条印刷、艺术、电子科技三者相结合的道路。2000年，雅昌做出了一项创举——将印刷与互联网相结合。当时万捷他们主要考虑到深圳在文化资源方面，跟北上广相比处于劣势，但是IT发达，可以扬长补短，于是创建了雅昌艺术网。2004年，雅昌艺术网正式发布“雅昌指数”，就像股票指数一样清晰地反映每一位艺术家作品的价格变化，成为艺术投资市场的风向标。从2012年起，雅昌又对艺术网重新进行了定位：做艺术界的“彭博社”，成为艺术领域的资讯公司，用艺术数据服务来创造价值，这使雅昌成为一个真正意义上的文化创意企业。2003年，雅昌第一次得到被誉为印刷界“奥斯卡”的班尼（Benny Award）金奖。经过多年探索，雅昌“传统印刷+现代IT技术+文化艺术”的全新商业模式逐渐羽化成型。

深圳早期蓬蓬勃勃的“三来一补”加工贸易，对包装业有着巨大的市场需求。境外商家纷纷前来投资，在深圳迅速成立了大量港资、日资的一流印刷包装企业，一时间差不多全中国最好的印刷厂都在深圳。在八卦岭那一带，像美光这种100多人的印刷公司还只能算是中等规模，当时世界三大印刷巨头中，就有日本的凸版和美国的当纳利在深圳设了分公司，再加上大日本印刷（香港）公司的深圳分公司等形成的带动效应，短短几年间，深圳的印刷包装水平在国内堪称一枝独秀。印刷、包装，离不开设计。印刷业的发达促进了平面设计的发展，一大批深派设计师应运而生，这为深圳后来成为著名的“设计之都”奠定了基础。

在中国平面设计的首批设计师中，王粤飞被大家叫作“飞哥”。王粤飞生在广州，作为“文革”后最早进入美术学院学习的学生之一，1979年，他从广州美术学院装潢系（设计系的前身）毕业，分配进入广东省包装进出口公司（简称“省包”）设计科工作。那时的职务叫“美工”，在单位报填履历表时，人事部的老太太觉得奇怪，问：“怎么填‘美工’呢？大学毕业后就是国家干部了，怎么能算工人呢？”实际上，40年前，设计行业尚未形成，美工就是万能的，写字、画画、摄影、搞设计都不在话下。

“省包”是个涉外机构，又是一个商品研究所，它有一个从快销品到高档电器进口商品的陈列厅，从卡夫酱到索尼音响一应俱全。还有一个拥有大量设计书籍、杂志、年鉴的资料室，其中有纽约艺术指导俱乐部年鉴、日本*IDEA*杂志、瑞士*Graph*，并配有多位外文资料翻译，定期出版国外资讯动态。这样的机会在当时的中国内地几乎是绝无仅有，很多同行羡慕不已。1982年，美国著名设计师Walter Landor（郎涛）来华讲学，他的非凡成就震撼了王粤飞。他第一次接触将品牌设计与视觉识别发展为策略性商业利器的案例。当时，王粤飞有种直觉——中国企业需要这个。

1987年5月，“省包”与香港公司合办了深圳第一家粤港合资设计机构——深圳嘉美设计有限公司。王粤飞作为当时粤方负责人被派到深圳工作，从此成为深圳设计力量的一分子，见证行业的变化与成长。

王粤飞在嘉美创立初期做过漂亮的一单，就是为深圳南方制药厂设计了“三九胃泰”包装和“999”集团形象。1985年，南方制药厂成立，最初是一个配方打天下，主要做"三九胃泰"，销售很旺。到了1989年左右，"三九胃泰"的年销售额已达近亿元。随着企业迅速发展壮大，筹备成立南方集团。企业领导来征求王粤飞的意见，应该做一个什么样的标志？王粤飞建议，不应该只考虑视觉上的东西，而是要借此机会综合集团的整体形象设计，包括企业命名，但是具体思维上应以小取大。王粤飞分析，"三九胃泰"在消费者中及市场上的认知度远大于出品企业，何不以品牌取而代之，企业、品牌一体化，这样，市场传播达到最快最高最省。这项建议很快获得认同，南方制药厂新成立集团的标志直接使用"999"商标形象，命名也取"三九"，而且一直沿用至今。

"一个建议决定一个企业形象"，这正体现了设计的力量。"三九"这一次成功的品牌营销，让原本只做医药的企业高层意识到，文化也能带来商机。后来，三九集团在向多元化拓展时，把广告公司、设计公司、印刷厂作为首选行业，并且后来都干成了，其中包括至今还在彩田路上的九星印刷。设计不仅回过头来反哺了印刷业，很多深圳企业都在与设计公司合作过程中得到灵感。比如万科当时成立了影视公司、广告公司、设计公司。华侨城集团也在打造庞大的旅游房地产王国之前，就已经建设了何香凝美术馆、华夏艺术中心，开辟了一个巨型的生态文化广场。

1992年，王粤飞牵头发起了"平面设计在中国"系列活动，一方面，活动打破了当时"所谓设计是装潢专业"的陈腐观念，提出了"平面设计"的概念，结束了传统的装潢时代；另一方面，这是中国第一个导入国际规范的设计竞赛，公平公正，延续至今。"平面设计在中国"，把国内有理想有抱负的年轻设计师都聚集到了深圳，并且逐渐发展成为世界华人地区影响最大、水平最高、最具权威和公正性的设计盛典之一，是深圳文化的一张亮眼名片。

1995年，深圳市平面设计协会成立，这是中国首个非营利的平面设计专业组织，王粤飞为深圳平面设计协会创始人之一，平面设计界"飞哥"的名字就叫得更响了。1997年，“嘉美”公司合约期满，王粤飞设计有限公司成立。如今，八卦岭和华强北还有嘉美印刷、嘉美广告、嘉美设计，而“飞哥”的事业也早已做大。

印刷业需要设计，也需要摄影。曾有人说深圳是文化沙漠，但从来没人敢说深圳是摄影沙漠。早在20世纪八九十年代，深圳的摄影就已经非常有名，深圳有全国唯一的摄影大厦。摄影在深圳就像呼吸，无处不在。王琛就是与深圳一同成长起来的摄影家。

1983年，王琛还是个18岁的小伙子，就从广州到了深圳石油化学工业总公司，并根据安排进入石化占股的旭日印刷厂。旭日印刷厂位于上步工业区，是一家粤港合资的中大型企业，在印刷出版界名声响当当，承接全世界大型出版社的印刷业务。在印刷厂，王琛被分到制版车间影房部，做工业摄影这一块。那时候印刷是通过照相来做的，先是胶卷、暗房工作，再电子分色、编辑、制版、修版。以前演员的挂历、老电影的挂历，很多影星拍完照片做印刷品，都要先通过修版，去皱纹、消痘、调唇色什么的，这种PS工作就是王琛他们负责。

1989年，王琛也成了下海一族，做自己擅长的编辑、出版、印刷挂历台历等业务。早先市面上没有台历，只有挂历。20世纪90年代，王琛领先国内同行从日本引进三角台历，又从日本引进胶片挂历，印各种美女头像、名胜风光、影星艺术照，风靡一时，光三角台历一年就能印50万本。市场上对台历、挂历的需求很大，逢年过节家家都要挂，企业也送，当时一份台历一般两三块，挂历七八块，最贵的有单价二十多块的，供不应求。

下海以后，很多时间可以自己掌握、自己调配，卖挂历也挣了钱，王琛就买了两部徕卡相机到处去拍照片。1995年到1999年，王琛陆续拍了香港、澳门回归的专题，其中一些作品也初获专业认可。如1997年《摄影历史瞬间》获1997香港回归祖国之日“松文杯”摄影大赛银奖。就在1997年，深圳摄影学会会长何煌友老师牵线搭桥，深圳成功承办了第24届国际摄联代表大会。这是国际摄影界首次在亚洲举行代表大会，为中国摄影事业和深圳摄影人赢得了很好的国际声誉。王琛因此在摄影的路上越走越远。

摄影是烧钱的爱好。传统书法，一支笔一张纸在家里就能练，国画、油画成本也不算太高，但摄影不能整天待在一个地方，要出去创作，摄影需要相机、胶卷，需要冲洗、放大，这些没有一定经济条件是不可能完成的。经济特区的先发优势，使得许多深圳摄影爱好者较早获得第一桶金，拥有了玩摄影的经济基础。2003年左右，王琛和万科集团董事会主席王石、时任深圳投资控股有限公司副总裁的曾石泉等六位爱好摄影的企业家，偶然聚会交流，一致认为该有一个企业家摄影的平台。那时深圳各个国企、合资企业、上市公司基本都有自己的摄影组织，企业的摄影爱好者非常多，他们希望把各种来自商界的摄影力量联结起来。2004年3月20日，企业家摄影协会第一次开会，就有500人的规模。现在这个群体更庞大了，全球会员9000多人，国内近5000人，各地都有代表处。

这些年来，王琛把全球七大洲四大洋走了个遍，开始专注做航拍，将镜头对准地球、环保、自然生态。2008年，王琛出版了国内第一本航拍题材的摄影集《地球表情》；2011年，又出版了《地球的温度》，这本书由雅昌负责印刷，获得了美国印制大奖最高荣誉奖班尼（Benny Award）金奖。当时，这本书的创作、设计、编辑、制作都是王琛自己完成，再次证明了深圳的出版、印刷水平保持在全世界前列，深圳的“设计之都”有极其合理的商业机制和极其丰富的文化内涵。

深派服装的摇篮

沈忠诚是个帅哥。他是湖南长沙人，毕业于湖南工程学院，学的是服装设计专业。2001年，大学一毕业，立马就来了深圳。

沈忠诚进的第一家公司就是服装企业——季德娜，那时还叫季德纳。公司在华强北，老板是江浙人，对服装经营很用心。沈忠诚从设计师做起，一直做到设计总监。后来，他跳了一次槽，进了八卦岭工业区一家“天”字号女装企业，然后就决定自己创业。

2004年，沈忠诚成立了自己的工作室，也起了个“天”字号的名字——“天诚”。品牌起来后，就开工厂。最初在八卦四路的420栋，后来扩展到6栋、8栋，还有4栋。2006年到2008年是一个高峰期，那时有将近300个员工。

服装业竞争很激烈，员工跳槽很正常，队伍往往不是很稳定。但是沈忠诚的员工很稳定，原因有三：第一是天诚员工的宿舍由8人间改为4人间，装好空调、热水器；第二是工资待遇尽量靠高档计发，员工如果遇到实际困难，沈忠诚会第一时间帮助解决；第三是员工休息日改革，天诚公司将下班时间从晚上11点调到9:30，不做无谓的加班。那时，八卦岭服装企业生意旺得很，每个公司都加班加点，热火朝天，但是沈忠诚给自己立下规矩：利润点达不到公司要求的订单一概不接！这样一来，公司员工凝聚力大大增强，工作效率也提高了。当时，周边的服装厂基本一个月只休1—2天，沈忠诚的公司最早是每周单休制，后来可以做到一个月休息6天，让人羡慕不已。

沈忠诚自己说，他不算深圳第一批服装人，却是八卦岭第一批开工厂店的服装人。所谓“工厂店”，就是“楼上厂，楼下店”。一楼是商铺、折扣

扎根深圳女装
15年的沈忠诚回忆
八卦岭岁月，记忆
犹新

店，楼上就是品牌的工厂。2004年，工厂店在615栋最先火起来，后来整个片区都开满了各个品牌的工厂店，把八卦岭的服装零售市场搅得风生水起。那时候，全国批发商、零售商都来八卦岭找货源。园岭居民，甚至整个深圳的城市白领都来八卦岭“淘货”，牌子货，折扣价，这是附近居民的一大福利。当年市税务局、平安集团都在八卦岭，人气很是火旺，一到下班时间，或周末、月末放假，八卦岭便人山人海。逛街，购物，吃夜宵，白天热热闹闹，晚上也不停歇，很多工厂店都开“夜市”，一眼望去，人头攒动，灯火通明，如入繁华梦境。还有人专门到工厂收尾货，下班后在宿舍区练起了服装摊。记得厂里有个机修师傅就做过这个生意，尾货论斤收，摆摊按件卖，每天能够卖出几百上千块钱的利润。如今回想，这也是八卦岭服装文化的一部分。这种情形一直持续到2008年。

2010年，沈忠诚开始转型，自创了好几个品牌，也给银行等机构做工装、制服。等到2016年，沈彻底不做服装了，专心做供应链，为工商银行等大机构搭建在线消费场景，相当于银行客户专属的淘宝商城，产品也向多元化发展，服装、电子、母婴用品等等，只要1.2亿客户需要，他都去采办。怡亚通、网易严选、网易考拉，都是他的合作平台。这在八卦岭服装企业中，属于转型跨度比较大的。问他舍不舍得服装行业，他显然有些纠结，说自己的太太黎女士也是服装设计师，中山大学毕业的，一直还在服装行业，曾经是JANESTORY（经典故事）的设计总监。

既然夫妻二人都是服装业行家里手，那就打破砂锅问到底，细问深派服装的根由。深圳这座城市为什么服装业这么兴盛，连苏杭和广州这样的传统服装城市都不敢小看？沈忠诚说，首先要感谢"三来一补"加工企业。改革开放初期，香港成衣业大规模内迁到深圳乃至整个珠三角地区，国际品牌服装公司也把OEM（Original Equipment Manufacturer，原始设备制造商）订单给到深圳工厂。这样一来，在深圳及其周边就形成了长长的服装产业链。别以为做服装简单，从设计、打版、打样、采购面料、辅料、拉链、扣子、绣花、订珠、包装、拍摄……，有100—200道工序，链条非常长，这条产业链不是轻易就能建立健全起来的。好在10多年的加工贸易，使得深圳服装业链条非常完整，你只要给样品，随时就可以生产出产品。

有了深圳服装工厂这种得天独厚的大的产业环境，成立服装公司就简单了。一个设计师、一个打版师，再加上一个市场营销，三个人，就可以开一家服装公司，创一个服装品牌。往往是一个设计师自己开公司，请一个打版师，自己兼营销，挑灯夜战，绞尽脑汁，设计出样品就送展销会，拿到订单就跑工厂，钱货两清后剩下全是利润。这种大开大阖，大进大出，大起大落，十分刺激。所以有人说，进了服装行业的人再去做其他生意，会索然无味。说到这里，沈忠诚的脸庞上掠过一丝不易发觉的表情，如同一个战士回忆起枪炮轰鸣硝烟弥漫的战场时的表情。

深圳人才荟萃，产业配套齐备，展场卖场也多，居民消费力更是旺盛，

采访人员与沈忠诚（右二）的合照

资金回笼快，这正是深圳女装发展更快的根本原因。女装对款式要求繁多、迭代极快，最适合想象力爆棚的设计师创业。论花样繁多，设计精巧，深圳女装首屈一指。男装则不然。男装对面料的稳定性十分讲究，大批量生产的品质要求很高，投资很大，营销渠道和营销策略也完全不同，不是很适合深圳想法多、自有资金不多的创业者，这是深圳女装全国无人匹敌，深圳男装却表现平平的根本原因。但是，长期来看，无论男装还是女装，行业门槛都在提升。深圳有个叫“哥弟”的品牌，是台湾人创立的，版型非常好，虽然价格不菲，但是它的版型其他人模仿不来，这就是技术门槛。今后服装行业的门槛会越来越高，迈不过这道坎的女装企业会面临淘汰。深圳男装也在悄然升级，从工装制服开始，到品牌男西装、新中式男装，深圳男装的投资越来越大，技术越来越精，品牌越来越强，不能说深圳男装就没有发展空间。

说到这里，沈忠诚脸上的表情又有了变化。莫不是有朝一日，资金充裕，羽翼丰满，沈忠诚还会杀个回马枪，再闯服装江湖？

走出沈忠诚的供应链公司，楼下就是安奈儿。八卦岭工业区的服装企业大多已经外迁到龙华大浪等新的深圳服装业集聚基地，也有一些企业将研发、品牌和少量加工环节留在八卦岭。安奈儿专业做童装，从华强北开店起步，倒过来将业务延伸到八卦岭工厂，上市之后，更是长袖善舞了。

安奈儿也是夫妻创业。丈夫曹璋生于江苏无锡，长于山西大同，毕业于中国纺织大学（现更名为东华大学），妻子王建青是他在纺织大学的学妹，大同人。曹璋大学毕业后分配回无锡老家的国企工作。1992年，深圳风刮到了无锡，曹璋不顾家人劝阻，执意丢掉“铁饭碗”，要到深圳闯码头。王建青毕业后也跟着来了。

科班出身的曹璋夫妇，很快发现深圳服装行业得天独厚的优势。当时广州有国内最大的服装批发枢纽市场，佛山、虎门等地又布局了服装加工制造业的多条生产线。深圳则侧重服装设计和时尚营销。几年间，深圳紧密团结广州、佛山、虎门等上下游产业链端的小伙伴，并倚靠这些盘根错节的供应链纽带，将深圳服饰王国的地基打得更深。

曹璋夫妇下定决心要在深圳做服装生意，一个去内衣公司、男士的衬衫公司学运营经验，一个去大型服装公司做设计师，磨炼专业本领。几年之后，他们决定开童装店，并在华强北“女人世界”租下一间9平方米的档口。当时的深圳，服装店扎堆，三步一家大店、两步一家小店，就是找不到专卖小孩衣服的童装店。但凡创业做服装的人，首选是花花绿绿的女装，没有人会想到“专门为孩子做衣服”。幸运的是，曹璋夫妇没有看走眼，小店生意兴隆，货如轮转。在强手如林的“女人世界”，曹璋的第一家童装店很快奠定了独有的江湖地位。

紧接着，戏剧性的一幕发生了。曹璋店里的货卖得好，让旁边一位老太太眼红不已。于是，她开始模仿曹璋的款式，进相同的货来卖。为了摆脱这种野蛮竞争，夫妻二人苦想对策。既懂面料、又懂色彩搭配的王建青，在缝纫机面前也是老师傅，她做一点别人拿不走的东西。曹璋和王建青不再去以前的地方进现成的货，而是自己设计款式，找工厂下单生产。妻子亲自设计的童装在小店上架后，延续“爆款”效应。由于每件衣服都是整条街的孤品，它们比之前还卖得更好。“安奈儿Annil”童装品牌就这样慢慢孕育出来了。

与曹彰夫妇差不多时间来深圳的是夏国新。夏国新也是夫妻创业，太太胡咏梅也是自己的大学师妹，夏国新的第一家店也开在华强北的“女人世界”。

1993年，怀揣天津纺织学院服装硕士学位的夏国新，踏上了来深圳的路。作为服装专业硕士，他想要圆自己的服装品牌梦。夏国新先是进了一家国有企业，第一年做设计，第二年做市场，两年下来，他开始运作起自己的品牌。

那时，夏国新在工作中认识了一个外国品牌，就建议给这个品牌做ODM（Original Design Manufacturer，原创设计制造商）：由夏国新做设计，品牌方看了设计样板，再决定要不要下单。品牌方没有风险，就给了夏国新这个机会。从设计到打版，从购买面料到服装送样，几乎所有环节都是夏国新一个人去做。结果意想不到的好：一套衣服成本大约200元，夏国新给对方400元，而对方却以2000元左右的价格卖出。这让夏国新看到了希望。就这样做了不到两季，他自己注册了歌力思品牌，并且在“女人世界”开了第一家专卖店。如今，夏国新创立的ELLASSAY（歌力思）已是中国高级时装知名品牌，并以打造国际一线女装品牌为目标。

还有陈伯君、郑俭忠夫妇，也是在1993年创立深圳市万企实业有限公司，针对城市白领女性推出JANESTORY（经典故事）服装品牌。品牌理念源于世界经典名著《简·爱》。这本记录一位普通女性的心灵传记，说明了一个与所有女性有关的真谛：容貌的美丽，是短暂又有限的资本，而心灵的深度，才是永久无限的财富。故事主人公简虽然貌不惊人，但独立自尊、积极进取，给人留下了不可磨灭的印象。

前面提及的沈忠诚，其太太黎女士曾任万企设计总监。她回忆，公司创业初期，老板娘全盘负责，并大胆推出了白领的职业小套装——那时候，这种短小精干、简洁大方、色彩明快的风格还没有什么人做，JANESTORY（经典故事）一下子就打开了局面。此外，再通过汇聚服装业内优秀的设计师、版型师、摄影师、品牌策划专业人才，以及到位的品牌文化宣传，聘请名模代言，公司在1998—1999这两年达到了辉煌巅峰，市场占有率极高。那阵子，黎女士经常通宵加班，几乎从没有在晚上9点之前回到家。

JANESTORY（经典故事）的风靡，一定程度上也反映了深圳新兴白领阶层的大规模激增，成为深圳女性时代的一面镜子。

也有非服装设计专业的品牌创始人。譬如罗峥，就不是专业的服装设计师。

罗峥是北京人，10岁随父母来深圳，在深圳大学学的是国际贸易专业，但是罗峥似乎天生就是为设计而生的。10岁那年，罗峥为自己的生日会设计了一条鹅黄色的连衣裙。从那时开始，不安分的罗峥凭着对美的感悟和源源不绝的创意，踏上了一条非比寻常的设计之路。1996年，非科班出身的罗峥创立了自己的服装品牌“欧柏兰奴”，她用唯美、灵动、独特的设计语言，为中国女性带来了久违的“诗意女装”，并深受美丽而独立的中国女性所喜爱。自2002年开始，罗峥凭借着她的设计才华和创作激情获得了海内外多项专业设计大奖，包括中国时装设计最高奖“金顶奖”。2008年，罗峥作为中国首位女装设计师登台纽约时装周，并大获成功。罗峥的作品融东方元素和西方设计手法于一体，形成国际化的新东方浪漫主义风格。罗峥和她的欧柏兰奴演绎了一个又一个不可思议的中国时尚传奇……

城市俪人的创始人陈志洪则是从广告行业跨界到服装界的。

1986年，陈志洪怀揣着好奇和闯荡一番的梦想，从广州来到深圳。经过亲戚的介绍，找到了第一份工作：在深圳美术广告公司当广告业务员，每天骑着一辆五羊牌自行车到处跑业务。那时候广告的形式主要还是印刷广告和路牌广告。前者是将广告印刷在画册、挂历等上面。先将广告内容设计好，然后拿到香港进行植字制版，再送回来审核，最后委托给印刷厂印刷。当时深圳有四家较知名的印刷公司，华强北有嘉年和旭日印刷有限公司，八卦岭有美光和天明印刷有限公司，这几个都是合资公司，印刷设备很先进。路牌广告则是将广告在铁皮上画好，通过角铁将它支撑起来，立在路边。陈志洪揽到了深圳奥林饮料有限公司的饮料广告，当时算是全深圳最大的路牌广告了。广告就立在现在地王大厦旁边的转角处，是一个立体广告，饮料罐子是凸出来的。这也是一次新尝试，以前广告都是平面的，从那以后就有立体的了。从深南大道由西往东看过去，非常醒目，成为深南大道上一道风景线。

20世纪90年代初期，陈志洪自立门户经营广告业务的时候参与了罗湖区东门一横街的改造工程。原先那条街不是商业街，当时那里的物业还是粮食公司下属的办公楼。经过改造，一横街那栋办公楼的一楼改成了十几间商业铺面，出租给商户卖服装、鞋帽等，生意异常火爆。这给陈志洪带来了启发。

当时，华强北商圈刚刚起步，万佳百货、女人世界、华联商城等都是从工业厂房改造成商业用楼。陈志洪相信深圳的城市规模将越来越大，商业不可能只在罗湖，未来福田的发展空间会更大，华强北这些工业厂房改造后迟早也会像东门那样越来越火。他和爱人一商量，都觉得这是一个很好的契机，于是产生了自己做服装品牌的想法。这才有了1995年12月在华强北正式开张的第一家“城市俪人”专卖店。

“城市俪人”店面有200多平方米，位于当时“女人世界”旁边的华联商城一楼转角处。为了给客人留下时尚化和品牌化的印象，橱窗内的摆设都是经过精心设计的。树桩上铺一层薄纱，模特身上穿着当季最新款的服装，给人耳目一新的感觉，在华强北形成一道亮丽的风景线。橱窗就是最好的广告，路过的人看到会想走进来逛逛，看到喜欢的衣服就会想要试试，试了满

“女人世界”营业面积11000多平方米，进场经营的商户有数百家，汇聚了众多专业名牌女式服装店，是深圳主题商场的旗舰

意就会产生购买欲望。那时候像这样的橱窗并不多，即使有，也大都是香港的品牌，他们对品牌的传播意识比较强。

陈志洪用广告行业的经验运营“城市俪人”，效果惊人的好。华强北专卖店成功以后，又陆续开设了深圳戏院专卖店、蔡屋围酒店专卖店、上林苑酒店专卖店。这些专卖店地理位置佳、面积大、橱窗效果好，产品陈列很到位。同时，“城市俪人”开始在国内做加盟市场。那时候深圳女装品牌已经有一定知名度，只要想做服装，就会想到深圳。“城市俪人”品牌知名度得到快速提升，全国各地加盟商也纷纷加盟开店。

八卦岭女装以展厅、折扣店为主

陈志洪夫妇把衣服设计出来，打

八卦岭成为全国重要的女装生产基地，孕育了许多知名深圳女装品牌，让越来越多人开始关注并爱上深圳女装品牌

好版，就邀请全国各地的加盟商过来订货，订好了就下单生产，再交由他们的加盟店做销售。销售量不断增大，生产线也随之扩大。后来，又在福田区车公庙天安数码城天祥大厦首层开设了一间面积达400平方米，集展示、订货、销售为一体的多功能会所，开创了“三位一体”会所的先河。

2000年起，“城市俪人”女装品牌在深圳乃至全国女装品牌中都有了一定的知名度，先后荣获中国著名品牌称号、中国国际服装服饰博览会金奖、深圳十大知名品牌称号、深圳市优强中小企业称号等殊荣。

深圳服装产业在我国拥有四个“第一”：品牌数量第一、上市企业数量第一、经济总量第一、市场占有率第一。截至2020年4月，深圳拥有2500多家品牌服装企业，涌现出玛丝菲尔、影儿、歌力思等一大批全国知名品牌。其中，中国驰名商标6个、广东省名牌产品11个、广东省著名商标9个。200多家品牌企业常年活跃在国际四大时装周的舞台上。八卦岭和华强北曾是深圳重要的服装生产基地和销售平台，许多深圳知名服装品牌都在这里孵化、成长，这些品牌的故事充盈记忆，就是花上一千零一夜恐怕也说不完。

大卖场时代

深圳的商业、百货业是从东门老街起步的，后来发展到人民南路，再后来才发展到华强北和八卦岭。1985年建成的国贸大厦，因三天一层楼的“深圳速度”而闻名，三楼以下为赫赫有名的高档商场。那时候华强北和八卦岭还在工业拓荒阶段。

1994年7月17日，万佳百货华强北店开业。4000平方米的商场面积，全新的仓储自选超市模式，日用品、食品、蔬菜等逾3万种商品摆放在货架上让顾客自行选购。“顾客如潮水般拥进商场。商场内的购物车根本没法推，人们只好将购物篮举在头顶上走。”当天营业额创下深圳零售业最高纪录，达24万元。“把万佳带回家”，成为深圳零售业的传奇。

随着万佳在华强北的一炮打响，慢慢地，万佳百货周边聚集起了经营服装、餐饮、电器的店铺，如顺电、明香、女人世界等等。1998年深圳市政府及时把握契机，将原来生产通信、电子、电器的老工业区华强北商业街进行改造，华强北一举从工业区和电子元器件一条路变成了媲美上海南京路、广州上下九、北京王府井的华强北商业一条街。此时的深圳，沃尔玛、家乐福等国外零售巨头开始入驻，岁宝百货成为深圳有史以来第一个营业面积达到一万平方米的单体商场，茂业百货、太阳百货、海雅百货、铜锣湾百货次第登场，深圳进入大百货、大卖场时代。

紧随华强北的商业步伐，八卦岭也开启了“工改商”的卖场模式。

八卦岭不仅是服装圣地，也汇聚了国际国内的皮具、鞋业。比如，位于八卦三路541栋的百丽集团，就以价廉物美的鞋子，搅动鞋业江湖。

百丽集团的创始人是香港资深实业家邓耀。邓耀1934生于香港一户普通人家，20世纪50年代进入皮鞋厂做学徒，通过勤勉劳作和积攒，10年后拥有了自己的鞋厂。彼时，正是第二次世界大战后的经济复苏时期，香港及东南亚涌现了旺盛的服装需求，邓耀的鞋厂在香港站稳了脚跟。

内地改革开放之初，邓耀凭借敏锐的商业直觉，嗅到了发展的可能。他花两年时间，跑遍了大半个中国，做了认真细致的行业调查，这才于1992年3月8日成立了深港合资的深圳百丽鞋业有限公司。邓耀不断穿梭于深港两地，把香港的设计拿到内地鞋厂代工，然后将成品拿回香港销售。随着内地生意的迅速发展，邓耀又决定在内地开店，自产自销。1993年，内地第一家百丽鞋店在东门老街开业，名震一时。1998年，邓耀便干脆暂停了百丽在港的销售，全力发展内地市场。

在深圳，邓耀还遇上了合作伙伴盛百椒。盛百椒祖籍宁波，长在上海，有着精明的商业头脑。盛百椒做过大学教师，在香港回归之前，曾任职于招商局蛇口工业区轻纺开发公司，非常熟悉内地的市场情况。他深得邓耀赏识，一加入百丽，便是总经理的身份，两人一起开疆辟土，大举进军内地市场。

百丽通过改革经销商制度，摆平假货泛滥，铺开零售专卖店网络，大量开设展厅、卖场，迅速崛起为中国鞋业的品牌翘楚，发展势头一骑绝尘，一度拥有2万家门店。在盛百椒的记叙里，“绝大部分的百货商场，都有百丽的店面。”

经过短短15年的发展，2007年5月百丽成功在港交所上市，市值高达670亿港元。2011年时，股价更是大涨，当年邓耀以40亿美元的身家，名列香港富豪榜第9名，这与其他以地产为主业的香港富豪截然不同。最辉煌当属2013年，百丽市值一度超过1500亿港元。

深圳有鞋类企业1000多家，达到一定规模的约有几百家企业，"百丽"等三十个品牌深受消费者欢迎

位于八卦岭的百丽展厅是一面镜子，从中可以窥见集团迅速占领商场和街边店等渠道的发展过程。百丽这家创业之初仅有200万港元的小厂，爬至巅峰，此后又在时代的洪流里，曲折前行，可谓是改革开放以来深圳港资企业的一个典型。

在工业区转型升级的过程中，因为优越的地理位置、便捷的交通、开阔的厂房布局，八卦岭还成了深圳著名的建筑装饰材料专业市场。这里一度汇聚了深圳最具实力的厂家、总代理。新的品牌想进入深圳，一定会选择先在八卦岭设立展厅；房地产发展商、装修设计公司、大大小小的装修施工队，一有工程，也会到八卦岭采购材料。

2002年3月，声名在外的八卦岭吸引了国际建材超市巨头百安居。这个源自欧洲的国际知名的大型建材零售和装修服务提供商，自1999年进入中国，并在上海开设第一家旗舰店后，就寻思着打开深圳的市场，而八卦岭成了它最理想的选择。

百安居之所以对八卦岭片区青睐有加，一是八卦岭地理位置优越，地处深圳经济最发达的罗湖、福田两区交界之处，交通便利，市场辐射面广，发展潜力大；二是经营装饰材料专业市场的历史悠久，在深圳的消费者心里留

在深圳人心里，买数码电器到华强北，买装饰建材到八卦岭

下了深刻印象；三是经过多年的沉淀，八卦岭已然是深圳市规模最大的装饰材料专业市场片区之一，在全国装饰材料专业市场行业也都有一定知名度；四是八卦岭的“居家”“雅居”“国安居”，不管是经营历史，还是经营管理水平，在当时深圳市的装饰材料行业都有相当的知名度，有良好的口碑。

百安居的进驻，既是对八卦岭装饰材料专业市场发展模式的一种肯定，也形成了一股挑战。它以完善的经营理念、先进的管理模式、雄厚的资金支持、全球化的采购网络、强大的宣传攻势，打破了八卦岭建材市场四平八稳的局面。有研究报告指出，百安居进驻后，八卦岭营造了“装饰材料批发大世界”的新概念，并一改散乱的产品格局，形成同类产品相对集中的布局。每栋楼都有主打类产品，形成了陶瓷城、卫浴城、地板城、五金城、橱柜城、灯饰城等更加专业化的专业市场。

“狼来了”，没有吓跑其他商家，而是产生了聚集效应、联动效应。2006年，又一居灯饰城落户八卦岭。作为灯饰城行业的先驱，又一居在华南堪称最老牌的专业灯饰城，已聚积了多年人气。又一居的到来，填补了八卦岭专业灯饰卖场的空白。作为深圳首个集零售、批发、出口为一体的灯饰交易展示中心，无论规模、规划还是档次、品种等，又一居灯饰城在深圳都是首屈一指的。数万平方米物业，几千个灯饰品种，不仅是深圳最大的灯饰卖场，还是华南地区最大的灯饰物流中心、批发中心、展示中心，及国内外知名灯饰品牌厂家的形象展示基地，不仅可以满足零售和工程批发的需求，还能满足海内外专业买家的集团采购。又一居与国际商贸紧密结合，引导国内灯饰和家居的消费时尚，成为诸多家居灯饰商家出口的纽带。飞利浦、欧普、雷士、松下、开元、品源等40余家大型知名灯饰品牌厂商都集聚又一居。又一居落户八卦岭对中国南方的灯饰市场资源整合与市场重组具有重要意义。

八卦岭因自身“金银双收”的区位优势，吸引众多装饰材料生产厂家、经销商以及专业市场发展商。这为八卦岭告别工业区功能，变成品牌创意设计交易的高地、服务经济的先行产业区，提供了强有力的支撑，可谓影响深远。

八卦岭的卖场，不仅专业，而且创出了新的品牌、新的经营模式。其中，最有故事的就是一致药业。

深圳市福田区八卦四路15号一致药业大厦，建于1989年，原属一致药业公司的职工住宅，物业一直由一致药业管理。因管理费低，企业改制后，才作了商业用途。“一致药业”的前称是“深益力”，主营矿泉水的生产与销售，是国内规模最大的矿泉水生产企业。该公司成立于1993年7月3日，由深圳市矿泉水厂和深圳宝安县石岩镇羊台天然矿泉水厂合并而成，1993年8月9日在深交所上市。2000年前后，由于饮用水市场竞争非常激烈，矿泉水业务难以带来满意的利润回报，在此情况下，公司踏上重组之路，2000年11月，与大股东深圳市投资管理公司签订《资产置换协议》，以公司全部资产及负债与深圳市投资管理公司拥有的11家医药类企业100%的权益、部分物业以及深圳市特发现代计算机有限公司的权益进行置换。2001年6月22日，更名为深圳一致药业股份有限公司，全面介入医药行业，成为一家主营药品生产、批发和连锁零售的公司。

在医药零售方面，一致医药连锁有限公司，是全国最早开始医药连锁经营的药店，当时被称为“一致现象”。从深圳市的医药零售市场来看，一致连锁在深圳市共有150多家连锁药店，门店数占整个深圳市药店总数的9%，而其销售额占到全市的30%。公司把“五个一致”（一致的品牌、一致的配送、一致的价格、一致的经营管理、一致的服务规范）、“三项承诺”（绝不销售假冒伪劣药品、严格执行国家物价政策、热情接待每一位顾客）作为企业的理念，带来了意想不到的品牌效应，也赢得了顾客的信赖。凭借连锁经营的先发优势和深耕深圳的本土优势，一致药业在深圳地区形成了强大的市场控制率，对深圳市70多家医院和1700多家医疗诊所及企业、学校的医疗机构覆盖率是100%，深圳市所有医院药品销售的60%是由一致药业供货，一致药业被称为“深圳药篮子”。

另外，一致药业还是国家战略储备药的承储企业和深圳市麻醉药品的特许供应企业。在2003年的多事之春，一致药业又被指定为抗“非典”储备药的承储企业。一致药业的物流配送中心是深圳市的医药配送中心，其仓库面积17000多平方米，而据不完全统计，当时深圳市总计94家医药批发企业的仓库总面积才10万多平方米。一致药业实行24小时配送，并保证24小时内到货，政府在抗“非典”时期调药，两个小时内就能送到。一致药业对自己的定位是，以医药物流为核心，以制药工业为支柱，以计算机信息为依托，重点发展医药物流、中药、生物制药、计算机产品等产业，形成以研发、生产、流通为一体的有实力的医药集团。

2004年，国药控股有限公司入主一致药业，为一致药业带来新的发展机遇。2011年12月22日，公司名称正式由“深圳一致药业股份有限公司”变更为“国药集团一致药业股份有限公司”，A股简称“国药一致”。一致药业秉承全局战略思路，立足深圳、着眼华南，坚定不移地走研发、制药、分销、物流、零售一体化发展道路，通过全面实施集约化、信息化和规模化经营，成为国药控股在中国南区的医药分销、物流、生产、研发和投资中心，打造中国南区第一医药品牌。

茂业天地历经深圳大卖场时代洗礼

1991年，万佳百货公司在深圳成立，是20世纪90年代中国极具实力的超级市场。1994年华强北店开业，开业当天营业额创下深圳零售业最高纪录。但2002年2月，万佳百货公司被华润集团全面收购。今天，园岭的“万佳广场”，此“万佳”已非彼“万佳”也

一致药店是国内最早的药品零售连锁企业之一，在全国首创直营连锁为主、加盟连锁为辅的特色经营模式

一开始，**园岭没有名字**。规划设计那些人的图纸上，**园岭仅有0.6平方公里**，所以它的**名字就叫**『**0.6小区**』。同理，白沙岭那边叫『**0.8小区**』。

二

园岭新居

“新之又新”的园岭

2018年6月底，一纸通知，贴满笋岗，传遍园岭，影响整个深圳：1985年，由深圳市政府投资兴建、20世纪80年代深圳“八大文化设施”之一、当时深圳市唯一的体育馆，位于笋岗的深圳市体育馆将整体拆除重建。包括深圳体育场、深圳市体育馆、深圳市游泳跳水馆、深圳市网羽中心等在内的深圳市的标志性建筑——深圳市体育中心，也将因此而“大变脸”。

人们曾记得，20世纪80年代中期建成的能容纳6000人的深圳笋岗体育馆，是当时全国设备最先进、功能最齐全的现代化体育馆。它位于笔架山下，东北邻上步北路，西北接泥岗西路，南靠笋岗路，银白色的正方形建筑，在浓绿的笔架山映衬下，显得分外绚丽夺目。体育馆四周花木繁茂，终年常青。南广场上，矗立着中国女排“拼搏”形象的大型不锈钢雕塑；西面体育馆大墙上是一幅用墨玉石刻制成的题为“奥运之光”的大型浮雕。

馆内设施设备先进。完善的中央空调系统采用15组美国约克公司大型分体风冷式空调机；赛场灯光选用荷兰飞利浦公司新式光源；中央音响吊架和环绕扬声器群及世界一流的英国玛田音响（Martin audio）系统、美国JBL公司的全套音响，多功能组合式舞台；25个区段的日本三洋公司闭路电视系统，美国“雨鸟”牌自动喷淋系统；18000平方米田径比赛用塑胶跑道，加拿大枫木地板铺设的比赛场，当时世界公认的优良草籽结缀草铺设的足球场，大型电子显示屏和记分牌，主席台和嘉宾席设沙发软座……

深圳体育馆是一个多用途的现代化场馆，除了可以进行多种体育比赛外，还可以进行文艺演出、大型集会。从1985年建成以来，体育馆胜任了名

33岁的深圳体育场于2018年8月开始改建，直到最后一天，仍有断断续续的人过来锻炼（陈志清 供图）

目繁多的国内外不同规格的体育比赛、文艺演出和一些综合性活动。它是每年深圳市荔枝节娱乐活动的主会场，也是各行业商品促销活动和广告宣传的理想地点。它还曾作为特区十周年、二十周年庆祝大会的主会场。

曾记得，1986年11月28日，十几万人前往赏灯的中秋灯会刚结束不久，深圳体育馆发生了一件轰动全国的大事。第四届“力士杯”全国健美邀请赛在深圳举行。这是中国健美界按照国际规则，在女子健美比赛中第一次要求女运动员穿上比基尼亮相，开中国女子健美先河。在改革开放初期，人们的思想观念还很保守的时代，这样的比赛是爆炸性的大事件。开创世纪的大日子里，万人空巷，10元一张的门票被黄牛炒到了200元，还一抢而空。

此后，新鲜赛事不断在笋岗体育中心轮番登场。1990年，6片网球场一建成，就举办了首场大型网球比赛——“深莞穗”网球赛，并成立了深圳网球俱乐部。这项号称城市“中产阶级标配”的网球运动从此在深圳风行，成为深圳人引以为傲的运动项目。同年5月22日，“鹏基杯”第六届中国国际女排邀请赛顺利开幕，荣生大厦的负责人王健当时因为工作的便利关系，有幸拿到票，得以一睹女排风采，至今回忆起来，犹感到自豪。

2001年11月，第九届全国运动会在体育馆举行，代表广东出战的深圳体操队荣获了集体项目冠军。2003年8月30日，中美篮球对抗赛中，姚明和隋菲菲分别获得了男女最佳表现奖。姚明的英姿，深圳体操健儿获奖的笑容，永远留在了笋岗体育馆。

人们还记得，1988年，体操运动员李宁在笋岗体育中心举办了告别体坛演唱会，深情唱了一首《挥一挥手，难说再见》，至今令人动容。20世纪90年代初，香港当红四大男歌手的演唱会现场，座无虚席。1998年8月，刘德华还单独举办了慈善演唱会。此外，当时家喻户晓的毛阿敏、宋祖英、那英等乐坛大腕儿的袅袅余音仍萦绕在深圳体育馆的上空。

当然，人们更记得，1994年1月26日，深圳市足球俱乐部成立。作为中国足球超级联赛创始成员之一，深圳足球队创立当年，便以甲级联赛冠军身份打入甲B，随后在1995年的甲B联赛中又获得冠军并冲上甲A，实现“三连跳”，创下中国足球界的“深圳速度”。

25年光阴，中国足球顶级联赛发生了翻天覆地的变化。比如，甲A升级成了中超，世界名帅纷纷到来又纷纷退场，加盟球星与本土球员竞争，是机会也是挑战。深圳足球是中国足球变迁与发展的见证者，伴随着中国足球走过风风雨雨，也在不断探索着自己的发展道路。

但是，时光荏苒，难掩深足曾经的辉煌。江洪、彭伟国、李玮峰、李毅、郑斌、郑智等知名球员曾效力其中，2004年，深足提前两轮夺冠，获得首届中超联赛冠军；2005年，深足首次参加国际赛事，获得亚洲冠军联赛季军，创下当时中国俱乐部亚冠最佳战绩。深足为深圳打造了一张亮丽的城市名片。

八卦岭拥有四通八达的交通系统，是深圳不可多得的黄金地段

历经坎坷，深足的路还长。有深足球迷是这样希冀的：“深圳是一个有活力、有实力、有梦想、有闯劲、可圆梦的大都市，它创造了一个又一个神话，它见证了一次又一次奇迹的发生，这样一个城市，是完全可以容下一支足球强队的，但愿深圳足球的明天越来越好吧。”

…………

这一切还记忆犹新，鲜活如在昨日，体育馆怎么突然之间就要拆除重建了呢？人们一时不无惊愕。只有真正在运营的人，才深深知道，弹指33年，可谓沧海桑田。无论是在深圳市内与龙岗的“大运”比，与南山的“春茧”比，还是与广州、珠海等其他城市的体育场馆相比，深圳体育中心的设施都已经大为落伍，失去了竞争力。容纳6000人的体育馆，曾经先进的设施已经老化；曾经作为深圳足球主场的体育中心，满足不了国际赛事4万人的座位要求。停车位严重不足，停车难进难出。很多大型国内外赛事项目都因为笋岗体育中心设施落后，容量不足，最后都难以落地，流失到周边其他城市。

为了提升深圳作为国际化城市的文化体育功能，深圳市政府决定对深圳市体育中心进行大规模提升改造。目标定位是满足国际一流体育赛事和文化活动的要求，同时加大文化、旅游、休闲、全民健身等功能，整体建成大型国际化专业化的文化体育交流中心。有上盖的新体育馆座位将由6000个提升到1.6万个，无上盖的体育场改造后，座位由3.2万个提升到4.5万个，完全可以满足举办国际A类足球赛事的需要。今后可能会有更多的国际顶级赛事、演唱会、时尚秀在这里上演。例如，国际网球的最高赛事WTA年终总决赛将在这里举行。国际网球赛有温网、法网、澳网、美网等系列，只有冠军才有资格进入WTA年终总决赛。经过激烈竞争，深圳已经取得WTA年终总决赛2019年至2028年承办权。

根据改造方案，新笋岗体育中心，将由原来的地面交通提升为立体交通、由局部交通扩大为大片区交通。

以前，由于交通微循环瓶颈所限，市民乘车或开车到体育中心感觉很不方便。深圳市体育中心地处笋岗路、泥岗西路和上步北路之间，被三条主干道"锁喉"，仿佛一个三角形的"孤岛"。特别是所有人流和车流都在地面通行，造成场馆外人车混行，拥堵耗时。

此次改造的一大亮点是，将通过空中走廊，将体育中心和周边的八卦岭片区、白沙岭片区和网球中心片区连接起来，届时，市民将可以通过二层连廊从体育中心前往笔架山公园和莲花山公园，打造一条休闲运动带。高尔夫练习区、水上运动区、带雨棚的跑道、休闲餐饮等，将云集于此。地铁7号线、6号线、14号线以及24号线将连通体育中心。新的大型地下停车场车位可达2000个，而且要入馆的车辆都将从地下进入，不再增加地面车流负担。这就不只是单一的场馆改造，而是和周边地区的发展全面结合起来，撬动整个八卦岭、白沙岭和园岭的社区营建和城市更新。未来深圳市体育中心，将囊括体育竞赛、文化演出、全民健身、交通绿色出行等，重新成为整个深圳市的文体中心。

笋岗体育馆的震波还没有消失，八卦岭平安总部大厦的震撼又来了。

八卦岭街上随处可见的微改造，提升了街区形象。图为新建的社区消防站，更好地保障了市民安全（陈志清 供图）

2018年7月13日，平安科技（上海）有限公司的微信公众号“平安科技大小事”一篇《再见了，我的八卦岭》，宣告有着23年历史的八卦岭平安大厦将进入拆除、重建阶段。7月24日，八卦岭平安大厦城市更新单元正式纳入2018年福田区城市更新单元计划。公告显示，项目申报主体为平安不动产有限公司。拟拆除重建用地面积为7232平方米，拟更新方向为商业用地。

据平安集团王利平先生回忆，八卦岭平安大厦的前身是“嘉丰纺织”的工厂，位于园岭街道，八卦三路和八卦五街的交叉口西南侧，靠近7号线八卦岭地铁站。当年平安投资部贷款给嘉丰纺织200万美元，后来嘉丰纺织还不上钱，连本带利还有罚息，是一笔不少的钱，只好拿八卦岭工业区515栋这座近3万平方米的厂房抵债。这是1994年4月的事情。

请风水先生过来一看，说这里是个“龟”，纺织机在“龟背”上震动肯

如今的八卦岭，新旧大楼并存（陈志清 供图）

定不利，但如果做金融则是极好的地方。正好位于红岭中路国投大厦二楼的平安总部因为办公场所太拥挤，就决定把总部搬过来。

551栋是工业厂房，基础好，楼层空间高，承重好，框架结构，改造起来也方便。外墙全部敲掉，就剩下框架。新装修起来的大楼外观脱胎换骨，完全没有了工业厂房的气息。新的平安大厦就这样诞生了，铝合金与玻璃相间的外墙显得大气、庄重，在八卦岭独领风骚。

1995年，平安大厦启用，到23年后的2018年，大厦原址上将新建一栋地标性新平安大厦。在八卦岭区域，与平安大厦差不多同期纳入城市更新改造计划的项目，还有一致药业城市更新单元、安吉尔饮水科技产业园项目、八卦岭国际展览中心城市更新项目，荣生高新技术创业园更新单元项目已建成。总体量500万平方米的建筑体，将成深圳新地标门户。

与此同时，白沙岭的百花二路儿童友好型宜学街区提升计划也在酝酿实施。

1996年，联合国儿童基金会提出“儿童友好型城市”（CFC）的建设构想；至今，全球已有870个城市和地区获得CFC认证。然而占全世界儿童

白沙岭片区儿童友好型宜学街区呼之欲出

人口12.5%的中国，尚无一个经联合国儿童基金会认证的儿童友好型城市。2016年，深圳率先提出创建儿童友好型城市，将促进儿童发展融入城市可持续发展过程，得到了全社会广泛支持。白沙岭、红荔片区以教育和居住用地为主，包括15所学校和20个居住小区。儿童人口数众多，对公共空间活动需求高，具备建设儿童友好型街区的潜在条件。其中，白沙岭片区内集聚11所学校，集聚城市庞大的名校资源，是深圳标杆性的教育基地。

为此，深圳市福田区园岭街道办事处，借助时代契机、优质资源，迎合街区需求，携手深圳市城市交通规划设计研究中心，计划实施园岭街道百花二路儿童友好型宜学街区提升工程。在百花二路范围内，对700米道路及道路周边的公共空间、沿街建筑界面（街道U形空间）进行优化设计，从一米高度看世界，打造最宜行、最宜学的教育·共享示范性街区。这将是深圳市宜学街区的典范、全国儿童友好型城市的示范性项目，不仅可以提高园岭、白沙岭在全国教育学区界的传播知名度，还将承担深圳建设“中国第一个儿童友好型城市”的使命。可以说，百花二路的改造计划，无疑是深圳城市更新、社区营建的一个创新之举。

鹏盛社区党委书记温燕文对八卦岭的变化感慨万千，对未来的新规划满怀憧憬

2002年从河源紫金来深圳，先在园岭城管办，后在八卦岭上林社区、鹏盛社区工作至今的温燕文书记，对八卦岭的变化颇为感慨。他说，八卦岭是改革开放以后按照当时国际标准兴建的新型工业区。厂房建设先进，架空高，质量好；道路规划合理，东西向横道叫“路”，南北向竖道叫“街”，四路六街，构成了八卦岭纵横交错四通八达的交通系统，高峰期10万人流进流出都没问题。现在由于产业转型升级，污染重、存在安全隐患的加工企业迁走了，高科技、文化创意类企业还没有形成气候，八卦岭的人气有所下降，维护不及时的厂房也显得有些老旧。但是，只要规划到位，又有笋岗体育中心改造这样的龙头项目牵引，八卦岭工业区很有希望成为深圳的创意部落集聚地。工业厂房，层高较大，楼间距大，非常适合创意公司、设计公司、摄影公司、新型餐饮企业入驻。如果工业改商业政策许可，还可以改建成大型商住公寓，小户型、大户型、多层、高层，错落有致，可以满足各类人群的居住需求。八卦岭是块黄金宝地，保留八卦岭的一些原始风貌，留住工业时代的一点文化气息，是很必要的。借助新的规划，八卦岭完全可以变身为一个吃喝玩乐、购物、创意文化聚集的新型高端地段。历史保留与城市更新并不矛盾。八卦岭是这样，白沙岭是这样，整个园岭都是这样，该保留

八卦岭拥有四通八达的交通系统，是深圳不可多得的黄金地段

的要保留，该更新的要更新，旧是基础，新是发展。

不识园岭之旧，何以言园岭之新？

与温燕文持同样看法的人不在少数。园岭是深圳撤县建市、成立特区以来最早全新规划的城市中心区，40年波澜壮阔的城市变迁，远超当初规划建设者们的预期。今天的园岭，与后来的新城区相比，有些方面已经明显落后，如市体育馆；有些方面依然遥遥领先，如园岭的文化教育。城市更新如何开展？社区营建如何创新？如何在延续园岭人文风情的同时，让园岭破茧化蝶、凤凰涅槃？既不能全部推倒重来，又要不失时机地推陈出新，政府规划仍然是第一位的，由笋岗的体育中心改造这样的大型龙头项目牵头，带动园岭街道社区转型升级则是难得的机遇。

亲历园岭家园的兴建

偏僻与荒凉，几乎是所有受访者对建设之初的园岭的第一印象。

这里曾遍布浑圆形的山岭，及人腰深的茅草地，还有可被称为“特产”的狠毒蚊虫。如今，山岭的痕迹已难辨别，茅草地嬗变为住宅区，鸟语花香替代了聚蚊成雷，但林权然依旧习惯称园岭住宅区为“0.6小区”，这是因为在最早城区规划时，其用地面积仅有0.6平方公里。如今，这个鲜为人知的“冷知识”，倒成了他对园岭不变的昵称。

1982年11月，时年36岁的林权然跟随基建工程兵31支队调进深圳，在竹子林住了10天，随后就被抽调进入深圳市基础工程工作组。基础工程工作就是为城市建设打前站。深圳市基础工程工作组于1982年春天才刚刚成立，肩负着“七通一平”（道路通、给水通、电通、排水通、热力通、电信通、燃气通及平整土地）基础工程。在那个人手极度短缺的年代里，林权然几乎参与了每一环节，他是深南大道的拆迁征地人，是深圳市第三中学（现名为红岭中学）扩建的土方调配人，还是点亮万家灯火的电工，多层停车场系统的研发者。

林权然为这一方土地倾注的心血，如同公园里枝头熟透的红荔枝。说起荔枝公园，这也有一段故事。工作组先是以880元/亩的价格，向农民征收荔枝林，按照规划建设青少年活动中心。可是，早期的经费实在太少了，精打细算，最后也只能建成一个简陋篮球场。后来，几经修整，才成为如今的模样。但是，当时资金再短缺，工作组也竭尽所能去实现图纸的布局和规划，

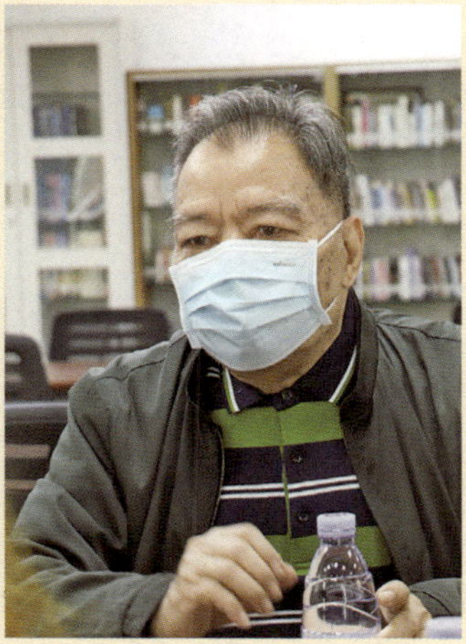

林权然曾在深圳市基础工程工作组和深圳市城市建设开发集团公司（简称“城建集团”）工作。城建集团曾先后开发建设深圳大剧院、体育馆等八大文化设施，荔枝公园、洪湖公园等四大公园，人民医院等大批医院，学校、工业园区，开发建设园岭、滨河、下步庙等近30个大型高档住宅区

从没想过让它“缺胳膊少腿”。正因为这种接近“愚笨刻板”的坚持，最终才实现了园岭新村设计者张锦堂硕士提出的“大空间、大组团、大进深”的规划设计理念——这打破了以往单调的行列式和呆板的住宅单体设计，注重建筑空间的艺术和精神的功能，配套了完整的公共建筑、绿化、文化、休息、娱乐设施，满足居民现代生活的基本需求，创造了一个新型的居住小区。

谁能想到，不过20年，随着新一轮文体建设的开展，体育馆、图书馆、科技馆、博物馆等第一批重点文化设施逐渐被拆除，林权然形容自己的心宛若滴血，舍不得啊。他仿佛回到了1986年10月，体育馆刚刚建成，验收程序还没来得及正式通过，就成为第八届亚洲乒乓球锦标赛的赛场。他要确保场地安全，连续一个星期都蹲在消防值班室里，大赛顺利落下帷幕时，他心中涌起骄傲自豪的劲头，冲淡了看不成赛事的遗憾。

林权然现在还住在园岭新村95栋。他说，以前这里周边还有养牛的，花牛和白牛，后来搬到光明农场去了。这里的业主很复杂，各种背景的都有，比如规划局、统计局等机关单位的，还有银行系统的等等。65栋和70栋住着不少工程兵。很多人从工程兵调到政府部门工作，没有轰轰烈烈的事业，也没有公司，也没有在哪个单位当个董事长的，没有人为他们树碑立传，这些人就是深圳发展中无数参天大树底下的小草。“要说深圳拓荒，上面的领导人是一条腿，基建工程兵算一条腿，外省来的公司算一条腿，我们这些做前期准备工作的人，也是一条腿。”林权然喃喃地说。

1982年春天成立的深圳市基础工程工作组，负责深圳市区建设的基础工程。在过去的习惯中，都是“科”“处”“局”“厅”，习惯上工作组的这个“组”字，是最底层的单位，可就是这个将指挥部设在一间小草棚子的工作组，其首要任务是完成深圳市区29条主干道工程（七通一平），同时还有配套的独立项目、污水处理厂、污水泵房、变电站、石油液化气站。

29条主干道全长54公里，路面积193万平方米，比1949年广州城市马路面积还要大。工程原材料预算，需要沥青约14000吨，水泥54000吨，片石70万立方米，钢材4100吨，木材4600立方米，填土200万立方米，挖土300万立方米。更困难的是，要拆民房8万平方米，有500户之多。施工队伍上万人。这样的工程怎么说也要四五年时间才能完成，可是只有13个人的深圳市基础工程工作组只用了一年时间就完成了任务，也就是1983年，这29条道路分别通车了。

深圳市基础工程工作组后来发展成为深圳市城市建设开发（集团）有限公司，简称“城建集团”。

关承启也曾经是基建工程兵，1956年生，1976年当兵，从老家江苏徐州，到湖北孝感当基建兵，随工程转战过很多地方。1983年，转业到深圳，住在皇岗口岸附近，周围全是小山坡，没人带路的话，找不到东西南北。后来很多战友都要求回老家，关承启最后还是留下来了。1984年，关承启等17个人组建成立工程开发部，后来慢慢演变为深圳市工程开发公司、长城房地产发展公司、长城投资控股股份有限公司、中洲投资控股股份有限公司。

当时通新岭、园岭新村按照国外模式建设成片的小区，外墙涂着颜料，楼与楼之间有连廊互通，绿化也做得很好，真好像是居住在花园中一样，让人羡慕不已。但是园岭新村里是多层建筑，那时还没有建高层居住楼。根据市政府规划，白沙岭要建设深圳市第一个高层住宅小区，还要争取成为一个样板工程。市里组织到新加坡考察，最后由同济大学出设计方案。园岭新村地块大约0.6平方公里，规划图纸上叫“0.6小区”，白沙岭大约0.8平方公里，就叫“0.8小区”。因为白沙岭面积较大，就一分为二，东半部分交由城建集团开发，西半部分交由长城投资控股股份有限公司开发。

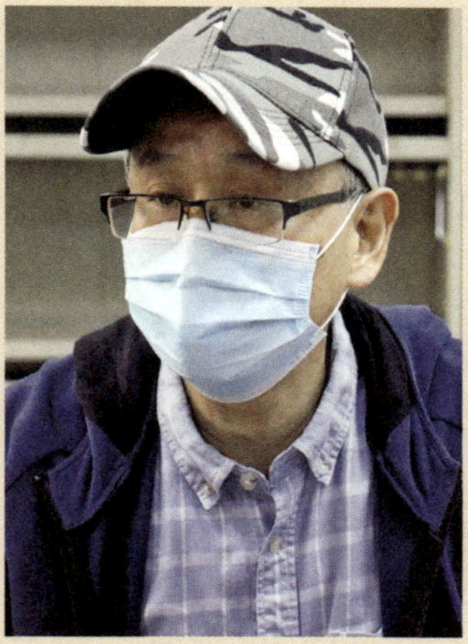

关承启回忆建设白沙岭的艰苦环境，表达了庆幸听从领导的话，坚持留在深圳拓荒，才有了今天幸福的晚年生活

1984年，深圳市工程开发公司是借了20万元开办费才成立的，接下白沙岭高层住宅这块“硬骨头”的任务后，资金非常紧张，就将长城大厦1号楼其中的一段半以700元/平方米的价格卖给了核电集团，后来核电集团又买了公司的8号、9号、15号、16号楼，成了现在的核电花园。靠了卖楼和建行的贷款，公司才持续发展下来。

长城公司开发的基本盘一直在园岭，白沙岭片区有长城大厦、长怡花园、长泰花园、长乐花园、长安花园。长城大厦共分三期，分别是长城一花园（1、2、3栋）、长城二花园（4、5、6栋）、长城三花园（7、8、9栋）。在老图书馆对面曾经建了一栋荔湖大厦，这是公司最赚钱的项目。圣廷苑酒店也是长城公司建的。

宋炳新也是江苏人，1977年当兵，属于野战部队，驻在天津。1987年，妻子作为财务专业人员调进深圳，宋炳新也作为家属“随迁”到深圳。最初，宋炳新在公司办公室当秘书，后来，由副主任、主任、总助、副总，一直到公司改制，在2013年当任中洲控股（长城控股）董事长。

宋炳新认为，当初政府规划还是比较到位的，白沙岭的高层住宅是深圳最早的高层住宅小区，在建设的过程中，严格按照规划执行，不同于后来的房地产开发。“我们一开始也不是很理解，因为当时北京上海都没有多少高楼。”现在回过头来看，宋炳新发现深圳市领导的眼光是很超前的。他一直住在白沙岭，这里配套好，工作、生活都比较方便。园岭这边有深圳市妇幼保健院、深圳市第二人民医院，最关键还配套了好的学校，如实验学校、艺术学校。

宋炳新非常熟悉白沙岭住宅区的建设，他作为原中洲控股（长城控股）董事长，还为本书简要梳理了深圳市中洲投资控股股份有限公司发展过程

1979年，为支援深圳经济特区建设，基建工程兵总部从辽宁鞍山00019部队医院抽调一支医疗队来到深圳，成立了中国人民解放军00019部队深圳指挥所医院，这就是深圳市第二人民医院的前身。1983年9月，转制为地方医院，更名为“深圳市基建职工医院”；1984年12月，更名为“深圳市华强医院”，通过外引内联，先后与北京、上海等几十家医院深度合作，医疗水平不断提高，并一度叫作“红十字会医院”；1996年，医院被卫生部评为“三级甲等”医院，实现了跨越式的发展和历史性飞跃；2001年，更名为深圳市第二人民医院。

同样是1979年，深圳市妇幼保健院成立。2002年，妇幼保健院与原深圳市妇女儿童医院合并，成为深圳市唯一一家妇幼专科三甲医院，提供着集妇幼保健、诊治、预防、科研、教学为一体的医疗服务。第二人民医院在白沙岭西北面，妇幼保健院在红荔路与上步路交会处，位于白沙岭东南地界，宋

深圳市第二人民医院是深圳市首批两家“三甲”医院之一

炳新非常满意这样的医疗配套。他说，白沙岭居民的就医条件可能是深圳市最好的。

很长一段时间里，深圳的医疗资源短缺一直深受诟病，一个区域医院的床位总数间接地反映了该区域的医疗状况。为了升级配套，增加床位数，深圳市妇幼保健院曾规划新建大楼，要求新大楼里设有450个床位的妇产科住院部，并将手术室、孕产妇ICU、新生儿ICU迁入。

但是白沙岭用地已经十分紧凑。紧邻深圳市妇幼保健院的南北及西向均已有建筑物，而其东侧相邻的上步路休闲绿化带是该区域内唯一的景观资源，可建范围南北不超过50米，东西不超过70米。

狭窄用地的限制、外部条件的匮乏，多种矛盾的交错使得大楼重建的设计工作面临巨大的挑战。为了解决这个难题，设计团队最终通过拓展设计思路，采用Y字形格局，运用高科技成果，保留共享空间，引入自然植物等方式，让大楼以简洁、干练的形式，服务于民众。

新大楼通过引入自然的光线、通风、环境以及丰富的色彩和温暖自然的材质促进人体的健康，激发人类本身具有的治愈力。标准层布局将病房全部置于南向，让患者充分感受到阳光的鼓舞；主要交通空间面向绿化带开放，使病人在最大范围内享受优美景色的抚慰，感受绿色生命的活力。位于交通系统东端的共享空间，与首层景观空间、室外环境及用地东侧绿化带联系起来形成丰富的、相互渗透的公共休闲空间系统；在不同高度的空中花园、屋顶花园及首层景观大堂等处，引入自然植物的芬芳和色彩，给病人带来生活的希望以及生命的力量。设计师在朝向、导风、降噪以及降低能耗方面也做了细致的考虑：妇产科大楼采用“一”字形格局，平面组织简洁开敞，有利于通风，每个病房均应用封闭阳台、遮阳板等构件，避免阳光直射外墙，大大降低空调能耗；其中临红荔路一侧的封闭阳台形成的双层外墙为病人遮挡了噪声，创造了闹市中十分珍贵的休养环境。

建筑体现人性化诉求，寻求一种与高科技和谐的情感，让生活于医疗建筑中的人们时刻感受人情的温暖，使冷漠的诊疗过程充满人性关怀的色彩。特别是妇产科住院大楼这一工程，其中大部分就诊人并非来治病，而是在等候一个新生命的到来，那么处处散发的浓郁亲情就更为重要了。在这里，产房再也不是以往摆放冰冷器械的病房，而是一个温暖的家庭，有自己的客厅、居室甚至厨房，丈夫将亲自照料并陪伴妻子，直至新生命的诞生；在家庭化产房中可以实现母乳喂养、母婴同室、个性化配置……此外，无论病人，还是他们的亲人、朋友及医生，都能在遍布大楼的公共绿化休闲系统中得到充分的放松、休闲与交流，使整个医院充满人情味。

叙述深圳市妇幼保健院重建大楼的这个例子，是想从侧面说明深圳人在医疗改革上的努力，由最初的建筑设计理念开始，在不破坏市民的环境体验下，提高医疗质量，包括医疗的模式、制度、费用上，深圳都为此做出许多努力，进行了很多改革。宋炳新相信，在未来，深圳的医疗会越来越好。

回顾白沙岭的建设发展，宋炳新反复强调：如果要转型发展，还是要靠政府规划，因为单个企业规划很多都是很不到位的，它需要跟着政府规划走。现在很多老小区房子比较陈旧，真的要重新改建。那么，改要一步步来，比如园岭小区可以先改成小高层。至于高层片区，如果原来小区空间能

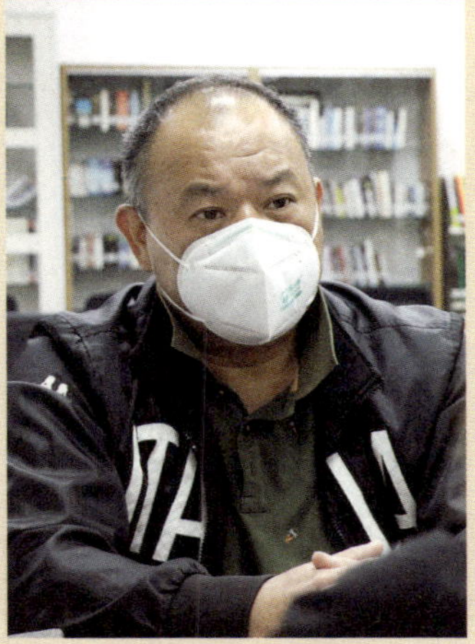
郑雄文自读高中一年级起就居住在园岭，他称园岭是自己永远的青春回忆

再次开发，也可能增加效益。笋岗的体育馆全面改造升级，用立体交通带动白沙岭片区环境提升，这是一个很好的契机。新的体育中心需要白沙岭这样的人居环境，白沙岭的社区营建也需要新的体育中心这样的新鲜刺激、澎湃动力。

祖籍河源龙川的郑雄文，20世纪70年代就随着父母过来深圳了。最初他住在葵涌，那时候还叫老宝安。成立深圳市以后，父亲调到特区报社，一家就住到了通心岭。郑雄文是在红岭中学读的高中，爱好体育、擒拿格斗。曾经是专业的运动员，还在警校任教过。1988年9月1日，郑雄文正式调入鹏基物业，负责八卦岭的水、电、环境、小区等管理。一做就做了有20年，从队长、副主任、主任一直做上来。如今主要是负责商务时空大厦，是管理处主任也兼八卦岭支部的书记。鹏基集团的前身就是深圳市工业发展服务公司，1989年更名为深圳市鹏基工业发展总公司，2007年更名为深业鹏基（集团）有限公司，一直是八卦岭工业区的大开发商、大管家。

郑雄文说，20世纪80年代的八卦岭，大大小小的工厂有2600多家，每天人流量可达10万到20万，最高峰将近30万。八卦岭的变迁是政府主导的，最初设想有部分工业区变为商业区、商贸区，要求工业迁走，腾笼换鸟。郑雄文服务的地方，73栋楼，住户365个，业主50来个，多是国企、央企，比如航天、能源、药业等行业。因为安全、消防等问题，印刷、服装行业早就尽量不招商了。2010年，做印刷业的迁走了30%左右。鹏基就引进了大品牌瓷砖，比如诺贝尔瓷砖、东鹏瓷砖、马可波罗瓷砖、道格拉斯瓷砖等，做成

深圳最早的高层小区位于园岭，当时几乎只有高级知识分子、重要的机构干部人员方可入住

卖场形式，当时引起了很大的反响。这样做，安全能保障，业主的租金上来了。原来的租金，一楼最多也只有80—100元/平方米，现在普遍是260—280元/平方米。

八卦岭这个地方本是黄金地段，但基础设施老化，有的楼每个月都爆管，修三天都修不好，只能用消防水做居民用水。这样子下去，问题越拖越严重。设施没搞好，就不能吸引高收入、高素质的人居住，低素质的就更不爱惜了，那就是恶性循环了。有的6口人住一间房，一间房33.8平方米，包括洗手间、阳台、做饭的空间。由此就产生了治安问题、环境问题、安全问题。郑雄文的家人都很反对他的工作，担心他的安全，也有很多部门邀请他去，但他都婉言谢绝，“因为，园岭可以说是我的一个青春所在地了，我对它的感情真的没有一点儿假的成分，我希望它越来越好”。郑雄文最初住在通心岭，那是当时深圳顶级的地方了。郑雄文放学后，单车放在楼下，钥匙不拔，都没人偷。只要规划好，管理到位，园岭是最好的地段。当然，八卦岭改造不能头痛医头脚痛医脚，应该整体地检查。

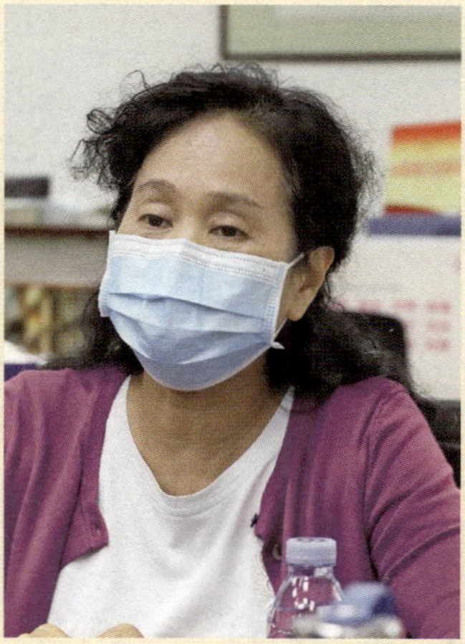

陈志慧雷厉风行，她笑称，选择从罗湖搬到园岭居住，是自己做过的最有智慧的事

1987年，来自广东肇庆的陈志慧调入深圳市技术监督局，成为一名公务员。她信奉“人要活得精彩，什么都要经历”的生活理念，不久便离开了安定的公务员岗位，成为一名外资企业员工，后又成为私营企业老总，正打算回归家庭安心做好贤内助，转身又担任了南天社区的党委委员、业委会秘书，为社区的居住环境建设、文化氛围营建和养老方针实施，尽心尽力。她热心参与协商维护小区“阳光权”等业主正当权益、探讨“居家养老”的可行性等方面的工作。因为像白沙岭片区，人口老龄化比较严重，这里的老人，特别是那些早年来深圳工作现在退休的，文化程度各方面还是挺高的。老人退休以后，很多是独居的，不愿意跟子女住。对他们来说，吃饭是一个

经过更新改造，八卦一路美食街以全新整洁形象重新亮相

问题。所以陈志慧提出建长者食堂等建议。

她笑称自己常被家人打趣说是“瞎折腾”，每天忙得团团转。但有一个折腾，让家人心服口服，那就是把家搬到园岭。最初，单位曾给陈志慧分配了一套三房两厅的房子，在罗湖，南北通透，非常舒适，但为了儿子上学，陈志慧骑着单车，看遍了深圳各个小区，对比绿化、交通，以及最重要的教育，最后选择了国城花园。那时候，在她的眼中，只有一定社会地位的人才能住在那里的。

有高素质的业主，才会有良好的小区居民自治。陈志慧介绍说，社区有自己的业委会，民主管理小区的日常事务。如今，国城花园已经成立了七届

当初，许多吃苦耐劳的潮汕人在园岭卖菜卖早点，追逐深圳梦

业委会，而每一届的任期是3年。

在陈志慧的心中，高质量的建筑固然重要，但是，高素质的居民，高水平的社区参与，也是园岭人居评比得高分更重要的原因。

园岭新村迷藏

园岭新村一开始是按先后顺序建的，比如说1—23栋在东南，24—46在中间，47—61在两边。后来就变成了见缝插针，这儿建一个129，那儿建一个100，邮递员送信都不方便。后来才重新调整，过去114栋，现在改成了68栋。不要说外人，就是在园岭住了一段时间的人，都觉着如入迷宫。

水去先生酷爱文艺，是2019年第七届深圳市睦邻文学奖年度大奖获得者。1997年，他初到深圳，住在宝安南路，每周日，便送小侄女去青少年活动中心学绘画学音乐学舞蹈。后来又频频到园岭购书、访友、怀旧。他心里的园岭新村就是一座迷宫，许多风景在迷宫里收藏着。为此，他为本书专门写了一篇《园岭迷藏》，最得园岭新村的韵致——

宝安南路转红桂路，往西，十字路口。南北向红岭路，这一条红岭路，就把福田与罗湖分界了。东西向，东向红桂路，归罗湖；西向红荔路，已然福田。红荔路头南侧，楼顶有个大圆球的建筑，就是“青少年活动中心”。1997至1998年，我住宝安南路大信大厦，每周日，便送小侄女去到活动中心，学绘画学音乐学舞蹈，如此两年。由此知道，活动中心后侧的老大一片绿地，就是荔枝公园了。这是红荔路南，与之一路之隔，红荔路北，那对面可见的，就是园岭。

2006年重返深圳，我住在了新沙路，出于对旧时光的眷恋，偶尔重回宝安南路，便试着转去红桂路，寻至青少年活动中心。那楼顶球体的老楼还

新屋总会陈旧，故事永远青春

在，只是曾经高大天篷的大家乐舞台却已拆了，时过境迁，而对于一街之隔的园岭，我几乎还从未多加留意。直到后来看书，那时中心书城每到周末，就会在场外设一角书摊，十几个地摊铺开，许多旧书任意挑选。一对年轻夫妻，总能摆出一些品质品相俱佳的好书，一来二去熟了，知道他们开旧书店，想去上门看看，记了地址，就在园岭新村。

找了个时间，终于和太太去了，那时园岭还未通地铁，便在购物公园搭公交，几站就到了。跟女主人约好，在图书馆对面的那个入口碰面，到地方就想起来了，以前这老图书馆我也来过，是陪侄女过“六一”，现在改成少儿图书馆了。园岭新村分明是一个老小区，门口的饭店，地产中介门面，顶着入口的小吃摊，墙壁小广告贴得到处都是，一眼看着就是杂。很窄的一道入口，铁门铁栏杆，一旁的高楼正装修吧，头顶还搭着脚手架遮篷，进去就是弯弯绕绕的一转走道，两侧居然还零零落落有人摆摊，卖菜的卖水果的，窄窄地走入去，阴阴的仿佛穿越地道。那书店很快到了，一楼，不大的两间，最为简陋地排起几面书架，从地到天堆摞起来的旧书，暗暗的灰灰的，

园岭有许多无名小馆隐藏在深圳最寻常的角落，成为居民私藏的神级小店

人钻在里面翻寻，就是十足的书虫。那天购了几本书？忘了，只是那环境对于心理造成的感受还在，做旧书实在是穷尽爱书人的忍耐，同样差不多岁数的年轻人，一旦投入了一行就如同随波的流舟，不由自主一直做了吧？这是我与园岭的第一缘。

后来，随着人与人的交道，于不知不觉之间，与园岭的交际也是越来越多了。许多次就是友聚，召集而至的饭局，文友相会吧，去了春满人间酒楼。光听这“酒楼”二字，再看那金晃晃的门面装修，就知道有底蕴老年头，果然是广东菜，有粤式早茶，也有生猛海鲜，一如我所记忆的九十年代，地道的老深圳风格风味。又一回，青少年活动中心对面彩票中心上班的朋友邀食，冬令食补，说是园岭一家羊肉是极好的。晚上去了，绕过那黑漆漆的雕塑公园，与那《深圳人的一天》群像一一经过，在园岭东路找见了“木屋烧烤”的大招牌，那家羊肉店就藏里面了。也是搭上一个天篷，周围都用透明塑料布挡风，简陋的圆桌，简陋的用具，简陋的炉灶一个锅，羊肉也是最为简单地切块煮熟，就那么最为简便地丰饶而上，顶饱顶口感，吃得简直了。那是深圳难得的最为寒冷的一个冬天，大家都需要穿戴大衣绒帽，开吃之前个个瑟瑟发抖，热气的羊肉一滋，便又个个都润了。

后来每回再去园岭，就有地铁乘了，红岭站，对了，据说最早的人们只把这地界唤作“红岭”。不知怎的，我每回出地铁，自然而然就会是那个最为靠近十字路口的出口，出来就是一排临街铺面，最为瞬间夺目的就是那家舞蹈服饰店。里面陈设就是大红大绿，各色的锣鼓乐器都有，甚至大头娃娃头套，是了，原本就是正对着青少年活动中心应运而生的小店。有朋友购房在了园岭新村，学区房，而她孩子拜我做老师，于是便有了机会多去。园岭新村，是深圳最早的公务员小区，属于特区拓荒牛一代的落脚点，始建于（二十世纪）八十年代。房地产未兴的年代，居民区建设都称新村。我老家无锡最早的住所就叫中联新村，都是六七层的楼屋，都是草创时期的堆砌，无关审美，只管住人的急就。

长到六七层楼高的树，枝叶繁茂

从20世纪80年代而至如今，园岭新村终究也陈旧了。有时我趁白天过去，出地铁就是一场好雨，一忽又停了，走在那进村的直道上，那一眼望去垂拱满盖的树荫又是如洗如新。南方的气候与雨水最是饱养，三四十年的生发能将钢筋水泥种绿，我最喜欢在那雨后的道上走，满地遗下的冬褪黄叶，斑斓而成图画，抬眼头顶的繁枝已然浓压了，深圳的一年四季没有萧瑟。不像以后商品房后的小区，园岭并不标准与整齐，甚至许多的设计颇为异数。最为令我一眼咋舌的就是二层台，一道楼梯弯曲上去，空中而起走道过廊，如桥般纵横延伸到无数楼群，那是一似江南园林九曲桥的无限扩张，那地上一层的人信步闲走，一抬头却见上面有人伏着栏杆将你观望，何等的空间落差又同处一点！

空中是仿佛云霄飞车的轨道，那遮挡之下又是另一派阴影的回廊。楼群最为底下的通道，许多一小间一小间的矮门，分明的窗户还有窗户里的生活气息，而许多门口就是简易的煤气炉灶摆放，恰与楼上套间里的宽敞明亮有着天壤之别。我怀疑，这是否和我家曾经的中联新村有自行车棚一样，这些最为底层的房间原本就是自行车车库，后来改作外来务工者的住宿出租了，于是分出别样的生态。城市日新月异，许多人的生活节节高升，最初最老的一批新村居民，如今估计都搬离得七七八八了吧？然而园岭新村原在，这深圳老区的一片风景犹在，总有不尽的旧户搬出新人又进来，照旧开启对于他们来说全新的生活。

还是老小区有其特有的风情吧？一户人家满堵墙的簕杜鹃，可以历经几个月的满鲜满红吧？非岁月不可以此般繁昌。一处架有秋千的树林，或者曾经不过是疏而稀落的场景，也是经不住日长时久啊，那每一棵小树都无限地茁壮起来，又高又大且巨，撑起了冠盖，荫荫密密团结起了一片森林。那许多楼屋的底层，都有半周铁栅栏的围院，每户开出个后门可以通达，于是各自的用途布置五花八门；做了送水公司的，堆了一壁的塑料空桶；卖绿植盆景的，摆了一列列的陶器瓷具；奇怪是不知哪一家空地，弃了好几张麻将

园岭的道路再窄，只要互相谦让，都相安无事

桌台；我喜欢的是那一处转角，又是竹又是蕉的安置茶桌茶椅，主人自在隐蔽。更为不经深入不知其奥妙的是，这围院虽然家家户户得其范围，但是户与户之间却没有明显的拦挡分割，顶多放盆花或者障个物以示界线，但是你如果愿意逾越的话，尽可以这家走到那家，又从那家无尽地走到下一家下下一家去，直至另一端的出口。

旧的存在，新的继续，岁月只是一层加盖一层的封存，所谓年纪，园岭新村不可复制的年龄。我每过园岭，情不自禁就会照相，一直道，一拐弯，高处之楼荫，低处之房草，每时每刻发现，无所不在风景。我曾经设想，或者可以邀来一些摄影师作专题拍摄，就新村之范围，就新颖之眼光，未必彩色的鲜亮，换之黑白的沉浸，犹如暮色的美人，那刹那回眸偶见的光芒。或者写上一个剧本，电影情节般地在园岭上演故事，少男少女们的唤嚣，追跳在空中的游廊之上。忽就蒙太奇似的转切，那矮门的炉灶上面正锅肉飘香，一位老者瞌睡的藤椅之下，那只肥猫正凝神扑势，蝴蝶飘翅移过直起高天。幽沉的独行之客，在这人间烟火气中闲走，忽然有了驻足注目，侧脸去张望

园岭住宅因大片相似的楼宇外观，有时使人宛如走进迷宫（陈志清 供图）

那花园的空处，一尊落漆了的扭柱雕塑，红色。落入凡间的缪斯么？好奇不禁再往前寻，那花草半掩的屋墙壁角，一头黑色的雄狮蜷毛坐视，较之外面那《深圳人的一天》雕塑，更为突兀惊喜吧？

因岁月而成就的气质忧郁，平朴而别出角度的写实，那浓荫得白昼亦如夜幕的色彩，一如《重庆森林》的个性鲜跳。或者更为旧时代的《小城之春》，全然黑白色的冷暖，人们的生活，原本就是人与人的纠缠，放之散漫无边无际的电影。浸身于这园岭之中，有时你会对着那昼间大致冷清的街路空想，曾经是否有那么一些小孩子在这里晃着晃着晃大了？又曾经是否有那么一些大人在这里晃着晃着晃老了？有来有去，有去有来，来了又去，去了又来，就是无数个迷，就是无数的藏，就像一部从未拍摄却一直在发生的电影，总有一些人乐此不疲，定时不定时地，要来探索一番这“园岭迷藏”。

就在水去先生的园岭迷宫里，藏有一座大名鼎鼎的八角楼。年轻人可能对八角楼不甚了了，年长一点的园岭居民，都会不费力气地告诉你“八角楼”在哪儿，因为八角楼曾是园岭的标志性建筑。

园岭东路5号的八角楼是1985年前后启用的，原来是深圳国土规划部门的办公地。

从园东多层停车场往下看，八角楼的外形正如其名，八角朝外。小楼共有四层，在二层的位置与隔壁小区的连廊相接，形成小阳台。中间有天井，楼梯围着天井缓缓而上，整个建筑平和且人性化，由于天井有抽力，故建筑内部的通风状况一流。天井四周是走廊，走廊连着办公室。大楼外部2010年重新装修，原来的砖石外观换成了金属材料的装饰，八个角被特别处理，形成有弧度的外凸设计。

据周边居民回忆，国土局在20世纪90年代搬出，后来八角楼被深圳雕塑院使用。那段时间，雕塑摆满楼前，引来许多人围观。深圳雕塑园力推有亲和力的平民化公共艺术，包括后来著名的雕塑群《深圳人的一天》，八角楼不仅是社区的中心，也成了人们话题的中心。

雕塑园搬离以后，八角楼一度荒废。2010年，八角楼经过改造成了一所老人日间照料中心。2016年，升级为福田区园岭八角楼托养中心。2017年，福田区政府及运营机构共同投资800万元，对八角楼附楼进行改造，引进先进的国际化设计和服务理念，打造集家养老、日间照料、集中托养、老年餐饮、医疗服务、文娱康乐六位一体服务模式。曾经深圳新移民聚集的园岭新村率先开启了簇新的养老模式。无数的园岭故事，就藏在青藤蔓延的墙壁回廊间，藏在新老移民的胸中沟壑间。

园岭人的一天

水去先生说得好，园岭最美的风景，藏在园岭人的故事里。

也许只有园岭人才如此幸运，他们的形象凝筑成雕塑艺术，他们的故事被一代又一代人书写、阅读。尽管普通的园岭人未必真能理解雕塑艺术，但是园岭雕塑艺术里的形象确实大多是真实的普通园岭人。

已过花甲之年的夏翁戏称自己真的活成了“老翁”，不爱挪窝。

搁在以前，他是个爱折腾的人。1996年元宵节，时年21岁的侄子找上门，请他同去深圳，帮忙打理药材店。侄子初中辍学，闯荡深圳，开了两家店，规模大了，算不清账。夏翁刚过40岁，是村里的小学数学老师，偶尔也教语文、体育。最重要的是，他是村里勉强会讲普通话的。家人劝，深圳是年轻人的地方。他不信，想去看看。

就这样，夏翁从潮汕老家来到了园岭。来了一看，很多年轻人，走路走得很快。夏翁再一次感觉来对了，自己仿佛也变年轻了。和农村不同，他还发现，深圳人动得勤，闲不下来。早晨6点钟，荔枝公园里就有许多晨练的人了。

在夏翁的记忆里，园岭片区是深圳最早建造厂房的地方之一。因此，店里的客人，也有很多港商——他们手上拎着皮包，腰间别着call机，皮鞋锃亮，大背头油光。这种时尚摩登的行头，一开始对夏翁来说，非常大开眼界而又备感压力，他不想被人瞧着寒碜，于是也学着用摩丝打理头发。只有一事能让夏翁心中深感亲切，那就是大多港商普通话蹩脚，但竟会说潮汕话。

深圳人的一天，以独特的方式，镌刻在这座城市的历史中

一问，原来许多都是祖籍潮汕的。这为他与这座陌生的城市，嫁接了一丝扯不断的关联。

落稳脚跟后，夏翁将妻儿接了过来。20多年来，侄子的店铺后来搬到了罗湖，如今儿子在南山也发展得不错，屡次说要接他过去。夏翁却“赖”在了园岭。

夏翁觉得年纪大了，不记事，自己在深圳的日子，没有惊天动地的大事，但有的记忆也难以抹去，有的习惯也不容易改变。比如，他习惯成为晨练的一员，习惯去那些雕塑面前转转，公园里歇歇，最后再慢慢踱回家去。

夏翁所说的雕塑，就是园岭新村社区公园里环绕在4块纪念碑墙周围的17座雕像——《深圳人的一天》。如果说，市委大院门前的《孺子牛》代表了深圳精神，《深圳人的一天》则是深圳市民的时代记录。

群雕《深圳人的一天》作品占地面积不大，背后凝聚的心血却不少。

1998年，深圳国土规划部门组织了一批设计单位，决定将城市的14块公

《清洁工》，陈阿姨，深圳横岗人，园岭食街环卫工人

《打工妹》，女（左），18岁，浙江常山人，1998年来深圳，丰盛服装公司工人

共空间，改造成街心花园。其中，就包括了园岭新村南侧6500多平方米的公共绿地。

此时，没有人知道，这将会是一个新颖前卫的策划起点。过去，城市规划和设计通常都是规划师和设计师给社区居民什么，他们就接受什么。著名海归建筑师杨建觉博士和时任深圳雕塑院院长孙振华商议，想来一场突破：“这一次，我们决定让市民来告诉我们，他们想要什么。”前者曾在加拿大留学6年、留美2年，对北美的公共艺术观念深有体会。后者对突破也再熟悉不过了。孙振华这位出生于历史文化名城荆州、成长于书香世家的浪漫才子，内心总涌动着一股不安分。多年前，他首次从电视上得知中国要招收博士研究生，便下定决心：这辈子一定要读个博士。书斋生活得以满足后，他有机会踏足深圳，又对这崇尚实践创新的城市挪不开眼，一种要粉碎中规中矩、开启崭新生活的决心，开始萌动。1993年10月，他如愿从历史悠久的浙江美术学院，调入了方兴未艾的深圳雕塑院，开始大展拳脚。

孙振华对园岭也非常熟悉，因为当时深圳雕塑院办公室就设在这里，朝夕相处的社区居民想要什么，那就去问问好了。在征求了近百名社区居民意

《保险业务员》，女，30岁，四川人，1987年来深圳，中国平安保险公司深圳罗湖支公司业务员

《包工头》，男，35岁，1998年来深圳，在中铁建厂局赛格群星广场工地工作

见后，团队又经历了3天的头脑风暴，终于定下了日后轰动一时的《深圳人的一天》雏形：建一个小型纪念公园，用雕像来凝固这座城市各行业各阶层普通市民的历史一刻。

恰如自然主义所倡导的："按照事物本来的样子去摹仿。"

时间，是孙振华闭着眼睛翻日历，随机挑选出来的，1999年11月29日。曾有人提出，为了讨口彩，可以在1999年9月9日启动，但被策划者们否定了，仍然坚持随机选择。

人物，要最能代表当时深圳的城市特性，他们的日常生活就是这座城市的日常生活，他们的梦想构成了这座城市的梦想：小学教师、中学生、公司职员、清洁工人、服务员、打工者、保险业务员、股民、休闲的女人、巡警、内地退休老人、学龄前儿童、医生、外来求职者、政府公务员、香港企业家、工程承包人、设计师。为了随机性、偶然性，需要走向街头，不刻意挑人，这18类人选，都找最先遇到的那一个，如果不同意，才找下一个。

11月29日凌晨6点，骤降到12℃的气温，冻不住创意诞生的脚步。深圳晚报记者、摄影师和雕塑家经过组合，兵分几路，开始行动。雕塑家的任务

《内地退休干部》，男，58岁，兰州白银人，白银市有色金属公司退休干部，1999年11月来深圳女儿家休养

《休闲的女人》，23岁，湖南浏阳人，1997年来深圳，广告人

是负责人物外形的把关，记者需要向预选对象说明创意，邀请并说服他们自愿做雕像模特，采访过程和故事都要记录下来，写成新闻稿件，发表在当天的《深圳晚报》上。

这个特殊的文化工程，就这样开始于园岭的街头。大家一共找到了30多位合适人选，有16位市民当场表示愿意成为模特，其中15位当天便与深圳雕塑院签下协议，同意将铜像永久性地立于园岭城市公共空间。

夏翁不记得雕塑是在2000年6月16日正式落成，但当时的盛况，记忆难忘。

那天下午六点，儿子送饭来店里，他本像往常一样，坐在收银柜台前解决晚餐。后实在经不住对门外喧闹声的好奇，勾一塑料凳，坐在门口，吃一口饭，抬头眺一眼。因为有树木绿叶遮挡，看不清，依稀看到几人围着。最后半碗饭索性不吃了，他朝儿子“通报”一声，跑过马路去。

《中学生》，女，15岁，山西人，1994年随父母来深圳，深圳市红岭中学高一（2）班学生

那时候，莲花山上还没有竖起家喻户晓的邓小平塑像，夏翁只见过老家的石狮子、观音菩萨，对雕塑一无所知，这是他第一次面对这么多形态各异的真人青铜塑像。看完铭刻着真实姓名、年龄、职业、原籍贯、何时来深等的介绍，又看完了背后黑色大理石浮雕墙，上面雕刻着1999年11月29日这一天深圳城市生活的各种数据：天气预报、电视节目表、甲A风云录、外汇牌价、菜市价格、股市信息，还有一幅深圳地图和《深圳晚报》版面，他还是似懂非懂。对他而言，印象最深的，是那个原籍潮州的“港商”，那装扮，那神态，真的太像了。

夏翁后来才知道，塑像逼真，是因为在制作过程中，均以翻模制作为主，尽量去掉人为的雕塑痕迹。王子京、黄河、刘飞勇、黄炳谊和高蒙在导师胡博教授带领下，主要负责翻制雕塑环节。首先，他们要从各个角度，为模特们拍摄符合个人习惯的职业化的照片，以便参考。翻制要求巨细无遗，

《公司职员》，女，25岁，浙江温州人，1997年8月来深圳，深圳市商业银行福田支行会计

《医生》，男，54岁，广东梅县人，1985年来深圳，深圳市妇儿医院小儿外科医师

《港商》，男，41岁，原籍广东潮州，在沙头角中英街从事药业贸易

量得要比裁缝还细，从衣服、头发，到表情、动作，为此买下了人物身上全部的行头。最后才是制作蜡模和铜铸。王子京曾做过无数件大大小小的雕塑品，但这次是迥然不同的。以往做雕塑，用的是工业石膏铸模，而做《深圳人的一天》要考虑到不能对模特们的皮肤造成伤害，反复考量，决定借鉴美容院里制作面膜的技法，采用药用石膏。雕塑家还要自己先尝试了好几次，找到最安全的方式后，才为模特们做。除此之外，为了减轻模特们心理上的紧张、恐慌，就干脆在美容院铸模，如同在做清洁脸部的美容导膜一样轻松。

离开之前，夏翁瞧见斜竖的浮雕主墙上的几行大字：

1999年11月29日

深圳人的一天

平凡的日子

普通的人

石头的历史

城市的故事

看得再仔细，回到店里，儿子问起，夏翁还是不知道怎么解释，言简意

《公务员》，男，30岁，陕西咸阳人，任职于深圳市运输局计划财务处

《股民》，女，34岁，浙江人，1988年来深圳，君安证券有限公司荔湖营业部股民

《学龄前儿童》，男，5岁，湖南湘乡人，深圳出生，就读于深圳幼儿园

赅：石头人、石头报。

可能是受限于人们对塑像艺术的偏见，也可能是“让市民成为城市公共艺术的主角”这一理念在当时太过超前，原本答应参与的男巡警和女教师两类代表，后来都因为家人的反对，先后退出了雕塑展示。后来，联想到深圳是国际化都市，便找到了一位外国人，作为替补。因此，展现至今的，只有17尊铜雕。

陈阿姨作为雕塑人物“清洁工”的原型，一开始也不理解，为什么要给自己立个像。她是园岭食街环卫工人，自认为长得不好看，也不是大人物，家人也不支持。最后经过几番解释劝说，才勉强同意。听到要给自己钱，她又连连摆手，说：“我靠劳动挣钱。”

尽管不太能深入理解背后意义，来自八卦岭工业区丰盛服装公司的18岁“打工妹”胡美娟，在塑像落成后，看着一模一样的“自己”，十分高兴。她是项目执行总监夏和兴找到的第一个雕塑原型。夏和兴还记得当时找到这位小妹妹的情形，可惜的是，后来两人间的联系断了，他不知道这位浙江小妹妹现在过得怎么样。

在“保险业务员”蒋爽的记忆里，原型人物在雕塑落成的当年，以及项

《设计师》，男，38岁，北京人，1998年来深圳，现为美国都市国际设计事务所合伙人

《老外》，男，27岁，瑞士人，深圳开发科技股份有限公司软件工程师

目启动5周年纪念日等时间节点，曾有过几次聚会，但都没有聚齐过，此后就更难得一聚了。在这座人口流动性极高的城市里，每天很多人选择离开，但每天也有更多的人涌进来。能萍水相逢，是缘分，能共同拥有一段难忘的回忆，是福分，记忆能以雕塑凝固不朽，是情分。

寒来暑往，世事变幻万千。“包工头”魏振承建的赛格群星广场历经辉煌，又迅速被更大的商超综合体超越。相较于“内地退休干部”肖福元熟练的太极招式，广场舞成为近年来绝大部分人的新宠。当年街头寻人的过程中，最难找的是“休闲的女人”，工作人员满街寻遍，都没碰上，好不容易才瞄准抱着小狗的钟晓青，如今，养宠物的人数日益剧增。我们曾潇洒告别“中学生”郭文婷手中的自行车，堵在车水马龙的轿车里，又在一阵共享单车的热潮下，拾回了遥远的记忆。我们现在的手机比“港商”杨飞义左手中的智能、高级得多，但它早已不是“有钱人”的面子和象征。

当年的主创人员大多已离开原岗位，杨建觉回到了故乡继续安放设计梦想，孙振华探寻着高新科技与艺术相结合的可能性。本想只在深圳工作几年

《外来求职者》，男，19岁，河南焦作人，
1999年8月来深圳，正在求职中

然后就回老家的“公司职员”刘丹在深圳扎了根，结婚生子，从银行柜员提拔成为管理者。“医生”吴文华在创立深圳市妇儿医院小儿外科、攻克先天性巨结肠手术疑难、亲历深圳医疗领域飞速发展后，已安然退休，享受天伦之乐。“设计师”刘晓都从美国回来，成了坪山美术馆馆长，将青春奉献给了深圳。“股民”金平投身慈善事业，现居美国，她将雕塑落成当天与“自己”的合影，挂在了旧金山住所客厅最醒目的位置。

你是谁？你是哪里人？你是哪一年来的？这是这座移民城市里人们的口头禅，字里行间透露着不少人强烈的客居意识和恋乡情结。雕塑《深圳人的一天》为深圳留下了他们的故事和记忆。它一经推出，立即就在社会上引起了很大的关注，街谈巷议。深圳人新来深圳，外地朋友过来深圳，认识深圳就从这里开始。

“深圳人的一天”，是园岭人的一天，是新深圳人的一天，不是东门人的一天，不是老深圳人的一天。“深圳人的一天”，不仅是一道风景，更是生活的一部分。这17位“铜人”早已成为陪伴夏翁打拳、休憩的好哥们儿，

《咨客》，
女，17岁，湖南
长沙人，深圳市
田心酒店咨客

他们几乎天天见面。如果在周末，每天还会见几次，因为，夏翁的孙子喜欢在这里玩滑板。不知从何时起，这里成了附近滑板爱好者的聚集地。这项不拘泥于固定的模式、释放身心的自由运动，为都市青年带来了挑战和刺激。看着他们，夏翁竟也心潮澎湃，不时想起自己也有过这般敢闯敢试的劲头。身边的孙子三心二意地听着爷爷有一搭没一搭讲的故事，学校教书的，闯荡深圳的，买房安家的……突然“嘿”一声，像成功上板的喜悦，又像是和故事里凝固的岁月打了声招呼。

园岭寻味记

每个繁华的都市，都有一个安放柴米油盐的地方。最能体现新深圳人的新生活方式的，莫过于新的美食时尚了。

袁叙田来深十余年，现在是深圳面点王的员工。他和园岭的交集是从2009年就开始的，他也没有想到第一次与园岭的相遇就是因为吃。一大群人从南山区蛇口的东角头来到福田区八卦岭的老北京铜火锅店，围坐在一起涮火锅。也是从那个时候起袁叙田才知道火锅不一定是在冬天涮的，在深圳，每个季节都是涮火锅的季节，大家围坐在一起，谈天说地，推杯换盏，麻辣到稀里哗啦，吃火锅成为最便于拉动人与人之间感情的事情，于是就有了：没有什么是一顿火锅解决不了的事，如果不行，就来两顿。

自从有了与园岭的第一次相遇，往后便与园岭有着千丝万缕的关系了，其中大多数都是因为吃，也许是园岭有个八卦岭美食街的缘由吧。后面尽管同伴们在不同的区域上班，但是一年之间总是有那么几次会相约在八卦岭美食街就餐，从豪林居餐馆到胜记，从客家城到华神火锅，从西贝莜面村到老船长，从面点王到弘一茶馆，从“钢管厂”到79号渔港……，围着八卦一路这条街，穿街走巷，不断地寻找味蕾上的记忆，总是能找到自己喜欢的味道。于是，八卦岭的美食街就成了袁叙田每年必来“打卡”的地方。

袁叙田记得，第一次在八卦一路豪林居餐馆请人吃饭。本来说请上级刘总吃饭的，但是刚参加工作的袁叙田，对请客之道并不是很了解，贵的吃不起，便宜的又觉得不够面子，做起事情来难免就显得拘谨，尤其是在点菜的时候，点贵的囊中羞涩，点便宜的又感觉很寒酸，一个乡下小伙儿在那时的尴尬显现得淋漓尽致。最后还是刘总化解了尴尬，从袁叙田手中拿走了菜单，荤素搭配，冷热搭配，汤菜和炒菜搭配，一下子就点好了，放下菜单的时候说：这顿我请你，你刚来深圳，又刚参加工作，赚钱不容易，等你以后小有成就了再请我，来日方长。

张楚雄希望豪林居能成为深圳百年老店，为了把控品质，他至今仍坚持自己去市场亲自挑选食材

袁叙田请客的这家豪林居餐馆，老板叫张楚雄。

张楚雄是汕头人，学过烹调专业，在老家当过师傅。汕头也是经济特区，初期汕头的发展比深圳还要好，因为汕头是侨乡，很多华侨去投资。后来深圳实现了质的飞跃，特别是1992年以后，深圳发展像飞一样，汕头就跟不上了。张楚雄的哥哥先来深圳，他和张楚雄说八卦岭这里可能要搞一条食街，建议把握这个机会。1994年，张楚雄来到深圳，20岁出头，女儿才7个月，想着做个三五年就回去，挣点钱回家改善生活。没想到从此在这里扎根了。这真是一座来了就不想走的城市。

刚到深圳，人生地不熟，不会说白话，什么都不熟悉，一开始连菜市场在哪里都不知道，可还是在1994年就把餐厅办起来了。张楚雄早上当采购，采购完了，就在门口拉客，客人进屋了，就当服务员。炒菜有师傅，但是也要帮忙打下手。老板，就是最大的服务生，对外服务顾客，对内服务员工。那时八卦一路连路灯都没有，一到晚上都挺黑。张楚雄的豪林居是首批餐饮企业。最早面积只有100来平，但有两层，加起来就是200来平。现在的面积扩大到3倍已经600多平了。张楚雄最初在八卦岭租房住，房租挺贵，一个单房都要2000多块，张楚雄租了房给几个员工住，自己住店里的沙发，睡了三年。

豪林居能做得起来，还是因为菜品好。张楚雄坚决不用地沟油，连转基因油都不用，只用中储粮指定的餐饮用油。潮州菜的食材要求很高，豪林居全部用新鲜的。张楚雄亲自采购，一开始只有一辆单车，自己装了个篮子。后面不够装了，改为骑三轮车，那时候，交警都不让踩三轮车，张楚雄经常被交警罚。菜市场的人也都不信过来采购的张楚雄是老板。

张楚雄说，如今的豪林居算是深圳餐饮的老字号了，他希望豪林居能成为百年老店。他去日本，看到日本一些蛋糕店，竟然做了300年，觉得这是一种专注，值得学习。张楚雄也特别佩服香港的兰桂坊，那是酒吧一条街，已经有100多年历史了，已经形成自己的酒吧文化了。在那种氛围环境下，人们才有冲动的感觉。历史上，也有香港居民投诉说，你这酒吧太吵了，要求把酒吧赶走。香港特区政府怎么应对呢？张楚雄说，香港特区政府问投诉的居民：你是什么时候来的？居民说我去年来的。政府又问，你知道这条街多长历史了吗？100多年了。所以到底是你的问题，还是酒吧的问题？你要尊重这条街！新加坡的牛车水也是建在繁华的市中心，为什么呢？因为有政府的特殊政策保护，不能随便拆迁。八卦岭的美食传统要保护好，八卦岭改造，要先有定位，简单的拆毁重建很容易，但是气氛的形成不容易，历史是要去维护的。

豪林居的隔邻是金利龙，金利龙酒楼是整个八卦一路的第一家餐饮品牌店。

金利龙创始人陈晓明来自湖南常德，1989年调来深圳后，觉得这儿比较湿热，吃东西要清淡。粤菜讲究新鲜，原汁原味，清蒸、水煮，不像湖南菜，重油重盐重辣，把原有的味道压制得很厉害。于是，他就喜欢上了粤菜。后来，干脆离开了国企，下海创办金利龙酒楼。

陈晓明说，自己家里之前从来没有做生意的人。改革开放最大的好处，就是给老百姓制造了很多创业的机会。深圳当年各种各样的行业，像雨后春笋，有很大的创新性。比如，在内地其他地方，一个剪头发的，在深圳可以改做美容美发，甚至是美容院。改革开放充分地释放了人的积极性和创造性。陈晓明也萌生了自己创业的想法，刚好八卦一路鹏盛村有商铺出租，该出手时就出手了。

陈晓明是一位爱粤菜的湖南人，他希望深圳的餐饮文化能越来越丰富

那时候的八卦一路，还非常偏僻，但是八卦岭工业区有很多大企业，爱立信、爱普森、先科、索爱……，刚开始酒楼规模也不大，也不愁没生意。头几个月，没有做夜宵，晚上10点就收工。随着深圳各种各样的大型活动的举办，如高交会、文博会、演出季，国际的、国内的，八卦一路一下子就火旺起来，金利龙的生意也越来越好了。

餐饮业的繁荣并非空中楼阁，需要诸多因素的积极促成。在深圳，有好的创业环境和政策环境，文化上开放多元。摸爬滚打几十年的陈晓明总结为："只要你不偷鸡摸狗，凭本事创造价值，你就有应得的收益、应得的财富。"他还补充，"在这里创业不压抑、不憋屈。"

金利龙的成功之道是做好口碑，达到口口相传的隐性宣传效果。面对当下"90后""00后"为主力的消费群体，以及层出不穷的"互联网+餐饮"，陈晓明深觉市场营销的手段变化之快，比如他的儿子的餐饮创业模式，与自己便是天差地别。儿子从大学的电影专业毕业后，曾在深圳广播电影电视集团工作，2017年开始创业，同在八卦岭开了一家网红餐厅，2019年上了美食App的“必吃榜单”。

但细心分析，万变不离其宗，网红时代需要网上推广，无论是评分排名，还是优惠促销，前提必须是好的品质，因为，没有人会心甘情愿上第二次当。做粤菜，尤其如此，出品一定要本真。金利龙一直坚守这一点，因此，在2003年“非典”期间，周边80%的餐饮都处于停业状态，唯独金利龙酒楼生意红火。

陈晓明说，餐饮业的门槛不高，创业起点也不高，但是如果想做成功，也不是那么简单的。餐饮业是时代的镜子，可以照出时代的政治、经济、文化，还有民俗习惯。

陈晓明视餐饮业为一座城市的文化载体，什么样的餐饮文化，会成就一个什么样的城市。他说，为何法国可以形成底蕴深厚的餐饮文化并享誉世界？最显而易见的一点，法国人对厨师是非常尊重的。在法国，厨师被当作艺术家一样对待，总统每年都接见，甚至颁发勋章——这不是作秀，这是骨子里的尊重和褒奖。

华神龙川菜火锅是1999年才到八卦一路开分店的，此前已经在华强南火爆多年。

华神龙餐饮管理公司总经理钟洪杰说，华神龙火锅初创于1993年，是钟洪杰的姐夫钟志全创立的，在深圳品牌川菜中算是年份比较久的了。第一家店开在红宝路；1997年，在南园路爱华市场开了第二家店；1999年在八卦一路开了第三家店。接着又开了湖北路、泰安路等分店。

姐夫以前在部队做食堂，来深圳后索性也做餐饮。一开始开在巷子里，炒菜比较多，只有10张桌子，慢慢地就做到巷子外面了。钟洪杰是1995年下半年才来的深圳。那时候开始做火锅了，但也还保留一点炒菜，店铺叫作“华神川菜火锅城”，后来演变成“华神龙川菜火锅城”，现在就是“华神龙火锅”，专做火锅。火锅底料自己研发，在四川自己的工厂里生产好后再运过来。

当初之所以选在八卦岭开店，是考察过的。当时，食街还没成熟，只有几家店，比如金利龙、豪林居，都是粤菜，其他菜系很少，川菜几乎没有，这就是个机会。后来，四川豆花也来了。食街慢慢形成规模，直到2008年开始打造风情美食街。

据钟洪杰介绍，华神龙火锅首创火锅调料自选模式，迎合了来自五湖四海的深圳人的口味，不经意间为川菜火锅赋上了“深圳味道”

2003年到2013年这10年时间，是八卦一路最旺的时代。那时候餐饮还没有饱和，需求旺盛，附近的厂也很多，包装厂、印刷厂、服装厂都有，当时门口、路边都摆满了台，很接地气。当然，20世纪90年代这里也是有很多厂，可是那时候大家舍不得消费。后来工资增加了，需求层次不一样了，消费也就起来了。那时候，华强北停车麻烦，一定程度上也刺激了八卦岭这边的需求。

钟洪杰说，华神龙是四川火锅，但它是“深圳的四川火锅”，不失四川火锅的本真，又有自己的独特味道，很多四川人来做火锅，都做不出我们这种味道。

华神龙火锅首先是成都火锅，不同于重庆火锅的燥辣，成都火锅相对柔和一点。湘菜、川菜是深圳的两大江湖门派。湘菜数量多，川菜呢，新式的有巴蜀风，老派的有老院子。老院子当年很火，也很有特色，比如店里的服务生都剃个光头，每个月有50—100元的剃头费。一品红也有一定的历史。华神龙火锅的特点是，不断适应深圳市场，稳步发展。

多年来，人们发现，有许多很地道的、在老家觉得特别好吃的东西，到

经过更新改造后，八卦一路美食街以全新整洁形象重新亮相

深圳来却存活不下去了。以前华神龙对面有一家名为“耙耳朵”的店，开了没多久就倒闭了。钟洪杰觉得这是因为深圳的第一定位是移民城市，人们来自五湖四海，口味各不相同，但也在互相熟悉，互相迁就，餐饮业也要不断改变，迎合深圳人的口味。

华神龙研究过当年很火的小肥羊。它全国各地都开店，接受程度很高，华神龙就反复研究它的锅底，发现它有四川的辣锅，有四川火锅的味道，但是没有四川火锅的灵魂。

华神龙受到启发，为了拓宽消费群体，在调料上做了调整。以前，四川火锅搭配的调料基本就是蒜蓉、香麻油。但是东北人喜欢芝麻酱、豆腐乳，吃羊肉必备韭菜花；广东人喜欢吃蚝油、沙茶酱；湖南人喜欢辣椒酱、指天椒、小米椒。华神龙就研发了三十几种调料，顾客想吃什么味道，都可以自己选。自选调料这种模式现在很常见了，但钟洪杰说，八卦一路的华神龙火

2012年，面点王入选“深圳老字号”品牌

锅店可以说是深圳最早尝试自选调料的，时间大约是2010年。以前香港人、广东人、潮州人不吃四川火锅，但现在他们都成了华神龙火锅的客人。这样的改变，在四川成都是没必要的，只有在深圳，才有这样改变的需求和可能。作出这种改变之后，华神龙就成了“深圳的四川火锅”了。

兜兜转转，袁叙田成了面点王的一员。面点王以“深圳人的大厨房”著称，这让袁叙田对发源于八卦岭的深圳味道有了更深入的了解，对深派餐饮有了更具体的认知。

1996年11月8日，面点王在八卦三路开业，100多种价廉物美的美食吸引了蜂拥而入的食客，火爆的场面，成为深圳饮食行业的一个奇观。自此以后，面点王成为深圳人街谈巷议、深圳媒体争相报道的热点。

袁叙田发现，面点王有这样两个特点：一是围绕“面”字做文章，荟萃了中国面食的精华，按中国人自己的饮食特点与习俗去适应顾客。随着面点王的分店像雨后的春笋般开遍了深圳的各个角落，开始流行起这样一句话：吃汉堡去麦当劳，吃炸鸡去肯德基，吃面食去面点王。

第二就是建成了深圳市中式快餐第一个食品配送中心。统一制作工艺、统一用料、统一质量标准、统一零售价格、统一规范服务的连锁经营方式，将面点王打造成名副其实的“都市人的大厨房”。

一碗面，形式上看是一个物化的面条；从本质上，却可以看作文化的体现。面点王继承了传统的中华文化，借鉴了国际快餐经营手法，也融进了深圳的移民文化、白领文化。深圳是座移民新城，高效率，快节奏，求新求异，开放包容。深圳白领多，文化层次较高，需要一个洁净、雅致、开放的餐饮交流环境。面点王的出现就迎合了深圳白领这样的消费心理和需求。面点王努力营造灯光明亮、窗洁几净、着装统一、服务规范的就餐氛围，为顾客提供口味适中、营养科学、物有所值的饮食品种，让顾客不仅在物质上得到享受，同时精神上也得到愉悦，使吃的质量标准与环境的文化品位和谐统一。

面点王发源于园岭，从园岭向深圳其他地区扩散，乃至在珠三角地带遍地开花，成为都市人的大厨房，这也得益于深圳这个快节奏的城市，“拥有大比重的外来人口、年轻有活力、一线城市”这些城市标签让深圳的餐饮业独具特色。而餐饮业中最能融合所有人的口味，又跟得上深圳快节奏生活步伐的就是快餐店。面点王在深圳这样的大环境下的发展速度也远远超过其他餐饮品类，占据市场绝对优势，表现出比较强劲的发展趋势。面点王快餐模式的增长态势，和深圳消费者年轻化、生活节奏快等因素有着千丝万缕的联系。

身处变化中的面点王，目睹疫情中的八卦岭，展望新之又新的园岭街道、社区，袁叙田忘不了的是美食美味，深信不疑的是园岭会越变越美好，深圳会越变越美好。

凭谁拓业？流芳文苑，赢得骚人仰慕。

——李伟彦《脚印集》

三

馥　郁　人　文

全人教育园岭先行

特区初创，千头万绪。经济要拓展，文化也要开新。

深圳当时像样的文化设施就是深圳大戏院和原来宝安县的有线广播站，除此以外，没有一份自己出版的报纸、没有电视台和广播电台、没有一份正式出版的杂志，文化事业可谓一片荒芜。深圳市委、市政府下决心进行“文化垦荒”，并于1982年年底，提出建设图书馆、博物馆、深圳特区报、电视台、体育馆、大剧院、科技馆和新闻文化中心等八大文化设施。这八大设施除了电视台以外，都建在大园岭或临近园岭的周边。园岭一下子从荒山野地，崛起成为深圳文化的高地。

文化设施之外，学校教育也大手笔开启。1983年，深圳大学经国务院批准创办。1984年，深圳新建了10所中学，所有新校全部在当年9月1日开学。

就是在1984年，41岁的金式如从上海来到深圳。他从小学、中学到大学一直在上海读书，毕业后仍然分配在上海的中学教书，并做了重点学校的副校长。年过不惑之后，他却决意南下深圳，以上海人的严谨、精致、专业精神和深圳特区特有的改革创新气魄，登顶自己教育生涯的巅峰。

金式如的运气不错。他先在滨河中学主持工作，然后很快就被慧眼识珠的教育局领导抽调到深圳市教科所，从宏观层面推动全市教学科研工作。1985年4月，来深不到一年的金式如迎来他人生中最大的机遇——负责筹建“深圳实验学校”。

虽然深圳实验学校筹备室不足六平方米；虽然校园建设滞迟，只能临时

深圳实验学校（小学部）创办于1985年

借用园西小学校舍开学；虽然9月1日就要开学，8月20日，从上海、北京借聘的20多名教师才陆续抵达……，但是当时特区人在遇到困难时有三句话："特区的牌子""小镇的底子""大家要想法子"。金式如他们想尽了法子，不仅如期开学，而且在1988年，深圳实验学校第一批高中生毕业时，升学率名列深圳第二；1991年初中毕业生升学率达98.6%，名列深圳第一；学校在素质教育、课程建设、学校管理等诸多方面的改革创新闻名全国。金式如教育改革创新的破冰之旅初登胜境。

时任国家教委副主任柳斌对该校的整体改革实验给予高度评价："我一直在思考现代化的社会主义基础教育应是什么样子，应有什么特点，在深圳实验学校，我得到了很好的启示，有了一个具体而深刻的印象，丰富了我的思考。”

金式如对深圳实验学校乃至深圳教育的一大奠基性贡献，就是确立并坚持“健全人格教育”这一核心办学理念。早在十几二十几年前，他就深刻意识到应试教育的弊端。他说：“我们要树立正确的教育观，不急功近利，要为学生长远和终身着想，既重视知识教育更要重视人文教育，让整个教育从考试和分数的迷途中走出来，真正把提高国民素质和人口素质视为根本任务。”

他认为，素质教育首先要体现“以人为本”，体现“育人”，就是要把学生当作一个活生生的人来对待，作为一个完整的人来加以影响，使学生整体得到发展，而不是把他们当作一个盛装知识的容器，当作一个会做题的机器，当作一个能设计的产品。“我们学校培养的学生应该是……各方面素质都得到健全发展的人，和现代化相适应的真正健全的人。一句话，就是培养‘大写’的人。”

实施健全人格教育，课程是最关键的抓手。金式如在深圳实验学校的开创性工作之一，就是打造一个完整的课程体系。深圳实验学校是深圳最先引入世界领先的STS（科学、技术、社会）教育课程的学校。在金式如的引领下，实验学校的课程探索和建设，一直走在深圳前沿。

深圳实验学校有各种社团，举办各类课外活动。从1988年起，学校就逐步开设了科技制作课、形体课、陶艺课等，由于内容与形式新颖，陶艺课受到众多学生的喜爱。1995年4月，时任全国人大常委会副委员长费孝通来实验学校视察，当他来到陶瓷工艺室，看到墙上挂的、桌子上摆的上百件学生制作的陶艺作品时，连声称赞，说这是他在中学见到的第一个陶艺室。金式如说：“学生老是在教室里读书，学校就没有生气，久静要动，久动要静，我们不能把教育搞片面化了，认为抓教学就是做作业、上课、考试。”

深圳实验学校努力探索全面素质教育新路的经验得到了教育主管部门

深圳实验学校校园环境优美，文化色彩浓郁

天蓝色的校园装饰，让孩子自由翱翔

的认可，也得到了社会和学生家长的理解与支持。很多实验学校的学生从幼儿园开始一直上到高中。一位知名专家曾说：“一群来自几个不同学校的学生走在一起，我一眼就能看出哪些是实验学校的学生，因为他们更大气、开朗、阳光、自信。”

深圳实验学校毕业生张辰多年后在知乎网写道：

金校长是理想主义的教育家，即使不喜欢他个性的人，都很难不佩服他做的事情。

20世纪90年代的深圳是中国最物质的城市，我们的学校从书包到衣服甚至鞋子全部统一，禁绝学生之间的攀比。当年叛逆的我们也许不喜欢，现在回头看看，才知道我们的成长环境多么可贵。

实验学校流传这样一个故事。金校长有一次在垃圾桶旁看到一口痰，停了全校师生的课，组织大家参观这口痰。这是真正可以称为“教育”的教育，是搞评比做不到的教育。

金校长眼界开阔，学习国外经验，重视孩子牙齿健康和预防，在校园内建立了牙科诊所，有幸由我的爸爸负责。诊所后来发展成为一个门诊部，为孩子做六龄齿窝沟封闭，并将数据完整保存了下来，在一定程度上为业内历史研究做出了额外的贡献。金校长还曾想在校内建眼科诊所，做近视预防，因为戴眼镜的孩子太多了，可惜人才难觅，没能建成。

他做的太多事情都有浓厚的理想色彩，远远超越了升学率和树立品牌的追求。作为他的学生，我们是最大的受益人。从前，我觉得实验学校是最好的、最厉害的，后来看到了更大的世界，知道了有很多比我们历史更悠久、成绩更优秀、产出人才更多的学校。我现在不敢说实验学校是最厉害的，但它在我心目中，仍然是最好的。就像我们的校长，不敢说完美，但是足够伟大。

深圳实验学校成了深圳基础教育改革的“金字招牌”，规模不断壮大，不仅形成了从幼儿园、小学到初中、高中的体系，而且通过品牌扩张、名校办民校，成立了深圳实验教育集团。深圳实验学校所在的园岭成为深圳市优质教育资源密集度最高的区域，白沙岭百花片区，集中了深圳实验学校小学、初中和高中，荔园小学、百花小学一大堆名校，这个片区是深圳著名的学区，是深圳学位房的“宇宙中心”。园岭新村片区也集中了红岭中学初中部、园岭小学、园岭外国语小学等名优学校。园岭的教育经过岁月沉淀，似陈年佳酿，历久弥香。

园岭小学“教龄”最长的教师潘素素是客家兴宁人，自小随父母在清

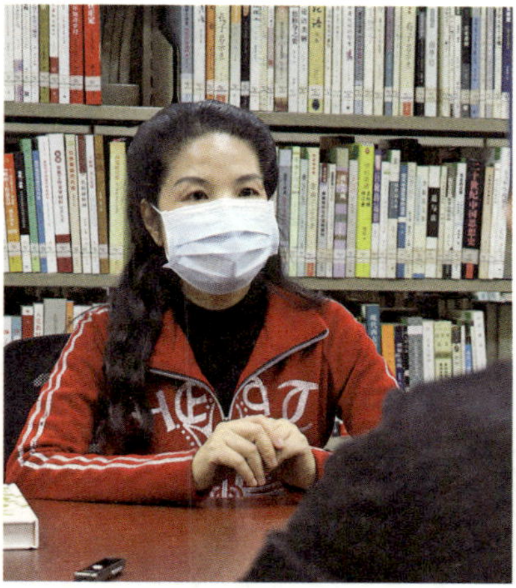

潘素素是园岭小学教龄最长的教师，她详细介绍了园岭的中小学教育情况，如数家珍

远长大。1984年元旦假期，21岁的潘素素跟着父亲的脚步来到深圳，一经踏进园岭小学就再也没有离开过。

园岭小学是这园岭新村片区第一家小学，1984年10月份开学。第二家是园东小学，第三家是园西小学。后来，实验小学开建，曾借用园西小学的校舍上课。2002年，园岭小学、园东小学、园西小学这三所学校合并，园西小学叫作园岭一分部，园东小学叫作园岭二分部。2012年，又分开了。园岭小学还是叫作园岭小学，园西小学叫作园岭外国语小学，园东小学叫作园岭实验小学——这与此前的深圳实验小学是不一样的，深圳实验小学是市属的。八卦岭那边以前没有规划学校，现在才开始建。八卦岭的学位，以八卦路为界，以东划分到园岭实验小学；以西划分到园岭外国语小学。潘素素说，园岭小学的学区范围是福田最小的，包括园岭的1—62栋多层，一栋丽湖花园高层，再加上92—97这6栋。

园岭还有红岭中学。红岭中学是深圳特区成立后建成的第一所中学，有深圳“中心城区第一学府”之称。依托红岭中学成立的红岭教育集团起步于园岭，跃升于安托山，孵育出石厦、南园、竹林各部，使红岭成为深圳基础教育界当之无愧的“教育航母”。

这是当初谁都不曾想过的事情。深圳市福田区红岭中学前身是深圳市第三中学，始创于1981年8月。建校之初何其窘迫？没有校舍，只好附设于深

红岭中学橙红、米白相间的外墙设计，显眼瞩目

圳罗湖区蔡屋围小学内。当时只有初中5个班，共250名学生，21名教职工。即使1982年搬入了园岭校址上课，但迫于仅有一栋北教学楼和一栋20个单元的教师宿舍楼，初一年级曾在深圳第六小学（即桂园小学）借教室上课。直到1983年8月，学校南教学楼和第二栋宿舍楼（即现在的六层住宅楼）建成后，搬回来，学校才日趋稳定。谁曾料想，日后其仅一高中部，占地面积就达到了10万平方米。

有教育专家曾总结，红岭中学的成功之道在于“给学生一个创新的支点、给教师一个创新的舞台、构建全球化时代的学习视窗”。园岭初中部作为红岭中学（集团）的发祥地，因历年教学质量优异，学位供不应求。红岭中学不仅有过硬的高考成绩，更有丰富的课程、多彩的校园文化和校园生活。园岭初中部既保证国家规定课程的学习，还推出了近70门社团校本课程。而其文学社、创客社、合唱团、软陶社、击剑队等课外社团，已是深圳

园岭实验小学

市知名品牌社团代表，甚至在广东省、全国都有莫大的影响。16岁的学生晏劭廷曾获得“德国红点设计大奖”（这素有设计界“奥斯卡”之称）最佳设计奖成为该奖项历史上最年轻的获得者。

赢得高考是底线，超越高考是使命。学校尊重并助力学生的个性发展。在全国首创“学生成长支持中心”，坚持最大限度地发掘学生潜能，只要是学生成长所需，无论共性或个性需要，学校一概尽力满足。让每一个生命发挥各自精彩，现已形成红岭品牌特色。“求真、求实，求学子健康快乐成长；向善、向美，向人生高尚境界前行”，难怪红岭教育集团，会成为深圳莘莘学子向往的学校。

潘素素教音乐，也一直做招生工作，对生源比较了解。她说，最初“深一代”的子女素质是非常高的。生源好，师资好，建校早，教学质量高就不足为奇了。后来，有的知识分子搬迁出去了，在外面买房了，但还有五成左

百花文化中心是这个片区的文化培训教育基地

右的人，保留着房子，因为他们知道这里的教育很好，所以要留给后代。潘素素以前教的学生成人后，又把房子留给自己的下一代，这算是第三代了。

园岭小学在2014年的时候重建了，现在是新校区，环境得到了改善。2018年，深圳开始建设儿童友好型学校，园岭小学是全市两所儿童友好型学校中的一所。刚刚退休的潘素素又被学校返聘回来参与儿童友好型学校的建设。儿童友好型学校提倡一个很重要的理念，就是低碳生活，为儿童营造健康成长的环境。园岭小学做了一个绿植墙，可以通过回收雨水实现自动浇水功能。还根据儿童需求，对阶梯教室和学生洗手间进行了改造，工作做得很细。有德国学校过来参观考察，他们非常惊讶，园岭小学校园不大，但“五脏”俱全。尽管面积紧张，但依然保留5间美术室，4间音乐室，1间舞蹈室，甚至还建了一个心理咨询室。在音乐方面，园岭小学要求全体学生会口琴；在体育方面，要求大家会跳绳，这都俗称“口袋文化”。很轻盈，惠而

工业厂房大变身，成为厨艺学校

随处可见的沉醉艺术的居民

园岭浓厚的艺术学习氛围

不费，效果很好。阅读方面，园岭小学的阅读课也非常出名。

园岭小学还有三个龙头，一个是儿童版画；一个是信息技术、机器人这方面，有过辉煌的战绩，曾打败人大附中；第三个就是足球，园岭小学代表中国去摩洛哥参加少儿足球比赛。

潘素素一直住在园岭，她说园岭是深圳最早一批高级知识分子的住宅区，比如工程师、政府机关职员、深大老师、电视台职工，都分到这边。她喜欢这里的环境和氛围，从没想过搬走，戏称“台风来了都刮不走”。1987年，潘素素在园岭体验了一场大台风。那时学生演出用的服装，都是她自己亲自剪裁、亲手缝制的，但是她没有缝纫机，只有老校长那里有，她就去在63栋的校长家里做。那一天，潘素素缝制好演出服，从校长家一出来，台风刮得她像要飞起来。她赶紧抱着路边上的树，那时候的树还很小，感觉树都要被刮走。现在这些树，早已经是参天大树了，长得比五六层楼还要高了。

艺术教育蜚声中外

1984年6月14日，周扬、冯牧带队，艾青、田间、峻青等三十多位著名文学艺术家来深圳参观访问，他们建议深圳创办一个以培养人才为主的文学艺术中心，周扬还表示愿意担任这个中心的名誉主任。三天之后，深圳市领导通过《深圳特区报》头版头条的报道，希望呼吁更多文学家、艺术家来深，并着手筹办深圳文学艺术中心。

不久，张文倩、黄金城、侯锋民、郑继承、陈家骅等第一批专家和艺术工作者，从上海、广州等地艺术院校先后商调到深。他们由教大学生改为教小孩子，由正规的教学改为业余教学，从课余音乐班、舞蹈班入手，结合社会文化艺术活动，首先成立了正规的全日制“飞鹏艺术小学”，陈家骅任校长。

最初，位于园岭住宅区22栋一楼的几间民房就是教室兼办公室。1986年冬天，深圳市政府同意拨款100万元人民币，将校舍搬到白沙岭的一座古典园林式的小四合院。同时，一栋新的圆形花篮式教学大楼也进入设计施工阶段。1988年，圆形花篮式教学大楼落成，艺术小学升格为艺术学校，试办中专班。1993年8月，经过省、市中专学校评估组的认真评估，深圳艺校被正式批准为普通（艺术类）中专学校。

从1993年到1996年，深圳艺术学校发展走上快车道。1994年从广州星海音乐学院调到艺校任副校长，一年后转为校长的李祖德记叙，经过教职工反复讨论，深圳艺术学校决定不走内地艺术学校发展的老路，必须以改革创新的精神办艺术教育；深圳特区的艺术教育必须高起点、高规格，要出精品人才。为此，学校全面改革教学内容，把普通高中文化课引入中专课堂；把专业基础课教学作为专业教学的重点；并全面更新教师队伍，千方百计地招聘一批德才兼备的优秀教师来艺校任教；打破招生地域界限；在较为成熟的专业重点突破，早出成果，扩大影响。

首要的一件事，就是引进但昭义教授。但昭义当时在全国已小有名气，他的学生陈萨曾获得首届中国国际钢琴比赛少年组冠军。他听说李祖德要来深圳艺校任职，两人之间就不断有电话往来。1995年3月，但昭义带李云迪赴美国参加斯特拉文斯基国际钢琴比赛，特意从深圳赴港，并到艺校练琴，与李祖德见面，谈得很投机。那时李云迪还是位略带羞涩的小小少年，但听到他在艺校练琴时，李祖德大吃一惊，没想到一个12岁的孩子钢琴弹得这么好！所以，当但昭义教授提出愿意带陈萨、李云迪来深圳艺校时，李祖德毫不犹豫就一口答应，并表示，愿意克服一切困难，保证这两个孩子的学习和生活。1995年10月3日，国庆节刚过，但昭义教授带着他六个学生从成都飞到深圳，同来的还有这六个学生的家长。李祖德带着学校的几位中层干部，开着学校的大客车，亲自到机场迎接这一批“南下川军”，因为李祖德深知，走出这一步，意味着什么。

但昭义教授来到艺校之后，将自己的全部精力都放在教学上，可谓呕心沥血。学校全力以赴支持但昭义的教学，支持陈萨、李云迪参加国内外比赛积累经验，扩大影响。1996年9月，经过慎重考虑，但昭义教授率陈萨参加了在英国利兹举办的第十二届国际钢琴比赛。这是与肖邦国际钢琴比赛齐名的国际四大钢琴赛事之一。它以曲目量大、难度高、评委要求严而著称。陈萨没有辜负但老师和全校师生的期望，她不但冲入决赛，还获得第四名，这是中国人在这项比赛上首次获奖。这位17岁的深圳学子的确震惊了英伦三岛。陈萨在伦敦的音乐会也开得相当成功。著名旅英钢琴家傅聪先生自己买票悄悄地在听众席中听完了音乐会。演出结束后特地到后台看望陈萨，他握

深圳艺术学校让深圳的艺术教育名声大噪，处于全国领先地位（陈志清 供图）

住陈萨的手说："谢谢你！你演奏得太好了！"

1998年5月至1999年10月，在不到一年半的时间内，学校安排李云迪参加了四次国际钢琴比赛。其中1999年6月在美国盐湖城举行的吉娜·巴考尔国际钢琴比赛是美国著名的比赛，李云迪得了第一名。在荷兰举行的第五届李斯特国际钢琴比赛、在美国举行的第七届南密苏里国际钢琴比赛以及在北京举行的第二届中国国际钢琴比赛，他都获得了第三名。他这样的成就，已经是当时中国选手在国际比赛上获得的最好成绩了，是十分罕见的。国内还没有一个人超过他。

最激动人心的是2000年。这一年春天，国家文化部根据我国选手近年来在国际比赛上获奖的情况及选手实力，派出了包括李云迪在内的三名选手参加第十四届肖邦国际钢琴比赛。但昭义教授担任总教练，中央音乐学院钢琴系主任杨峻教授担任领队。当比赛进行到最后一轮时，参赛的18名选手仅剩李云迪和陈萨进入决赛。这两名选手都是深圳艺校但昭义教授的学生。10月19日，这是个让人永远难忘的日子，李云迪在决赛中，以无可争辩的实力，夺得了空缺了15年之久的第一名，创造了中国人在这项重大国际赛事中从未有过的最辉煌的成绩。中国为之欢呼，全世界华人为之欢呼！参加决赛的陈

钢琴科是深圳艺术学校的重点学科

萨同时获得第四名，李、陈还同获波兰舞曲最佳演奏奖。艺校两名学生同时获奖，同出自一个老师门下，真是奇迹。

2000年11月25日，中共中央政治局常委、国务院副总理李岚清在北京中山音乐堂接见了李云迪、但昭义和李祖德。他对李云迪说："你理解了肖邦，而世界理解了你。"2001年6月，李祖德和李云迪一起去德国汉堡施坦威钢琴厂选购钢琴，这是用深圳市政府奖励给艺术学校的100万元购买的重要教学设备，这件事也是艺校钢琴专业师生盼望已久的盛事。这个厂很小，员工也不多，大部分工序仍然是手工操作，但却生产出了世界上最好的钢琴。当李祖德问陪同参观的副总经理阿顿先生他们怎么创造出这个奇迹时，阿顿先生说了一段话使李祖德难以忘怀。他说："我们厂已经有150年历史，厂很小，但我们对工艺要求十分严格，精益求精，就像你们深圳艺校，学校不大，但由于教学工作抓得好，对学生要求严，所以，你们可以培养出世界顶级的钢琴家。"

就在引进但昭义教授前后，深圳艺术学校还陆续引进了10多位40岁左右、具有副高职称的教师。其中有我国著名的视唱练耳教学专家、星海音乐学院基础部主任谭惠玲副教授；山西大学音乐系钢琴教研室主任肖玫副教授；中央音乐学院钢琴系陆眉副教授；江西南昌画院副院长黄文浪副教授；

长春电影乐团首席小提琴冯培付教授；中央音乐学院音乐学专家徐士家教授；著名芭蕾舞演员薛菁华女士等等。同时，学校还从中央音乐学院、北京舞蹈学院、中央美术学院招聘了30多位优秀的本科毕业生，先后吸纳了留美大提琴博士生黄海昌、留比利时小提琴硕士李雪、留俄钢琴硕士李萍、留美舞蹈教师王芳等近十位海外留学生，基本形成了一支颇有实力的教学骨干队伍。在这支队伍的带动下，全校教职工激发了前所未有的工作热情，创造了许多优异的成绩。例如，中国舞专业和芭蕾舞专业的师生经过艰苦的努力，在2003年、2006年连续两届在全国“桃李杯”舞蹈比赛上，共获得31项大奖，其中包括两项金奖，刷新了深圳在全国专业舞蹈比赛上从未获得过金奖的历史。管弦乐的单簧管专业、中国乐器科的古筝专业、双排键电子琴专业、手风琴等专业都在全国比赛上获得过第一名。而钢琴专业本身在不断开拓进取的精神鼓舞下，于2002年10月，14岁的初一学生张昊辰又获得了柴可夫斯基国际青少年钢琴比赛第一名；2006年10月，左章获得了首届中国深圳国际钢琴协奏由比赛第一名等一批重要奖项。而深圳艺术学校的高考升学率，从1996年至2006年，连续10年保持在95%以上，其中有3年达到100%，本科率一直保持在70%左右，与深圳市重点中学不相上下。深圳艺术学校在国内艺术专业教育界属于新兵，但是伴随着中国改革开放的脚步，已成为国内比较领先的艺术教育学校。学校已形成了自己独特的教育教学方法和经验，比如说专业性、艺术实践性、创新性和领先性，特别是国际化办学等方面，在国内中等艺术教育界处于领先地位。

（注：本节内容根据深圳艺术学校原校长李祖德《走向辉煌——深圳艺术学校二十年》一文整理而成）

市民文化“大家乐”

1984年，风格明快、歌唱深圳的歌曲《夜色阑珊》经由中央电视台《九州方圆》节目的传播，唱响大江南北。周峰的声音和他阳光的形象一夜之间风靡大江南北，成为一代人的歌坛偶像，也掀起深圳本土音乐的第一个高峰。《夜色阑珊》影响了内地很多心怀梦想的年轻人。

《夜色阑珊》是深圳文艺在中国的首次亮相，见证了深圳早年的青春与激情，却还只是一阵流行的风。风过处，树摇草伏。这是深圳文化最初孕育生长的空气和土壤。适合这种风土的种子，很快就在这样的条件下生根、发芽、长叶。

1986年5月，被戴上“文化沙漠”帽子的深圳上下掀起为丰富特区文化建言献策的热潮。时任青少年活动中心主任云蔚成召集一班骨干商量如何利用中心的阵地，活跃青年业余文化生活。云蔚成提出，中心的宗旨既然是“服务青少年、效力全社会”，就可以仿照香港餐饮业的“大家乐”，搞个群众艺术表演的“大家乐”。

最开始因为资金有限，“大家乐”只是用砖头垒起的一个14米长、8米宽的“土台子”。舞台前的广场一半由水泥铺成，另一半因钱不够花，仍是沙土地。台上用角铁焊了个架子，用来悬挂灯具和条幅。后台砌起了一面长14米、高近1.5米的波浪式砖墙，由中心美术老师在上面绘上了载歌载舞的青少年群像。舞台后面上百棵柠檬桉树则成了天然的后景天幕。舞台中间悬挂着“大家乐”的标徽，两边挂着“开辟群众文化广场舞台、鼓励青年参与文

“大家乐”以“自愿、自荐、自费、自演、自娱、同乐”为特色，受到百万外来劳务工的热烈欢迎（深圳市青少年活动中心 供图）

化建设”的条幅。当时谁也没想到，这个极其简陋的露天土台子，短短一年后便成了风靡深圳经济特区的娱乐场所，更在此后近30年中成为深圳独创的广场文化和移民文化的“大家乐模式”之雏形。

1986年6月17日，青少年活动中心群文部向全市基层团委发出邀请通知书：欢迎基层团组织和青年朋友前来“大家乐”舞台大显身手。当年7月8日晚，第一场“大家乐”表演晚会还没开始，200多个座位早就坐满了刚从流水线上下来的青年男女，后面还站着上千人。开场时间眼看就到了，预约前来演出的队伍却迟迟没有到。原来，因为没有汽车，演出队伍来不了了。这可急坏了所有人：演员来不了，这场演出就糊了。

正在一筹莫展的时候，活动中心主任云蔚成看着台上挂的“群众艺术表演晚会大家乐”标徽灵机一动：现场这么多青年观众，他们当中肯定有能歌善舞的，何不写个“自荐表演报名处”的标牌贴出去，当场接受他们报名、

在“大家乐”舞台，无论是登台表演还是台下观看，彼此是平等的，心态是欢乐的，气氛是融洽的（深圳市青少年活动中心 供图）

“深圳是我家”活动从1994年开始举办，是深圳市青年工作的品牌项目之一，成为深圳春节期间一道独特的人文风景（深圳市青少年活动中心 供图）

登台表演？

想出点子，立即行动，主持人鼓动台下观众报名自演同乐，云蔚成更是第一个上台高歌一曲。台下观众的情绪调动起来了，立即涌出了自告奋勇的表演者。一时间，自荐者络绎不绝，再穿插中心文艺老师的演出，气氛出人意料地火爆，几乎没有冷场。

就是这次意外引发的成功，让中心工作人员总结出了“大家乐”的演出经验：观众就是演员。不到两年，“大家乐”就成了全国最独特的表演场，看演出的观众分文不花，上台献艺的“演员”反而要花钱登记，轮候排队上台。在这种“互动、参与、平等、交流”的氛围中，没有演员与观众的区别，演员之间也没有高低上下之分。心与心没有了距离，台上台下融为一体。人们将白天工作的疲倦以及种种不顺心的事全部抛诸脑后，留下来的是一片“你乐、我乐、大家乐”，其乐融融的欢笑声。

“大家乐”文化理念源自香港，模式成于深圳。大家乐舞台是集“移民文化、大众文化、广场文化”三位一体的崭新文化模式。由于“大家乐”舞台一直保留着“自愿、自荐、自费、自演、自娱、同乐”的特色，青年人的自觉参与性很强，很多青年人都是在这里有了人生第一次登上舞台的经历。不少青年歌手，通过比赛由此走上艺术殿堂，走向成功之路，例如李春波、隋宁、陈思思、张秋秋等。2000年3月，共青团中央、国家体育总局、中央电视台联合开展的全国“青年文明社区大家乐”活动在深圳启动，将深圳“大家乐”活动的经验全面推向全国。从此，“大家乐”舞台不限深圳一隅，它走出深圳，走向全国。

喧嚣，平民，只要有才艺就可以上去表演，下面不乏捧场和欢呼的观众——这个曾经面向外来务工人员的群众舞台，从无到有，从小到大，长盛不衰。如果说，大家乐露天舞台就是一个大型的卡拉OK歌舞厅，那么深圳的歌舞厅、酒吧又是另一种形式的大家乐舞台。开在华强北、笋岗体育中心的各种各样的酒吧、歌舞厅、音乐餐厅，是深圳原创音乐的现场和摇篮，培养了大批优秀的歌手、乐队，并在全国率先形成了独有的酒吧文化。在深圳的歌舞厅里诞生了中国流行乐坛的第一代歌星，如周峰、陈汝佳、陈明、戴军、李春波、黄格选等。他们都是从深圳歌舞厅的小舞台走向了中国的大舞台。

深圳酒吧业的兴盛吸引了大批有音乐梦想的年轻人，周笔畅、陈楚生、凤凰传奇、姚贝娜、刘力扬、刘惜君等都曾在深圳的酒吧里唱过歌。2000年，19岁的陈楚生背着一把吉他从家乡海南来到了深圳，开始了酒吧歌手的闯荡生涯。初到深圳，陈楚生在老乡阿伍叔刚开业的快餐厅落下脚，不要工钱，包吃住。就在那家坐落于深圳华强北的庆发餐厅，陈楚生切肉、送餐、收账，什么活儿都干。晚上下班后，同餐厅的男孩们就让楚生给他们弹琴唱歌。

那时，陈楚生一边送外卖一边求职，由于当时的酒吧数量太多，他不得不拿笔把酒吧的地址、电话逐个记下，再一个个前往试唱。人们记得，当年，常有一位艺名叫“小弟”的歌手在百花二路的物质生活书吧驻唱，声音干净，歌曲怀旧，曲中忧郁情绪不经意便击中了游子心房，给大家留下了深刻印象。后来，他出现在大型音乐选秀节目《快乐男声》的舞台上，凭借年度冠军锋芒战绩出道，“陈楚生”这一名字开始成为乐坛符号。其代表歌曲《有没有人告诉你》触动了所有离乡寻梦之人心中的脆弱神经，传遍大街小巷。

在深圳电台主持人夏冰的印象中，物质生活书吧角落里那个安静的男生，青涩温和，有点害羞，又享受舞台，似乎有一肚子的话要说，又只是浅浅一笑。“时间在他身上没有痕迹，他就像是用保鲜膜把自己与纷繁世界隔绝开来了。”那时，夏冰还在做原创音乐的推广，主持深圳电台《边走边听中文歌》，深圳电台是陈楚生走进的第一家媒体。夏冰帮他录了两首歌，《姑娘》和《小镇心声》。在节目里，陈楚生说着一口“很土的普通话”，只会回答“是”或“不是”，这几乎让夏冰“受尽了折腾”。而那盒《小弟》Demo（样本）磁带，夏冰还保留至今。

2001年，陈楚生在上海举办的亚洲音乐节新人大奖赛中获得“最具潜质歌手”奖，开始在全国范围内引起关注。2003年，在长沙举行的全国PUB歌手大赛中，陈楚生拔得头筹，并签约了百代唱片。虽然与百代唱片的合约最后以失败告终，但为陈楚生日后的成长积累了丰富的经验。2007年，在深圳唱了7年的陈楚生在朋友们的鼓励下参加了《快乐男声》，以绝对优势登上冠军宝座。

相较于其他有才华的歌手，陈楚生卸下清高，参加了被许多心气甚高的音乐人所不齿的选秀活动，成为深圳第一个“出走”的酒吧歌手。有了陈楚生这个榜样，深圳许多酒吧歌手参加了“快女”与“快男”，在选秀中刮起

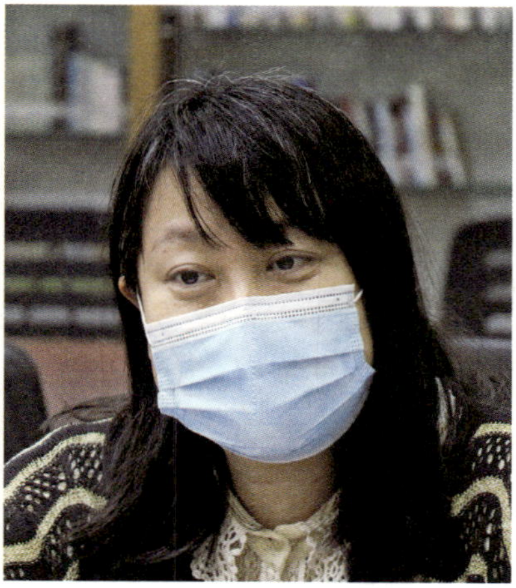

刘文杰对康泰娱乐城的发展变迁非常熟悉

了“深圳风”。这是另一条明星之路，与市场和娱乐走得很近，从这个意义上讲，大家乐文化就是市民的文化、庶民的娱乐。

说起娱乐，在城建集团滨江公司物业部部长、园岭花园物业管理处主任刘文杰的青春岁月里，康泰娱乐城有着不可磨灭的回忆。这座位于红岭中路与泥岗路交界的十字路口上的建筑，设计于20世纪80年代，90年代初竣工并投入使用，属于园岭周边的第一批高层建筑，并且作为外销楼，买卖需要港币结算，因此买家多是香港人。

由此，香港人在1993年左右便在此引入香港娱乐文化，当时，许多港星都曾来过康泰娱乐城，比如当时火得很的四大男歌手。康泰娱乐城把生活、购物、消费、唱歌跳舞、溜冰等等结合在一起，带来了全新的休闲文化理念。令刘文杰记忆犹新的是里面有深圳首家真冰场，在当时看来，颇为先进。这吸引了许多喜爱新鲜、好奇的年轻人纷至沓来，周边也成为热门的商业场所。

随着这个城市的进程、发展，康泰娱乐城因种种原因，只能留在一代人的记忆里了。刘文杰清楚地记得2005年要停业时，自己内心的不舍。听闻康泰娱乐城里面七八十位打工妹打工仔还互相抱着痛哭。

尽管，深圳的休闲购物场所已层出不穷，但在刘文杰的心中，那个深谙市民大众喜好，带来了全新娱乐与生活体验的场所，是无可替代的。

物质生活书吧

2004年，著名导演许鞍华经历了一场“邀请”，她乐在其中。

策划这场“邀请”的，正是当时的媒体人金敏华。他在排队等看电影的时候发现了许导，上前热情打招呼，并“投其所好”，聊起了电影、文学、艺术等诸多话题。最后，金敏华介绍起深圳一家独特的民营书吧，说到它的定位、它的特色、它的活动，并抛出了橄榄枝，希望许导能成为书吧沙龙的座上宾。这些“诱饵”吸引了许鞍华，令她决定跨过深圳河，一探究竟。

当时，金敏华还是一个媒体人，喜欢“泡吧”——这个“吧”，没有鼓点，没有妖娆性感的女子和年轻疯狂的男人，酒水单也别具一格，清一色都是用书和电影的名字来命名：魂断蓝桥、一半是海水一半是火焰、广岛之恋、欲望旅途、用声音抚摩深圳、浪漫情人……比起酒精，能让这里的红男绿女亢奋的，是书籍，是文字，是交流，是自由，是物质生活之上的精神慰藉。

是的，这就是吸引许鞍华的那个书吧：物质生活书吧。2004年6月26日，她在这里做了一场“新浪潮和香港电影之今生后世”的沙龙分享会。那时，刚过57岁生日的许鞍华拍完了最新电影《玉观音》，这是她与内地合作的首部作品，云集了诸多大腕儿。面对不如预期的市场反响，许鞍华在书吧的活动沙龙上回应，自己通过这部电影的制作学到了很多，并且相信：“内地和香港的合作是电影发展的方向，是历史的必然。”这位香港北上导演中的先行者，为大众留下了深刻的影响。日后，内地和香港在影视上的合作成

物质生活书吧已成为周边社区居民日常生活的一部分

功案例，遍地开花，着实证明了她的远见。

晓昱，物质生活书吧的经营者，自称“女主人”，对许鞍华导演的肃然起敬，还来自另一维度。当确定许鞍华导演要来“做客”，晓昱为了照顾周到，正打算亲自接送，对方表示不用麻烦，“我自己打车过来，打车走”。她没有劳烦书吧任何人力、物力。正是这些关注文化、热衷分享、不摆架子的文化人，萍水相逢却待人真诚，一度化成晓昱坚持将书吧开办下去的动力，让它成为“南方阅读盛典华语世界最具影响力人文书店”。

来深圳的时候，晓昱从来没有想过，要开一家书吧。

据曾任深圳人民广播电台常务副台长的石建华回忆，20世纪90年代，是深圳广播扶摇直上的火红年代，“哪里有故事，哪里有市民的呼声，哪里就有广播人的声音。”1994年，中山大学毕业生晓昱从广州出发，来到了深圳，加入了梦寐以求的深圳电台。深圳这座没有严格条条框框约束的改革城市，给予了包括晓昱在内的许多非科班出身的大学生追寻播音主持的梦想。

尽管环境算不上舒适，住的是临时搭建的铁皮屋宿舍，时隔十几年后再回忆，晓昱还是忘不了三五成群的年轻人在怡景路草坪上踌躇满志的样貌，“那时候感觉阳光都是金色的，每一个人都像是经过修图软件柔化似的，面孔上镀着一层闪亮金光”。

让晓昱和与她同一批来深圳的大学生感到“面上有金光”的是，他们拥有了深圳户口。彼时，因为各项政策加持，特区发展形势大好，水涨船高，深圳户

物质生活书吧（2000年）

物质生活书吧（2010年）

物质生活书吧（2018年）

口突然变得紧俏起来，许多人开始第一次认真思考自己与这座城市的关系。那时，户口对晓昱而言，是这座城市对于自己的肯定与认同。

晓昱开始用声音，走进这座让梦想冉冉升起的城市。《心夜航班》便是她的触角，这档夜间清谈节目，在一个个寂静的夜晚，用甜美的声音、理性的视角，为城市里的孤独人送去安慰，送去陪伴，成为20世纪90年代深圳人的美好记忆，也让更多的人知晓了这位来自西南山城贵阳的女孩。栏目从无到有，赋予了她创作的快乐，留言与信件纷至沓来，热度居高不下，让她荣膺“深圳电台十佳主持人”称号，更让她与同时代的深圳人有了共鸣、共情的机会。

1998年，她在巅峰，选择了出走，可能是为了追寻生命中那段轰轰烈烈最后又无疾而终的爱情，可能是担忧害怕一直过着一种可以预见结局的生活。一番折腾过后，她又想起了那些深夜里的故事，每个人的深圳生活是那么独一无二，又息息相通。沉淀两年后，《用声音抚摸深圳》横空出世，这本纪实访谈作品大受欢迎，一度占据了深圳书城畅销书榜首。此时，正是千禧年的开头，殊不知，也将成为晓昱另一段人生的开头。

一切回到了最初的原点，这位爱读书的中文系女子再次打量这座城市。很快，她找到了下一个目标。

2000年8月28日，物质生活书吧正式开业。它的诞生，在某种程度上而言，是一个时代的异类。

店名是异类的。它出自一本名为《物质生活》的随笔集，作者就是以《情人》《广岛之恋》而声名大噪的法国女作家杜拉斯。书很小众，所知的人也不多，作者写得相当自由任意，是一部关于写作、爱情和回忆的书，自始至终贯穿着一个主题：这就是自我。这个自我，很多时候是作家本人，但有时候，又代表着所有女人。因此，当好朋友、北大才女陈溶冰帮忙想出了好几个店名以供选择时，晓昱一眼便相中了它，“物质生活”，能以自己喜欢的作家作品来命名，再有意思不过了。更有意思的是，简简单单的四个

位于三岔路口的物质生活书吧既是白沙岭片区居民的集体回忆之一，也是社区人文面貌的重要塑造者

字，道出了晓昱内心的深圳，一个掀起淘金浪潮、物欲横流的城市，人们不停歇地奔跑、追逐，渴望实现财务自由。晓昱希望能让人们在追逐物质生活之余去享受精神生活，能为寻觅一方清泉的读者提供精神空间。定下这个具有反差感的名字，带着调侃和讽刺，也饱含愿景与希冀。

形式是异类的。物质生活书吧集书店、酒吧、咖啡厅于一体，这种复合空间现在已经寻常可见，但在当时而言，毋庸置疑是最新颖的商业模式。当人们对书店的印象还停留在堆积着满满当当书架子的大卖场，物质生活书吧已为阅读打造了一个舒适的空间，探索场景式消费与体验式消费，综合地植入情绪和感觉，提升了商铺的精神和文化属性。

书籍是异类的。晓昱主张，书永远是书吧的灵魂，是最好的风景。每一本都值得千挑万选，实用性，不要；功利性，不要——尽管这些都是当时人们购书清单的重中之重。反其道而行之，人文社科、艺术设计、冷门的、小众的……“好像书就是我们的接头暗号，吸引大家相遇、相聚于此。”自2002年开始的10年左右时间，物质生活书吧销售榜长期刊于《亚洲周刊》，成为华人世界精神生活的指标性数据。

物质生活书吧，又是顺应时代的。深圳经济特区成立以来，曾有两次文体设施建设高潮，一次是早在20世纪80年代初，如深圳博物馆（老馆）、深圳图书馆（老馆）、深圳大剧院、深圳体育中心、深圳大学等八大文化设施。另一次便是在2000年初以来，陆续建设了深圳音乐厅、深圳图书馆（新馆）、深圳博物馆（新馆）等重要的文化标识设施。物质生活书吧跻身在深圳文化蓬勃生发的时代浪潮中，率先尝试着种种可能，如组织名人名家文化沙龙、举办艺术展览等等，许多活动开了深圳之先河。

2000年，深圳文化圈还发生了一件大事，日后办得有声有色的深圳读书月活动，在同年11月呱呱坠地。从此，深圳开始在经济快速增长的同时，慢慢积累文化。

2000年到2010年，被称为物质生活书吧的“黄金十年”。在这10年间，书吧成为海峡两岸暨香港、澳门文化学者公益的交流驿站，时隔多年后再次回首，那一长串的嘉宾名单，依旧不输于当下许多文化活动的级别与规格。

在媒体人邱立本的心里，“永远忘不了在物质生活书吧的激情，对未来美好生活的追求。”作为“物质生活书吧系列沙龙”的主要发起人之一，他

这是一个拥有多种可能性的共享场所

以“匆忙的文学”为题，拉开了书吧系列沙龙的帷幕。此后，他成为推广书吧的宣传旗手，不遗余力。

晓昱希望，书吧是一个不断的变化体，同时又是一个包容体。香港知名文化人梁文道可以畅谈读书经验；著名作家白先勇选择推介青春版昆曲《牡丹亭》；鬼才导演林奕华详解舞台剧《包法利夫人们》；“全国十佳广告摄影师”王琛介绍游牧文化；“永久的剧作家”沙叶新发表“阅世戏言”……就这样，星星点点的文化火种聚集了，点燃了，冲天了，燎原了。早期，许多嘉宾就是通过沙龙分享，了解了深圳，许多深圳市民通过活动交流，认识了世界。

物质生活书吧是见证创意焕发的地方。如开创了周末酒吧剧，深大表演系的学生可以在酒吧内表演短剧，大受欢迎。当民间DV艺术刚刚兴起之时，晓昱就和当时的年轻艺术家们策划了一系列的展览和活动，DV影像节、DV下午茶，引领一代风潮，直接推动了深圳本土DV艺术的发展。

穿越时空维度，物质生活书吧还是一代深圳文化人集体记忆的邮局，令他们的青春如永生花般，傲放不谢。他们在这里阅读、喝酒、聚会。资深媒体人胡洪侠笑称自己是物质生活书吧的“首届毕业生”，他的一句“深圳文

从音乐会到话剧表演，书吧不仅仅是卖书的地方

见证书吧成长与变化的第一代书吧人。前排左起为“天使投资人”胡宁、琳达、胡宜、赖灿辉及晓昱

化人不在‘物质生活’，就是在去‘物质生活’的路上”，成为书吧最好的广告语。年轻时的他，在这里度过了愉快的“喜力时光”，每喝完一支喜力啤酒，服务员问：“您再来一支吗？”他总是说：“OK。”由此也获得了“OK先生”的雅称。

时光荏苒，每个人心底最深处的角落，都为书吧留出了位置。知名海洋文化学者梁二平记得与友人在这里讨论天南地北的事情，不亦乐乎；网络作家慕容雪村在书吧写完了小说《天堂向左，深圳向右》，轰动一时。小说家钟二毛感恩书吧伴他走过大学毕业初出茅庐的那段时光。专栏作家黄啸在这里与周国平聊过生命与死亡的沉重话题。书吧见证音乐人沈丕基在艺术创作上的独行探索，从玩电子音乐到弹古琴，从朋克和摇滚，到尝试结合传统乐器和当代音乐的声音艺术。后院读书会创始会长王绍培则欣喜收集书吧里经典有趣的场景，比如，张五常教授常与太太坐在一起，兴高采烈地点评身边走过的女生，时不时说一句："这个很靓，这个很靓……"像孩子般，天真地分享着世界美意。

大家喜欢在这里逗留。不知不觉，书吧成为个人记忆与情感的交融汇聚处，为彼此提供了不可替代的人生镜面，为深圳文化保留了独一无二的历史纪实。

晓昱自己或许是最流连忘返的那一位，有多少个晚上，她与友人迟迟不愿散去，围在一起漫无边际地聊天，唇枪舌剑。这还不够，他们还建立了网络对话。那时，BBS还风靡盛行，地产界大鳄万科建了一个论坛"万科周刊"，邀请晓昱成为旗下"物质生活"的论坛版主。在她的管理下，"物质生活"成为"万科周刊"最活跃的论坛之一，聚集了一大批活跃人物，如争议颇多的"网红"木子美。

书吧里有一个又大又厚的本子，里面贴满媒体对书吧的报道，晓昱为报纸杂志写的专栏文章，还有晓昱写的《开店日记》，有创业的艰辛，生活的繁忙，无奈的自嘲："我承认，未开店时曾以为的文青浪漫生活是空中楼阁，每晚关店之后，猛敲计算器、锱铢必较、俗不可耐的'市头婆'才是真实的。"也有匆匆记下的好点子，成功举办活动的喜悦。

晓昱身兼数职，竭尽所能打理好一切，既是所谓老板，也是店长，有时候还是服务员、会计、企划，稿子自己写，组织活动、联络媒体、新闻公关，全部一肩挑。她总想起那个在"布莱梅之家"咖啡厅的场景，她说服了几位好友，筹集到了启动资金。事后，她爱开玩笑："可能合伙人都是人生的第一次投资，完全没有风险意识，竟然就相信我。"那份信任，她一直珍惜着，不敢挥霍。将心比心，投资人也放手让她大胆做。

电台老同事明洁称赞晓昱的能干："让人非常惊艳，还非常勇敢。她做这件事情充满了激情，她其实把自己的人生控制得很完美。"作家、制片人

坐在窗边“变老”的女主人晓昱

邓康延的评价，恰到好处：“晓昱能坚持下来，实属不易，但我也相信，她得到了很多快乐。很多人可能觉得傻，但我们想想，很多能够坚持下来的，莫不是那些能够下狠劲儿的，能够坚信一些东西而长久地走下去的。”

物质生活书吧被“百花”环绕，芬芳多彩。

书吧处于福田园岭百花片区，周围的路名，也均以“百花”开头，按序一路排开去。这里是白沙岭居民区，毗邻深圳名校，集教育、文化、体育、休闲于一体，选址之初，晓昱便将这个完善成熟且有生活气息的片区，列为首选。即使离开了电台，她还是当初那个贴近真实生活、关注城市表情的性情中人。

书吧也是百花丛中最耀眼的那一朵，既能云集各界风云人物，也能吸引附近普通居民，是晓昱将书吧坐落于社区的初衷。当初，有位在书吧做分享的文化学者望着书吧挤满的人群，不禁感慨：“一个城市应该要有的公共空间，就是这样自由的，虽然很小，但是充满了平等。”大咖和市民是平等的，店主个人喜好和居民购买需求也是平等的，书吧售卖的，既有晓昱喜欢的小众书籍，也回应周边社区所需，如，书吧也曾专门开辟一个粉红色小房间，放置亲子教育书籍，以及绘本等读物。

它是一个轮候场。下午时分，附近学校的学生在这里学习、阅读、写作业，等待父母下班路过接回家里。周末两天，书吧则坐满了接送孩子去辅导班、兴趣班的家长。渐渐地，他们视书吧为家以外的堡垒，值得托付和信

2018年12月23日下午，老牌深圳文化地标——物质生活书吧重装返场

赖。曾有一位妈妈和孩子说，如果出了什么事，第一时间就跑到书吧去，因为那是安全的地方。

它是一个成长驿站。杨榕格从小开始就是书吧常客，他说，百花片区承载着自己的大段青春，实验学校代表着他的自信和理想，而物质生活书吧则是他童年与少年最朴实的回忆。他在这边度过了许多安静惬意的时光，也看到和明白了人可以拥有更醇厚的生活。他朝着梦想，努力奋进，考上了理想的学校，成为晓昱的小师弟。这里让人安心的光线，还可能成为改变低迷人生的灯塔。曾有人在这里读完了《西藏生死书》，思想得到了很大转变，后来还买了一百本送给朋友。

书吧始终“敞开心扉”。经过三次装修，书吧的正面依旧保留了最初的模样——分割的落地玻璃、飘窗，凸凹起伏，像被风用心翻动的一片片书页，规律而对称。书吧与外界完全相通，可以互见，站在里面，读者能清晰

观察窗外人来车往；路过的行人，也能看到室内正在进行的精彩活动，随时驻足。彼此相望，彼此吸引，成为此三岔路的特别风景。

2018年，物质生活书吧为了迎接“18岁成年礼”，进行了第三次重整，时间长达100天，由建筑室内设计业界大师琚宾操刀设计。琚宾的作品，多数都非常冷静，注重精神性，讲究气韵，而且充满中国古典美的基调，可以说，这一次的设计是他最现代、最大胆的一个作品，把书吧空间粉刷成蓝、绿、红、黑、金五大不同颜色区域，代表着不同的属性。琚宾的灵感来自一级美术师徐累的一组10米长的画作，那组作品把许多不同的色块拼接起来，渐次变化，营造出多维的空间感，天马行空，也明确了时间的隐喻，细水长流。

一如歌曲里唱的“有时候/宁愿选择留恋不放手”，晓昱后来参与创办“中国杯”帆船赛，成功做成了“中国十大最具品牌价值赛事”，又开了一

这个小而美的书吧重新装修返场，文艺范儿未改，依旧有腔调、有温度

家神秘低调的餐厅，成为私人会所的热门之选，她始终放不下物质生活书吧，有时间就会回到店里坐坐。她记得，在装修的时候，很多人以为书吧要搬走了，纷纷给她留言，有一条是这样写的："我无法想象没有'物质生活'的白沙岭。"准备重新营业的前两天，门口已经有位迫不急待要冲进来的客人，他说自己好几百本书都是在这儿买的，一是合胃口，二来也是一种支持，觉得开个书店挺难的。还有一天，她碰到一个五六岁的孩子，边逡巡书阵，边发现变化，说着以前这里有什么那里是什么……可爱极了。正是这些形形色色街坊的陪伴，温暖疗愈了她一颗疲倦的心，许多人把书吧视为人生重要的歇脚地，对晓昱而言，又何尝不是呢？

有人说，每一家实体店，都要经受三波冲击：电商、房租以及爆米花一样开业的购物中心。百花片区的店铺租金越来越贵，到现在已经翻了四倍，人工和物价也涨了几倍，但书吧的菜单消费价格却没有改变。许多人都劝，要不开在其他地方，要不尝试商业化，晓昱拒绝了。书吧是白沙岭的一部分，陪伴了一茬茬的学子成长，20年过去了，很多在这里看书的孩子长大了，成家立业后，牵着孩子的小手，重回到书吧。在这里，他们和下一代说自己的故事，让下一代的成长记忆与自己交集、重叠。所有感动，别处都无迹可寻。

时光流逝，持久的温暖是这个时代的稀罕物。在书吧成年之际，晓昱和3个朋友，策划了一个“壹拾捌”的展览，每个参展人提供两类物品，一件代表过去，一件代表现在。他们收集了许多笔迹、物品及故事，笔迹代表着经历的生活，物品象征着匆匆而去的时代，故事是巨变时代下不变的人与人、人与城市间的温度与牵挂。书吧联结了人群，人们相知、相爱。书吧歌手墨菲姑娘在这里遇见蒙代尔教授，去了哥伦比亚大学念书，留在了华尔街。晓昱的好友沈浪在科罗拉多的某个小镇旅游时邂逅了刘再复，因为书吧的共同渊源，成了忘年交。当年书吧的收银员与书吧的经理，相恋结婚生子。艺术家蒋志选择在拥有两人共同回忆的空间，送别一生挚爱的早逝太太最后一程。

这个算得上深圳历史最为悠久的独立书店，历经风雨，成为一份真正独特的城市生活样本，也给人们某种安慰的理由，相信的理由。晓昱相信，当所有人都在快速向前，她选择慢一点，回头望，选择用时间，换取内心深处柔软角落里的温情和梦想，照亮别人，也温暖自己，真的无比值当。

读者长廊 26 年

在深圳这个南方城市，朱蔓青总是把所有的记忆都放在夏天，参照物则是故乡长沙。深圳的夏天总是那样漫长，另外三季界线模糊，造成时间记忆的凌乱。朱蔓青对“读者长廊”书店最初的印象，算来就在1995年的夏天吧。

25年前的那个夏天，朱蔓青从珠海过来看望在深圳打工的兄长朱正文，他没有领她去有特区建设意义的莲花山，也没有带她去市中心区的荔枝公园，更没有带她去看看地标建筑地王大厦，而是献宝一般把朱蔓青领到一个长长的铁皮棚搭建而成的书店，因为对于嗜书如命的两兄妹来说，这才是兄长要给妹妹隆重推介的宝藏。

书店紧挨着荔枝公园西北边的深圳市图书馆，也就是现在的少儿图书馆，由原来的单车棚改造，全部由铁皮搭建而成，一条长长的长廊过去，仓储式堆放的书籍，品种繁多，正是它的简易随意性，让人有如来到熟悉朋友家的感觉，内心的亲近感不留一丝缝隙，满满当当的温暖。当时朱正文就在荔枝公园附近上班，当初的小青年日后成长为著名的书画篆刻家，1997年被邀请为荔枝公园标志性建筑“揽月桥”题字。他几乎天天要到书店来转一转，书店老板正好是长沙老乡，请的员工也多是湘籍人士。朱正文是熟客，兄妹一进店，店内的营业员纷纷热情地跟朱正文打招呼。朱蔓青一看四处堆放如货仓的书籍，两眼就放光，一眼扫过去就直奔“文学艺术”的书架找书，一头扎进书堆，兄妹俩就自顾自找书去了，一眨眼两三个小时过去，购得新书几本，收获满满地离开。

“读者长廊”作为深圳图书馆首届书展展区留影（易抗 供图）

转眼之间到了2004年，“读者长廊”书店的铁皮棚不见了，书店已移师八卦岭图书批发市场，仍然是一如既往仓储式的风格，上下二层，老旧的工业厂房二层共两千多平方米，只做批发和零售。朱蔓青和哥哥又办了会员卡，购书可以享受八折的优惠，这对爱书之人而言，无疑是个大福利。彼时书店行业还没有受到互联网购书的冲击，朱蔓青兄妹每隔一段时间也必定要来逛逛这个书店，总能在偌大的书店找到自己心仪的书，从不空手而归。

穿越20多年的光阴，镜头闪回当下，2020年3月的某日，朱蔓青由“读者长廊”书店创办至今的老员工李跃南李总领着，来到华南城附近的一栋独立楼房。两栋楼一万多平方米的仓储柜台还在制作当中，李跃南介绍道，去年年底他们刚刚从八卦岭搬过来，书店还在装修当中，好多图书还没摆放出来。我们来到三楼一间办公室喝茶，见到了“读者长廊”书店现在的当家人辜承福。一杯香茗，馨香入怀，往事如烟，渐渐在这岁月的茶汤中浸染开来。

“读者长廊”书店的创始人易抗还是朱蔓青的长沙老乡，因有此湘缘，所以总可以牵扯起一些共同的故友，如与书店有着深厚渊源的毛世屏，恰好是朱蔓青敬重的亦师亦友的贵人知交。书店的创立，毛世屏还是个重要的当事人。于是朱蔓青又从毛世屏这里直接连线，沿着线头了解到书店发展的一些历史印迹，加上一直随着书店共同成长的李跃南作为见证人，相互补充，渐行渐远的如烟往事，在这个春日的午后又历历在目。

创始人易抗出生于长沙一个书香门第，其家族则是图书行业的世家，家族成员都在出版发行系统工作，父亲是湖南音像出版社社长兼省外文书店的总经理，其岳父也是湖南省出版局的一位高层领导，他自己则在湖南省新华书店工作，妻子也在湖南省邮局报刊发行局工作，兄弟姐妹无一例外也都在不同书店工作。20世纪80年代改革开放的初期，他从湖南省新华书店办了停薪留职，先去了海南自己创业，后又在长沙黄泥街图书市场创建“中南文化书社”专做图书出版和发行。1994年易抗举家南下深圳，经其岳父的介绍，认识了从长沙刚调到海天出版社当副社长的毛世屏，两人年龄相仿，又同样热爱图书事业，一个是从事图书出版的资深出版家，一个是图书行业的营销管理专家，真是一见如故，一拍即合。

20世纪90年代改革开放的初期，深圳特区当初还被称为文化沙漠，确实稍微像样的书店也才两家，一家是东门的博雅书店，一家是解放路的新华书店，规模都不大。作为改革开放的前沿阵地，特区的经济正处在飞速发展的上升期，其开拓创新的先进理念和创业机会，吸引了大量从全国各地涌入的有志之士，而又以追求梦想的年轻人居多，为这座生机勃勃的城市带来青春活力。待开发的特区仿佛是块掘金的圣地，机会虽然多，但对各行各业人才的要求也高，竞争当然激烈，因此求知学习的氛围也是空前的浓厚。

当时作为一个城市标配的图书馆，也只有深圳市图书馆独此一家，当初各区尚未建有图书馆，大量读者要从福田、蛇口、宝安、罗湖等区甚至是从关外过来，查找资料借阅图书。当时的行情是这样的，图书馆是九点钟开馆，不到八点半，馆外早就排起了长队，馆门一开，人群一拥而上向前冲的阵势，有如饿虎下山，既要抢书还要抢座位，天天如此，图书馆人流摩肩接踵，每到周末图书馆更是人满为患，堪比拥挤的集市。

“读者长廊”书店创始人易抗
（易抗 供图）

当时，由毛世屏牵线搭桥，把易抗引荐给深圳图书馆的刘楚才馆长。深圳图书馆位于当时号称深圳八大景点之一的荔枝公园的隔壁，有着优越的中心位置，来往人流密集，刘馆长也苦于图书馆面积有限，容纳不下众多求知若渴的读者群体。另有苦衷的是，20世纪90年代正是图书市场的黄金时期，好的图书犹如紧俏物资一样，好书难求。而图书馆的图书统一由国营机构新华书店采购配送，新华书店占有独当一家的绝对优势，加上当时市场经济还未全面开放，新华书店提供的图书配送既无折扣，后期服务也不理想，图书馆苦于无法自主获得更佳渠道的图书，也迫切想成立一个服务社或公司，从出版社的源头找到最优质最优惠的图书，最主要把图书馆自身的这个问题解决。而有着丰富图书采购和管理专业经验的易抗，正好可以利用原来在湖南省新华书店打下的坚实基础，为市图书馆提供配送服务，于是双方一拍即合，合作成立一家服务公司。市图书馆提供了一块200平方米的地方，给公司搭建一个采购配送图书的场地，公司上缴给图书馆一定数量的管理费，自主经营自负盈亏。

易抗有着丰富的图书采购配送经验，但他原来在国营的新华书店任职，事业单位有诸多便利，而一旦转为民营企业来经营，而且又是在一个新城市重新开创一番事业，一切从头开始，生存和发展的压力可想而知。

易抗从前是“国”字号的老总，如今是“私”字号的老总，今非昔比的待遇差别自然巨大。经过一年的艰苦经营，单纯只为市图书馆做采购服务，公司生存还是非常艰难。易抗非常严谨，又有着典型的中国传统文人情怀，虽然穷则思变，但想到的还是“以文养文”的思想理念。

1994年，当时深圳图书馆有个统计数据，平均每天入馆读者达5400人次，比1993年平均每天只有4300人次增长1100人次，而作为全国图书馆之首的北京图书馆，平均每天也只有4000多人次。当年来访的国际图书馆协会联合会第一副主席鲍顿先生说，法国蓬皮杜图书馆堪称世界最繁忙的图书馆，深圳图书馆的景象可以媲美。市图书馆要承担对整个深圳市庞大读者群体的服务，人与图书的需求比例严重失调，书少人多资源有限，场地也有限，特别是有些工具书是要经常应用，不便长期借阅，读者也需要购买书籍为己终生所用。

易抗看到图书馆东边外围紧挨着荔枝公园的墙壁，有一闲置的职工单车棚长廊，经过跟图书馆协商，图书馆同意易抗把铁皮单车棚作简单改造来利用。刚开始只在周末人流最旺的时段，在图书馆正门口摆放三五张钢丝床的图书，开始摆地摊卖书，来增加一些收入。最开始是早上八点就开始摆放书籍，晚上十点又要整理分类收书，每天起早贪黑累得精疲力尽。好在书摊一出，由于易抗专业性强，能准确把握市场需要，生意好得出奇，购书的人越来越多。书摊这才移到单车棚下，搭了好些书架摆书，还是早上摆书晚上收书，一面靠墙，三面空荡荡来风，依然门都没有一扇，还只能叫书摊。图书馆挤不下的读者，就转到这边书摊来看书买书，也算引流一部分读者。

书摊天天人气爆棚，生意火爆，干脆就把单车棚三面围起来从前面和中

有书友称赞道：这里有自由平等的氛围，野蛮生长的姿态，被尊为读书人的乌托邦（李跃南 供图）

间开两道门，有门有锁开门营业才是店，这才勉强像个书店的样子。看到书店的好多新闻老照片，每天密密麻麻有思想的脑袋，挤在大长条书桌两边齐刷刷统一动作都在低头看书，书店各个角落都站满了低头看书的人，打工仔和大老板都会在这里毫无分别地站着翻书。服务时间也从早上九点到晚上十点半，是当时营业时间最长的一家书店，读者平均每天都有1000人次，极大地方便了读者需求，深受广大市民欢迎。

搭建的这个铁皮单车棚也有诸多不便，因为属于图书馆内部地界，受到诸多限制，不敢轻举妄动加以全面改造升级，怕被当违章建筑拆除，只能以旧改旧。沿着围墙过去是荔枝公园边沿“三不管”地带，那边植物多、虫子蚂蚁也多，非常潮湿而且脏乱差，地形还是个小斜坡，红荔路在上面，荔枝公园有个湖，办公室也是建在坡下，既是办公室又是仓库，低洼地带容易形成积水。铁皮棚隔热效果差，没有空调，热得如同待在蒸笼里；遇上下雨，还到处漏雨，要准备好多盆子桶子来接漏，况且图书纸张最怕打湿受潮。后来围起来开了门，不用每天摆书收书，还是要为台风暴雨、回南天操心担忧。

李跃南说起最惊心动魄的事，就是遇上大台风大暴雨，没法儿睡个好觉。常常半夜三更全体员工从床上爬起来，去书店抢救书，给漏水处盖塑料布，这边挪那边移，又往办公室搬。铁皮屋顶早就年久失修，很容易就被强台风掀起，又不能拆了重建，只能保持原有临时建筑的样貌。因为一旦大改造，就要惊动有关部门，麻烦一大堆，只能缝缝补补着用。故此，一次大台风暴雨，简直就是一次大灾难。

易抗刚开书店时，老婆要上班，女儿才四岁也没人看顾。易抗就把她带到书店来，让她自己玩。咿咿学语的孩子，看着大人忙得不亦乐乎地搬书摆书，她也学样当起小帮手，摇摇晃晃走来走去当个搬书的小童工，常常累了就直接趴在书堆里睡着了。易抗虽然心疼心酸，但一忙起来也顾不上管她。

当时采购图书只有两个途径，一是广州有个省级的图书批发市场，二是北京有个订货会。就近当然去广州多一些。创业初期没买货运车，为了省钱，易抗常常是早上四点起床，带着小李，背着装了几万块现金但不起眼的包，坐两三个小时的大巴长途车到广州的大沙头图书批发市场去进货。一家店一家店地去挑书，一家进一二百件货。包专车贵，为了节省开支，就去天河找从深圳过来的回头车带货，晚上八九点才回到深圳，又马不停蹄地卸货入库、拆包摆书上架。当时在深圳也有一两个小的批发点，分别在蔡屋围和南头关那里，大多都是“短平快”的畅销书和杂志。李跃南驾驶一辆三轮摩托车去提货，一次可以驮运二三十件货。经过两年艰难经营，与部分出版社建立了关系，出版社直接发货给他们，但还是要到清水河北站和罗湖火车站去自行提货。李跃南单车技术高超，能在保持平衡的情况下，在单车架上满满当当捆绑上八包书，有时一天来回跑几趟，非常辛苦。

每年的北京订货会，是图书行业的盛会。一年伊始，一月份的开头新书纷纷上市，这也是北京气温最低的时候。当年才21岁的李跃南是易抗的左膀右臂，第一次出差去到心中的圣地北京，他心情很激动，接着头就大了，南

这里没有空调，没有座凳，大家都站着读书，不知疲倦（易抗 供图）

方人无法适应北方那种彻骨的寒冷。因为随身携带现金，为了安全起见，几乎都没真正睡过一个踏实安稳的觉。晚上把现金放在枕头下，有时过于警惕高度紧张，稍有动静就自己把自己吓醒。

李跃南说当初订货会设在北京党校里面，主办方统一给出版社订好房。易抗他们是民营企业，都不在订货会邀请单位之列，他们在党校周边根本就订不到房，展厅会场都不让他们进。好在有毛世屏帮他们联系了一些出版社，并出面托熟人朋友才准许他们进到会场。北京城太大，当时交通也不如现今发达，为了方便又不能住太远。好不容易找到一个新装修的招待所，哪知房间没有暖气没有电视。两个人只好每天晚上坐在有暖气的大堂沙发上，凑合着过夜，就这样过了一个星期。回到深圳后，两人因重感冒大病一场。

易抗带着李跃南背着一袋子现金，一家一家出版社商谈采购订货。那个年代大多数出版社都不愿意跟民营企业合作，只跟新华书店、学校、图书馆等公立机构合作，民营书店采购图书一般都是找中间渠道商去批发，不过哪家出版社都乐意立马收到真金白银的现金啊。经过两年时间交往，凭着良好的信誉和不断上升的图书销量，就与全国几百家出版社达成了先发货后结账的长期合作关系，书店在业界也赢得了非常好的口碑。

书店生意越来越好，易抗随后就慢慢一点一点向荔枝公园东边那堵墙扩展延伸，一条长廊过去，由最初十几米最后一直延伸至100米长，再没有地方延伸了为止，读者可以在这长长的书海里自由看书也可以买书。铁皮单车棚改造成的简易书店这才日渐成型，馆内借书和馆外购书各取所需。图书馆门口的书店，几棵大树的主干立在那里，搭棚之时不舍得砍掉，就被利用来作为书廊的支撑梁柱，其枝叶在书廊的棚顶茂盛地生长，那种原生态的感觉特别清新质朴，红尘喧嚣中亦能感受到一份心灵的宁静。

到1994年9月，“读者长廊”书店才算是正式成立。此名也是毛世屏根据书店特殊的长条形状所取。“读者长廊”书店借助市图书馆强大的读者群体，种类齐全的精品图书，以及优质服务，博得广大读者的好评。同时，还吸引了众多书业同行在附近开书店，如求实书店、金融书店、黄金书屋、建筑书店等，形成以图书馆为中心的浓厚文化氛围。一时之间，这里成为深圳市一块重要的文化圣地，成为深圳的城市之光。

朱蔓青翻看到李跃南多年来精心收集珍藏的一份剪报，其中有张图片原载于1995年10月8日《羊城晚报》第一版，分列大书桌两边人头攒动，统一低头翻书的姿势，照片标注的文字是：“即使是晚上九点多，在由单车棚加铁皮改建的深圳图书馆读者长廊书店内，长长的书台两旁依然站满了书迷。”书店图书品质高种类全服务好，成为深圳读书人心中青睐的常青树，能有如此繁荣的景象，与创办人易抗办店宗旨分不开。

一个成功的书店，一定要做到为读者发掘沙砾中的宝石。也就意味着书店的运营者在选书、策划阅读推广活动时面临着更高要求，要让潜在顾客选择阅读到有价值的书，这就是书店从业者的天职。易抗就是那个为读者发掘沙砾中宝石的人。

朱蔓青还看到1997年《深圳晚报》对易抗的一次采访，他说：随着深圳生活质量的不断提高，人们的阅读要求也在迅速提高，读者长廊尊重读者利益，拒绝出售盗版及宣传低级趣味的书籍，更不愿急功近利。认真把好“进、销、存”三关，特别是进书的标准上，充分体现精品意识，及时为读者提供最新最优的读物。他还长期组织业务人员，走访周围居民区，对读者的知识结构进行调查了解，对市场的最新信息有最快、最直接的精准把握；他更是有一种做到“天天有新书”的执念，尽最大的努力，为读者进到新书，上架快，到读者手中快。还有一个特别服务是，凡是读者需要，书店暂时又没有的书，他们也想尽办法去找，有些书费很大周折搞回来后其实根本没有什么利润可言了，但易抗认为能为读书人做点事都是值得的。书店好的业务员一般也要经过三年的培训和实践，他认为：“书店不同于一般性的服务行业，它要求搞书店的人，必须爱书、懂书，同时还应具备一定的眼光，有能力从众多的出版社和10多万种图书中，选出‘众口难调’的优秀读物，并用适当的方式介绍给读者。”他始终坚持“不遗余力地为读者找好书，是我们一直坚持的服务宗旨”，全心全意为读者贴心服务。

易抗早年在书店行业打下的坚实基础，加上挚友毛世屏不遗余力地相助，利用他在出版界的影响力，为易抗联系到多家出版社的支持。书店初具规模，易抗又召唤来老家长沙的四个老同事加入管理团队。当初刚刚二十出头、唯一留守至今的李跃南介绍，他们的图书都是直接从全国各地出版社采购，再无中间二手渠道。有第一手绝佳的图书货源和优惠价格，坚决杜绝泛滥成灾的盗版图书，追求品质和良好信誉，加上专业的服务精神，渐渐把书店经营得有声有色，并在全国出版发行行业产生广泛影响。

1998年起，易抗开了多家连锁店，并进驻新一佳、华润万家、家乐福、沃尔玛等超市，鼎盛时期在广东省内就开了26家连锁书店，图书生意一直非常红火。当时广州有个很大的图书批发市场，两天左右，公司就要用两辆五十铃货车去广州采购书籍回深圳，时时补充图书货源。

当时深圳有个“荔枝节”，地点就在荔枝公园，遇上节假日也给书店带来巨大的人流量，营业额也暴增。那时图书市场购卖力虽然大，但单价低，利润也不算高。后来，深圳相继有了罗湖书城、中心书城，各区也陆续有了各区的图书馆和书城，尽管读者群分流，“读者长廊”书店仍然以其高知名度和优越的地理位置，生意一如既往地好。所属园岭片区聚集10所省一级重点中小学校，是深圳名副其实的“名校大本营”，又逢图书市场的黄金时代，加上他们自身优良的服务品质，所谓天时地利人和，“读者长廊”书店在深圳读者群体享有盛誉，成为深圳图书行业一道亮丽的风景线，成为一代深圳读书人的青春记忆。

花无百日红，起落总有时。到了2004年，地铁3号线在市图书馆这个位置设有红岭站，为修建地铁，需要封闭道路。深圳市图书馆也要搬迁到中心区，原址由深圳市少儿图书馆进驻，需要封馆一年的时间重新进行装修。此时，这个简易铁皮棚搭建的书店，终于完成它特殊时代的使命，彻底地退出历史的舞台。书店只能顺应时变，恋恋不舍也得舍。但易抗一直视园岭这个片区为他图书事业的风水宝地，园岭周边大环境形成浓厚的文化教育氛围，给他提供了发展图书事业的精彩舞台，他不想离开这个区域范围，就搬迁到八卦岭图书批发市场隔壁522栋。这栋两层楼的旧厂房，共有两千多平方米的面积，以批发零售图书为主业。

城市是人类文明活动的产物，文化是显示文明水平的一面镜子，城市文化是一个城市走向富强美好的灵魂和终极意义。纵观世界名城巴黎、伦敦、纽约、北京、上海、香港……莫不皆是文化名城，莫不以高度发达的文明享誉世界，以深厚璀璨的文化令世人着迷和向往。深圳倡导文化立市的城市理念，亦对文化产业高度重视，旨在树立世界文化名城的影响力，文化产业作为第四大支柱产业，而图书是市民消费的重要文化产品，开辟八卦岭图书批发市场，也是基于政府的政策方向和高度重视。

图书批发市场物业负责人缪焕林自1983年11月份毕业后就分配到邮政，

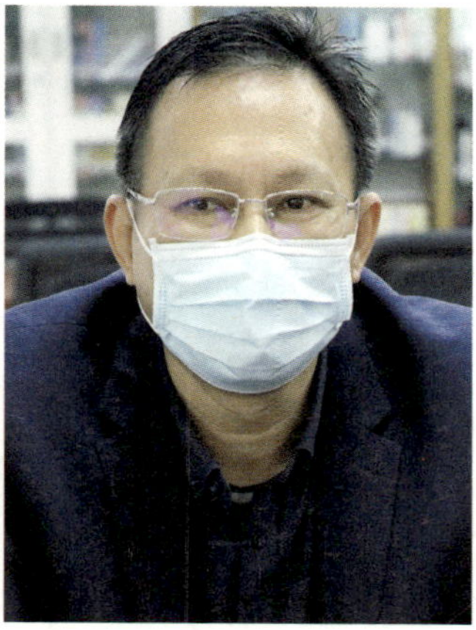

缪焕林介绍图书批发市场的建立初衷和发展过程，思路清晰

一直从事报刊发行工作。据他介绍，八卦岭图书批发市场所在的邮政综合楼，最早是邮政局的一个生产作业场所和分拣车间，慢慢衍变成为办公场所，影像、图书、文具的卖场，1996年正式成为图书批发市场。

开设图书批发市场的初衷，既是满足市民对文化的需求，也是政府为了深圳文化产业规范管理，避免出现鱼龙混杂的乱象，实现统一管理。巅峰时期，曾有七八十家商户进驻。

除教辅书外，深圳市每年的图书有一半以上都是从八卦岭图书批发市场批发出去的，35家“小档口”卖出深圳一半图书。全国每年所出的图书约有19万多种，其中10万种以上在八卦岭图书批发市场能找到。经过多年积累，带动了深圳各个角落中小书店的繁荣，乃至整个深圳的书业的兴旺发达。周边区域也以图批市场为辐射，文具批发市场、服装批发市场、音像店、印刷厂、图书仓库等形成集聚效应。其中“读者长廊”书店的营业面积就占有了全部图批市场的一半。

由于民营企业的高度自主性，整个市场批发、零售加配送的灵活经营，而且不论畅销书，还是学术书、专业书，这里品种齐全，加上主管部门的严格管理，以及商户的自觉性，也保障了图书的正版品质，最新的图书在这里也是最快上架，迅速抢占市场，综合各方面因素，可以满足各类读者的需求。更因为折扣力度大，甚至吸引了香港的读书人。由于香港书价相对较高，不少香港人专程开车来这里购书。特别凭借品种多、品质优、折扣低、营业面积大的优势，“读者长廊”书店光香港客户的购书量，就占到书店零售业务的三分之一。

虽然市场规模没有广州的那么大，这些批发商档口不大，门面狭窄，很多才二三十平方米的营业面积，但是他们可能在别处拥有几十甚至上千平方米的大仓库。凭着整体图书市场的专与精，每家商户经营各有特色，避免了恶性竞争。其中就有专营党建书籍的档口，有1000多种党建书籍，每年党建书籍的销量大约有500万码洋，生意非常红火。深圳市人邮科技图书公司是深圳电脑类图书经销商中做得最大的，他们的档口近140平方米，有电脑类图书11000多种，为全市400多家零售书店供货。作为新型的移民城市，深圳具有国际化的城市意识，外语类的图书长销不衰就是证明；年轻人有梦想，一刻都不松懈，所以关于成功学财富梦、管理学老板梦、励志和发财致富的图书销路也很好；深圳的快节奏环境下，网络小说、言情小说能起到舒缓放松的作用；随着生活品质的提高、生活环境的改善，人们注重健康养生，保健类的图书也好卖；深圳聚集了全国的各界精英高素质人群，人文、学术类图书销量的上升，也显示出深圳这个年轻城市在文化上日益成熟。随着深圳人均图书消费量连续四年全国第一，关于“深圳是文化的沙漠”这个说法不攻自破。而八卦岭图书批发市场，也起了一定的引导性作用。

易抗凭着多年积累的经验、过硬的专业，贴心地为深圳的零售小书店提供服务，从经营到供货再到资金结算等“一条龙的优质服务”。他始终坚持图书经营有七个关键词：“进（进货）、销（销货）、存（存货）、调（调货）、退（退货）、结（结算）、运（运货）”。对于开书店的新手，从书店的选址，到图书的挑选，到图书的进量、图书在书店中的摆放，他都会不遗余力地把自己的经验教给他们。有时甚至他还会上门服务，教他们怎样摆放图书：“不同颜色的图书应该间色摆放，这样才醒目，同一种书上架不应超过10本或二三十厘米宽，这样才能让更多的书上架。书名字号小的，应该放在与视线水平的位置上，字号大的，放在上面或下面，便于识别。”在结算方面，零售商拿书，付的不是现款，一般是1至3个月结算一次。但第一次

八卦岭图书业在深圳独占鳌头。图为深圳市书刊批发市场（陈志清 供图）

必须交全部货款的50%。卖不出去的书一般都会退货。“读者长廊”书店立足八卦岭图书批发市场，也迎来了它最辉煌的阶段，其影响力很大，一度更被评为全国最美书店之一。

“读者长廊”书店的第二代传承人是辜承福。1998年3月的春天，这个来自江西上饶才21岁的年轻人，怀揣着青春梦想奔向深圳特区，凭着敬重文化热爱图书的人文情怀，一来深圳就选择扎根在图书行业，把这份职业当成自己的终生事业来耕耘。辜承福最初从事经典图书的销售，后来自己成立图书配送公司，专业做公共图书馆、学校、企业、事业单位等的图书馆配送，经营得有声有色，与易抗是同行，相互之间有着良好的合作关系。

随着互联网的高速发展，人民的生活更加便利，网购图书已成趋势，实体书店受互联网冲击，经营成本反而一再增加，电商、电子书虎视眈眈，都来分割市场，在纸质图书生产和销售全球化的情况下，阅读与购买方式改变、租金与人力成本上涨等因素，一度将书店拖入泥沼。独立书店要杀出重围，可谓举步维艰。图书市场已发生巨变，曾经的黄金时代一去不复返，再一味遵循旧有模式，不顺应时代发展，将被时代所淘汰，必须把脉时代铿锵之音，为书店的生存发展开拓新思路。

写作《书店的灯光》的刘易斯认为，“独立书店是自由社会的基石”。美国学者雅各布斯更是直言，城市文化衰落的标志之一，在于它无法支撑一家书店。就如莎士比亚书店之于巴黎、查令十字街之于伦敦，早些年，北京的万圣书园、上海的季风书园等等，也曾被期待成为所在城市之光。

开学之前，父母和孩子习惯来图书批发中心选购教辅书

向死而生的预言，真实地发生在书店这一行业。易抗和辜承福两代人对图书的热爱，追求图书精品意识的理念，始终高度一致。易抗采纳了辜承福一些新思路新构想，不再着眼定位于纯粹的批发和零售，他们为更稳固的市场发展而积极转型，有了两厢联手共谋大局的意向。易抗传统文人气息依然浓烈，为人严谨稳重的风格，其优秀的专业性和良好的商业信誉，在业界有着深厚的积淀；而辜承福与时俱进的新理念，对当下图书市场敏锐的准确定位，年轻人敢闯敢干的胆识魄力，易抗都颇为欣赏赞许。两人惺惺相惜，配合相得益彰。青年是祖国的未来，青年是事业的希望，易抗早就有心物色“读者长廊”书店品牌的接班人，觉得辜承福就是最适合的人选，双方一拍即合。2009年，两人达成协议，双方愉快地交接棒，易抗终于放心把多年苦心孤诣建立起来的品牌，交由同样嗜书如命的年轻人辜承福来打理。他们两代人都在自己所属的时代勇立潮头，成为行业的翘楚，新旧更替顺利完成无缝对接。

在实体书店没落之际，作为新时期图书行业新的持炬人，辜承福及时做了战略调整，成功实现了新兴图书市场的华丽转型，“读者长廊”如今更成为岭南地区图书配送最大的民营企业。“读者长廊”书店这个图书品牌，也成为他经营的综合体——深圳市旧风车文化发展有限公司麾下最有影响力的一块招牌。

接棒之后，辜承福不忘初心，依然立足于园岭八卦岭这片深圳图书产业的重镇，又坚守十年。随着八卦岭工业园区的改造升级，随着业务的拓展，原有的两层楼两千平方米的场地，已不能满足更多图书展示的需要。这才于2019年年底迁移至华南城附近两栋一万平方米的展示区，但仍在八卦岭设立办公点，作为市中心一个便利的业务接洽窗口，辜承福不舍这块风水宝地。

如今的“读者长廊”书店，从原有单一批发零售，拓展为给图书馆、中小学校等企事业单位提供图书采购配送，再到提供更为高端的科技文化服务，倾心打造教育教学一站式服务，朝着综合化、规模化、国际化的视野方向发展。喜欢喝茶的新一代文化商人辜承福先生说，他太热爱这份图书事业，能天天面对自己喜爱的职业，为天下热爱图书的读者服务，也是他毕生最大的满足。

与“读者长廊”书店一路相伴、至今仍坚守岗位的历史见证人李跃南先生，在这个春日的午后，一边喝着茶，一边叙聊着20世纪那一段有关深圳、有关园岭、有关书店、有关自己的青春往事，时光如白驹过隙，往事渐行渐远……这段立足于园岭26年的烟云时光，似乎一切都没留下什么痕迹，又似乎一切近在眼前什么都留下了。

1980年8月，**中央正式确立深圳为中国改革开放试验场**，成立深圳经济特区，深圳这个括号里的**名字终于破蛹而出**。

四

往　事　如　昨

园岭旧事

文／董韶华

1979年2月，我随一辆调干搬家的人货车第一次进入深圳。公安局开出的边境通行证上的目的地是宝安（深圳），深圳还在括号里，养在深闺人未识。那时宝安的县城又叫新安，只有一条老街和两旁低矮破旧的民房，一间黑洞洞的杂货铺，专卖糖烟酒和当地特产猪油糕。城镇很小，周边都是附城公社的领地，从东门汽车站走到铁路旁的深圳戏院就算逛完全城了。当时，城乡的边界并不明显，起止罗湖口岸的广九铁路穿越城区，路轨西面，过了人民桥，就进入蔡屋围村。蔡屋围往西，就是一片荔枝林，没有村落，没有大路，更没听说过什么园岭、通新岭。1979年，那里大概还是一片荒山野岭吧。

谁也没想到，一个月后，宝安县改名深圳市，成为省、地双重管辖的县级市。一年半后的1980年8月，中央正式确立深圳为中国改革开放试验场，成立深圳经济特区，深圳这个括号里的名字终于破蛹而出。

一

倏忽又三年。1983年9月，肆虐广东沿海的九号台风刚过，我从广州毕业分配到深圳，举目所见，满目都是台风灾后余波。刚成立的深圳特区报社正在招人，于是，我拿着一纸推荐信找到报社谢建琼副总编。我把自己在校

董韶华在园岭家门口的留影

期间的习作交给他看了看，他立马提笔写下几个字：拟分配到政文部。我没想到这么顺利，但想到派遣书上写的是教育局，按程序我应该先到教育局告知一下吧。没想到一进教育局就被扣住，毫无商议余地，坚决不放人，说学校开学了，教师远远不够，让我服从分配。我挺不情愿的，但受党教育多年，习惯听党话，就乖乖地去了文锦渡中学。

那时，文锦渡中学一出门就是口岸禁区，边防岗哨就在眼前，隔着一道高高的铁丝网，对面的青山绿树清晰可见，然深港之间可望而不可即。整个街区除了学校教学楼和临时教工宿舍，周边都是大工地，空荡荡的马路边，堆满了下水道粗大的涵管，没有树木也没有别的建筑物。史上罕见的九号台风来临时，校区受灾严重。子夜，狂风刮跑了整排教工宿舍的铁皮屋顶，暴雨劈头盖脸砸向每家老小，幸好教育局连夜派车把教工和家属全部转移到安全地带。事后，有教工向我诉述时还惊魂未定。报到当天，我就被安排住进重新覆盖上铁皮棚顶的宿舍，两人一间，每人一个双层铁架床，上面放行李，下面睡觉，无厨无厕。临时厕所建在六七十米开外的工地上，没有马桶，没有化粪池，甚至没水冲洗，是那种挖个大坑在上面架几块木板的大茅坑，坑里秽物历历在目，时时臭不可闻。秋冬寒夜，口岸冷风飕飕，茅坑污秽不堪。那年那月，师生们都将上茅房视为畏途。

到文锦渡报到时学校已经开学一个月了，语文老师满岗，教务处便让我教初中历史。第二年6月，园岭新村二期竣工，市政府分配给学校10套福利房，两室、三室各5套，按学历、工龄论资排辈。刚领结婚证不久的我正好排在第10名兜底，分得一套两室一厅。记得正值1984年暑假，刚考上北大的堂弟正好来文锦渡探班，被我抓了个苦差“开荒”，清理红砖地面，大搞清洁卫生后，我们欢天喜地地搬出铁皮屋，搬进新居，从此不再担心“茅屋被秋风所破”了。

我的园岭新居在一楼，不算前庭和连廊房，阳台面积折半计算，建筑面积约有83平方米，每月付11元的租金。我的七楼邻居是附近小学的体育老师，他家有个香港亲戚，每天一大早就带着体育老师“炒更”（兼职赚外快），两人推着一个不锈钢煎饼小车在楼梯口卖早点。与北方的煎饼馃子不同，他家的港味煎饼用鸡蛋、面粉和泡打粉，煎好后涂抹一层“顶好”牌花生酱，不油腻不粘手，碗口大小，近似麦当劳早餐的小松饼，热乎松软。体育老师每天调好一大盆蛋浆，一勺一个，现烙现卖，每个两角，生意好得很。那些年，中教二级月薪加上补贴不到300元，而我的一个朋友在蛇口工业区日资企业当高级技工，他的月收入是5000多元。

回想起1983年九号台风后，我从刚竣工的特区报大楼面试出来，走过通心岭（后改为通新岭），走到正在热火朝天建设中的园岭新村楼盘，曾驻

米黄色外观的园岭新村，是当年深圳人万分向往的住宅区

足遐想，我能在这一大片米黄色的住宅区拥有一处栖身之地吗？没想到，10个月后这个梦想就实现了。所以，梦想还是要有的，万一变一万，梦想便成真了！

就这样在园岭住了五六年。直到1989年房改，福利房由租改售，我们的楼是框架加混合结构，约254元一平方米，一次性付款享受七五折优惠，我的房子补地价前总价15800多元人民币。但家里东拼西凑也不够这个数，幸好那个蛇口朋友救急，借给了我们5000元，这才付清了房款。与此同时，红荔路旁临街的24栋被很有眼光的广州三元里农民整栋买下，挂了一块“珠江旅社”的霓虹灯大招牌，在清一色的居民区分外醒目。他们把一楼改作商铺卖文具，二楼做餐饮，三楼以上做旅社。“珠江餐厅”的粤式早茶，是我们后来常常光顾的周末美食。记得他们买下这栋楼时的楼价是每平方米500多元，正好比我们的福利房高出一倍。在住房还是配给制的年代，三元里农民敢为天下先，一出手就买下一栋楼，这在万元户还是稀罕物的年头，其超前的观念与购买力，冠盖全国。

二

1984年下半年，园岭新村的居民陆续入住，园岭市场还未建好，小区居民的“菜篮子”就搭建在现在的雕塑《深圳人的一天》后面的空地上，一下雨污水横流。市场卖菜卖水果的商贩几乎清一色都是吃苦耐劳的潮汕人，瓦砾上支个棚子就是摊儿。有一天，下班路过，禁不住卖黄鳝的摊主热情吆喝，买了两斤黄鳝，那时菜市场不包宰杀，拎回家才知错，没有工具无从下手，小女子无能为力。结果滑溜溜的鳝鱼在厨房满地乱钻，我们大眼瞪小眼，全场只能干瞪眼。从此，黄鳝在我家的菜单上永久删除。

除了卖肉菜，市场有一排小食店，门口的菜单写着“九王炒圣子”，刚从北京来的同事满脑子京城掌故，问这是什么来历。我大笑，韭黄炒蛏子，家常菜，没来历！

29栋的楼梯口，有一块空地，几个基建工程兵的四川家属，靠墙摆上几台缝纫机，每天为邻里缝缝补补，帮补家用。一开始是扎俩管裤脚几角钱，补一双鞋子一两元，后来价格略涨，也就十元八元。她们早出晚归，风风雨雨几十年，从我住进园岭到搬离，一直没挪窝，凭着一台缝纫机，帮着丈夫养家糊口。30多年一眨眼就过去了，他们的孩子也都有孩子了吧？偶尔回去看看，相遇时她们总会热情打招呼，俨然娘家人。她们与两万工程兵一样，都属于20世纪80年代的深圳最早的“开荒牛”，虽青春不再，年华渐老，但那一口乡音依旧芬芳。生活在园岭几十年，她们的笑容透着真诚，言语充满自豪，神情乐观知足，穿着打扮一年比一年光鲜。她们已然融入了这座城，成为真正的深圳人了。

园岭新村也是当年许多创业者的发源地。《深圳青年报》是1984年春节在园岭8栋创办的，《深圳青年》杂志的创刊号是在园岭46栋诞生的。46栋

一户人家满堵墙的簕杜鹃，就是老小区特有的风情

206属于团市委名下的周转房，接纳了许多从外地调入深圳团市委的青年干部，他们在拥有自己的住房前，都曾有机会在这所“黄埔军校”过渡一下。

1988年8月，深圳最热的酷暑天，《深圳青年》杂志社的创始人、首任总编辑王京生同志趴在46栋206宿舍的床沿上，写下了创刊号的卷首语《六大精神》，此后，本刊卷首语很快成为《深圳青年》的招牌栏目，一直活跃在引导新观念的思想前沿。我也在这一年调离学校，由团市委抽调到杂志社，开始参与《深圳青年》的筹建与创刊。由于当年杂志社在青少年活动中心的临时办公室很小，我们的社委会议经常是在园岭46栋206召开的，包括吃喝拉撒、写稿、校对、划版、争论和做一些重大决策，都在206室留下深深的印记。

深市最早的“老五股”深原野公司在园岭一期临街也有一处营业点。1990年初原野股票发行时，杂志社派记者参加了新闻发布会，记者拿回来5000股原始股票认购证，10元一股，谁要谁交钱。那天我们正在206开社委会，但家家没余粮，人人都说不要，记者自己也没钱认购。不到一年，原野股从10元最高飙升到176元。就这样，我们集体错失了一个先富起来的机会。

这事过了不到两年，1992年8月，原来无人问津的认股权证，已经变得炙手可热，热浪直冲重霄九。按规定，这次15只新股预计增发500万，一个身份证可领1张申购抽签表，允许一人用10个身份证登记申购，每张表100元，10张申购抽签表必定会中签一个认股权。于是一麻袋一麻袋的身份证，从全国各地汇集深圳，引发了规模空前的大抢购潮。每一家发行银行和证券公司门口，都是人头涌动，到处是排队、排队，排长长长长的队！来自五湖四海的陌生人，为防加塞，顶着骄阳，毫不忌讳，男男女女一个挨一个，前胸贴后背，素不相识的人们从未贴得那么紧密，近得连前人耳后的一颗痣都看得清清楚楚。要知道，那是在天如火、汗流如水、又闷又热的深圳 8 月呀！这一波“8 · 10”认股权狂潮，不仅裹挟了所有在地的深圳人，甚至席卷了大半个中国。

三

园岭新村也可以说是深二代的摇篮。20世纪80年代，深圳最早的公务员（事业单位）住宅小区是通新岭，但最大的住宅小区要数园岭新村了，南北以红荔路、笋岗西路为界，东西以红岭中路、上步中路为界，占地面积273400平方米。园岭新村共有112栋多层住宅楼，分三期交付使用，但交楼相距的时间都很短。那时国贸大厦还未动土，但国商已经以“五天一层楼”创造了令人击节的“深圳速度”。1983年4月，国商提前94天竣工，按合同约定，承包方拿到了提前一天奖励一万元共94万港元的奖金。我清晰记得，当年16万港元就可以买下罗湖友谊大厦一套崭新的两居室商品房了。这一真金白银的奖励，大大鼓舞了深圳的建设者。在“遍地英雄下夕烟”的氛围中，建设园岭新村的基建工程兵当然不甘人后，大干快上，一期二期三期接二连三交楼。一期以楼高六层为主，结构与外墙沿袭通新岭模式，石米灰墙，混合结构。二期楼房建造到一半时，市领导从新加坡考察回来，立马修改方案，加建了楼宇之间的连廊通道，通过连廊把各单栋住宅连成片，外墙颜色也明亮起来了，采用米黄色涂料，一扫传统建筑物的灰暗沉闷。最明显的好处是盘活整片住宅楼，凭空增加了住宅区的立体面积，楼上的住户感觉少上了一层楼梯，一楼的住户连廊下实实在在多了一间七八平方米的套间和十多平方米的庭院。所以，我垫底分到的一楼两房一厅，实用面积远远大于二楼以上的同单元住户。“有恒产者有恒心”，从此，我们这些20世纪80年代初期到深圳的“拓荒牛”，开始在园岭安居乐业了。

我是搬进园岭随后才办的喜事，一个很简朴很革命化的家宴，选了附近熟悉的组织部招待所摆了两桌酒席宴请双方亲友。那时刚好招待所从泮溪酒家借聘了一个大厨，菜肴出品对标大酒家粤菜水准，内部收费100元一桌。就这样，区区200元就把自己嫁了。1985年，我的女儿在附近的妇儿医院出生，同一区域的实验学校也是刚落成不久，主力医生和教师都是从广州、上海等大城市定向招聘来的中年技术骨干。其中有个上海来的女教师听说深圳的物价高，托运行李时连牙膏都带了好几十管。20世纪八九十年代，深圳市委组织部对调入特区的干部划了一条45岁以下的年龄基准线。所以除了原住民，整座城市见不到老年人。那年头也不知是什么原因，即使是雇用保姆，年轻的父母也会雇请更年轻的小女孩。我家是这样，邻居双胞胎妈妈也是这样。我家雇用保姆包吃住，从1986年的15元月薪开始到现在，30多年涨了300多倍。

女儿小学毕业前，主要活动半径就在园岭，上学在离家百米远近的第

园岭新村建筑外观，如今看起来，独有一番特色

四机关幼儿园、园岭小学，稍大一些就自己来回了，家长们根本不必天天候在校门口接接送送。园岭新村对面是荔枝公园，右手边是深圳图书馆，左手边是青少年活动中心和“大家乐”舞台。园岭的生活一直很便利，住宅楼周边临街的一楼，早早就打开墙面做铺面了。那些小小的饮食店，如“荔园小馆”“山顶洞人”，至今还照常营业，算起来，也有二三十年了吧。附近的八角楼和食府，曾是早年做过临时市场、顾客吃过“九王炒圣子”的地方，那年杂志社还没有自己的办公场所，我们每天上班路过孤芳自赏的八角楼和这个庭院式食府时，不免妄生觊觎之心，筹谋向市政府打个报告拨划给杂志社办刊用。没想到数年之后，环境幽静的庭院食府全然堕落为烧烤大排档，旁边又加建了个公厕兼垃圾收集站，真是白白糟蹋了这块风水宝地。

我们住在一楼有个好处，邻里之间互动较多，大家关系和谐融洽。我的邻居张老师夫妇是印尼归侨，他家一对龙凤胎儿女阿弟阿妹比我女儿大五岁，阿妹出生时不到两公斤，长得娇小玲珑。女主人李姨在驻港企业工作，多年来，她经常把女儿来不及穿或还很新净的衣裙送给我女儿，我们总是心怀感激，自自然然收下这一份邻里情。

张老师早年毕业于暨南大学物理系，调到深圳后在学校教英语。搬进园岭不久，他利用暑假去印尼探亲，用出国免税指标带回一辆大马力本田摩托车。20世纪80年代一个摩托车免税指标，可以换一台日本原装大冰箱呢！他应该是深圳特区最早的一批摩托车手的一员，每天一大早，窗外马达声轰隆，我就知道张老师要骑上摩托风驰电掣到学校上早读课了。

我家后楼有一户客家乡村土郎中，早年在临街一楼买了一套三居室，破墙开了个中草药店，前店后家挂牌开诊，主治跌打骨伤。附近的居民但凡有个骨折扭伤、疑难杂症，都会先来这里就近求诊，抓几服中药，推几天药酒，敷几包草药，一般几天就见好了。这些年，看着他家父传子，子承父业，两代人几十年专心经营自家的中医诊所，如能不忘初心，兢兢业业持续做下去，数十年后，深圳的百年老店还会少吗？

四

女儿学步那年，深圳图书馆竣工落成。刚开馆我就去办了一张借书证，流水号在百位数之列。当年父母到我家小住，父亲最喜爱去的地方就是图书馆，每天去“打卡”，看书看报，不到吃饭时间不回家。图书馆也是园岭居民最常去的地方，吃过晚饭遛弯踱步就到。整座建筑背靠荔枝公园的荔湖，环境非常优美。那时红荔路两边的人行道没什么大树，远远就能看见图书馆独有的金黄色琉璃瓦，在阳光下熠熠发光，亮得耀眼。图书馆有大镜面的茶色玻璃窗，古典雅致的建筑风格，是我当时认为最漂亮的公共建筑物。我常常带着女儿到图书馆玩耍，那时，图书馆的小树苗刚刚栽下，到处都找不到一棵能够在炎炎夏日遮阳成荫的树，我们常常躲进一楼的儿童阅览室乱翻书、蹭空调。后来，女儿长大了，深圳图书馆搬迁新址，伴着我们十多年的深圳图书馆改成少儿图书馆，我们也搬离了园岭。后来一再搬迁，新的居所离海越来越近，离图书馆越来越远。最后，与图书馆为邻成了一个永远的遗憾，一个失落的记忆。

多年前曾与著名女作家毕淑敏闲聊，她给出的置业心得是，买房最好买靠近图书馆的住宅，不仅方便查找资料，还附带一个超大书房，你说值不值？！诚哉斯言！可惜我已错过。

五

杂志社初创期间，新来的同事们大多数住集体宿舍，一日三餐无非就是吃面包吃盒饭吃小食店，很少自己开伙。我家住园岭，离杂志社仅一箭之地，周末有空有闲情，大伙便起哄到我家“过家家”。因先生驻港工作，家里常年雇请小保姆打理家务。我成家前也是吃食堂为主，自己很少下厨，平时对小保姆要求也不高，煮啥吃啥。所以同事们到我家聚餐都是各显身手，京生总编亲自下厨，爆蒜炒肉做北京炸酱面，美女编辑孙蕴从山西老家带刀上门做刀削面。记得有一次在我家集体包饺子，大伙一边擀皮剁馅一边引吭高歌：“天上有个太阳，水中有个月亮，我不知道，我不知道，哪一个更圆，哪一个更亮……”那一曲余音，至今犹在耳畔。但唱得最响的还是崔健的《一无所有》，那真是一个激情的年代啊，创业之初，杂志社的确是一无所有，无刊号无编制无资金无场地，只有三五个人七八条枪，但每个人都张满理想的风帆，坚信“星星之火，可以燎原”。

有一天，朋友从乡下带回了几斤香肉，刚好有几位熟悉的校友新近调来深圳，便请他们下班到我家“打边炉”洗尘。那天来的是清一色男生，大家兴冲冲喝酒吃肉，三杯两盏后，菜肉清盘见底，大家意犹未尽。一男半酣半醉对我说，看来你真的是不会“做饭”呀！我晕！满脑子疑问：“打边炉”还用会“做饭”吗？开个火锅，洗净切好菜肉，大家自涮自助不就得了？百思不得其解，其实就是一句话：“狼”多肉少！

那些年，同城之间你来我往是寻常事，朋友们的孩子基本同龄，说一声周末到荔枝公园玩，朋友就带着孩子顺便来家吃饭了，有时他们家的保姆也会一同过来，有一次带来的客家小保姆在我家厨房做了一锅生煎猪肉酿苦瓜，边煎边洒水，好吃至极，至今无人超越。

还是那一年吧，我家用征税指标从香港进口了一部索尼日本原厂原装大

楼房黯然褪色，但园岭邻里温情不减

彩电，没有内地制式，只能收看港台，完税后总价码是16000元，比园岭这套房子还多200元。这一年恰遇重大事件，没有电视机的同事，就窝在我家沙发上看电视，度过了难忘的一夜。实在郁闷难以排解之际，也有凑齐一桌打牌消遣的沮丧与无奈。记得有一个夜晚，几个书生聚集我家一起打最简单的“锄大D”。往日惜时如金、从不虚掷光阴的青年学者突发感叹，“真没想到会堕落成这样了！”说完，每个人都是满满的惆怅，再也无心打牌了。

我家也是新来同事的第一驿站。大热天从上海坐绿皮火车投奔深圳的女编辑，到杂志社报到后实在难耐浑身汗酸，我立马领她直奔我家洗头洗澡。整个20世纪80年代和90年代初期，人与人之间的交往都非常简单质朴，也不讲究什么虚头巴脑的排场。写下《向中国人脱帽致敬》名篇的女作者从巴黎途经深圳，在我家客厅打过地铺；香港的亲友到深圳跑街做生意，走累了就到我家喝口水歇歇脚；内地学者赴港讲学，火车误点没赶上罗湖口岸当晚的通关时间，半夜也会敲开我家的大门借宿。记得有一夜已是凌晨两点多钟，听到敲门声，我赶紧披衣起床，把朋友请进家门。不巧那段时间父母都在我家帮忙，家里住满了，我和先生干脆就在客厅陪着朋友聊到天明。

我的卧室和楼梯间连廊下的工具房仅一墙之隔，每天天刚亮，清洁工哐当哐当打开铁门的撞击声定时扰人清梦。忍无可忍之际，找到居委会协商，我以每月180元的租金长租下来，打通后改造为一个20平方米带小阁楼的套房。巧思布局下，这个房产证上的两室一厅变成了一厨一厕一室两套间，号称五室两厅。不过这已经是1996年的事了，慈爱的母亲在这一年早早离开了我们，一起创业的老伙伴也都各自安居乐业了，朋友之间的交往越来越趋向公共空间，那些寒夜叩柴扉的诗意情缘似乎再也难以重现。

六

我的左邻右舍基本上都是深圳各学校的教师，前楼是全国各地招聘来的名师，西楼整栋是深圳大学的教工。20世纪80年代交新楼时家家都是清水房，普通钢架玻璃窗，石灰粉墙红地砖，谁都不讲究，搞好清洁搬进去就住，人们根本没有装修的概念。直到在这里住了整整10年，我家才开始人生的第一次室内装修。

家庭装修于我而言真是一个大工程，又要搬离房子另觅住处，又要打包家具杂物另行安放，尽管请了一个监理，但很多细节还是要亲力亲为。那段装修的日子，每天灰头土脑，冒着酷暑骄阳，一有空就奔波在选材料买材料的路上。想想这等差事一生也就这么一次，咱再苦再累也要把园岭这个窝变成安乐窝吧。

工人进场，铲去墙皮才知道，估计是当年为了赶进度，河沙不足就拿海沙填，导致园岭不少住宅楼的墙体、地面常常出水冒汗，一到春雨天就容易返潮。我们只好让工人铲去墙体全部浮皮，重新批荡墙壁。再挖地半尺，铺下沥青、砂石、防潮垫后才装上泰国柚木地板。那时想的是，这是我们要住一辈子的房子呀，必须把基础建设做扎实，把所有不便更换的部件全采用我们能用的进口材料。1990年代初，国产建材质量普遍较差，能上档次的西班牙瓷砖、意大利洁具浴具、优质建材五金配件全部靠进口。我们只好在香港购买各种五金配件，仅一套浴缸用的意大利水龙头就花了两千多港元。1994年，黑市港币与人民币的汇率倒挂，创史上最高，一元港币可换一元多人民币，这样一套水龙头就花去我一个月的全部收入。回想起来，当年一块进口瓷砖的价格今天至少可以买两块佛山瓷砖了，而且现在的国产好品牌瓷砖绝不逊色于任何进口货。

遗憾的是，花了这么大心力和本钱装修的房子，因为主体墙与连廊接口常常渗水漏雨，霉坏了我书房里的一架书，不胜其烦，终于没守住，低价位出清了。正所谓成也萧何，败也萧何，由于建筑工程半途加建的连廊与楼宇外墙不是一体化设计建造的，所以连廊下格外多出的那间房，漏雨渗水就是不可能避免的先天缺陷。

七

我家一出门，就可见到园岭红荔路边著名的群雕《深圳人的一天》，这一组铜像定格了17位不同行业的普通人在1999年11月29日这一天的日常轨迹。也是有缘，雕塑家选定的这一天正是我女儿14岁的生日。女儿生日这一天除了蛋糕我已经不记得做了什么，但这组群雕的背景墙详尽记录了当天的天气预报、菜市场价格、外币汇率、股票行情，还有《深圳晚报》当天的新闻版面，让这个平凡人的平凡的星期一永载史册。

据说，雕塑家原计划以深圳街头随机选中的18位不同行业的普通人为模特，以同型等大的尺寸翻模铸造，但不知何故，最后，只留下了17个不同身份、不同职业、不同年龄的普通人在千禧年前的时代印记。第18个铜像只有基座，没有塑像。或许，雕塑家有意把他/她留给未来？

17个男女老少的雕像，凝固了他们20年前在深圳走过路过的神情模样，

连廊上的葱郁绿意，沁人心脾

他们中有港商、股民、咨客、包工头、打工妹、求职者、保险推销员，还有一个牵着宠物狗的休闲女人。这些在深圳街头随处可见的小人物，1980年代在内地其他地方还是新名词。他们不属于体制内，也不是单位人，有的身份还会被人另眼相看，甚至打入另册。只有深圳，只有深圳的雕塑家，首开先河，第一次在中国城市的公共空间，为这些有名有姓尚无丰功伟绩的普通人铸像勒石，为来过闯过深圳的小人物留下了青铜铸就的历史记忆。这一组群雕，鲜明表达了深圳社会对20世纪八九十年代新兴个体身份的认同，展示了大时代下每个人都自有独立存在的价值，哪怕一个再渺小的个人，也可以为一段历史背书，为一个时代作证！

这就是深圳的魅力。

20年后，有媒体再寻访这17个铜像的原型，他们虽然与你我一样，平平淡淡，普普通通，有的移居海外，有的回归故里，有的继续打拼，有的颠沛流离，有的颐养天年，有的不知所踪……但这一切，不正是转型期的中国最为普遍的社会形态吗？不正是深圳特区建立40年大多数人一路走过的人生路吗？

《深圳人的一天》犹如深圳特区改革开放的一个社会缩影，就这样，以一群活着的小人物的群体雕像的形式，默默地伫立在园岭社区公园，静静地汇入深圳人的城市故事。

天空没有痕迹，但鸟儿已飞过。

从荒山野岭到万家灯火，仿佛弹指一挥间。36年来，园岭100多栋住宅楼的外墙不知翻新了多少次，当年比肩而立的小叶榕现在已是枝繁叶茂、冠盖如林，大可以荫庇一方了。园岭老了，邻居也老了，我们这一代都老了，只有园岭小学依然相见如初，年年黄口金钗。

再回园岭，我那曾经苦心打造的老窝早已被下一手业主改造成午托、晚辅家教馆，左邻右舍，或租或卖或自家经营，在房前房后挂上各种招徕海报，根据小学生与家长的需求，提供各种各样的服务。夜幕下，门窗上电子屏的红字广告和一闪一闪亮晶晶的五彩灯串，是这一带住宅区最晃眼的炫。

从一条街到一座城，深圳的城市建设从罗湖起步，一路向西，我家也一路西迁。从文锦渡到园岭，从福田到南山，住了18年的园岭在我的日常生活中渐行渐远，但那一份青春的记忆将永远留在那里，留在“深圳人的一天”。

园岭十年点滴录

文 / 冰凌花

一

2004年6月，坐了几十个小时的长途火车，两次换车，终于抵达梦中的深圳。

刚下车就被一股热浪紧紧包围，我们快速钻进出租车，阵阵凉风拂面，顿感舒服些了。车窗外无疑是一片绿色的海洋，满目滴翠中闪现着朵朵绽放的鲜花，鳞次栉比的楼群与流动的绿色形成了刚与柔的最佳组合。“妈妈，快看，大树长胡须了，他很老了吗？”我顺着女儿小手指引，看到很多长胡须的大树，正不知如何回答，老公忙告诉我们，“这是榕树。”女儿又指着一座高楼喊，“高楼拖着两条长辫子！”司机被女儿的话逗笑了，说“这是深圳最高楼地王大厦，69层呢！”我听了不禁多看两眼，早就听说这是深圳地标建筑，以深圳速度一年多建成，这在其他城市是闻所未闻的。

“小朋友，你是来深圳度假的吗？”司机问我女儿。女儿扬起头，“我是来深圳上学的。”司机羡慕地说，“好啊，能来深圳读书，将来一定大有作为。我也要努力几年，以后将儿子接来上学读书。”

车子停在了一处楼外，进入大堂，“旭飞花园”几个字映入眼帘。这就是我即将生活的地方。环形的走廊七绕八绕，女儿说这里好像迷宫啊。绕到迷宫六层，开门，白墙配地砖，一室一厅，巴掌大的阳台，仅能容纳一人通过的厨房，显得那么局促，与老家装修过的两室一厅无法相提并论。简单整理一下，老公朋友大吴一家三口就来邀请我们去吃晚饭。他们家已经贷款买

社区的人们在公园悠闲散步、游玩（冰凌花 供图）

了一套房，90万在我眼中是天文数字，相比之下每月1000元的房租还算是轻松了。

我所住的地方是八卦二路，走过一条小巷，来到八卦一路的胜记酒楼。酒楼外临街摆了几张桌，有的桌已经开始上菜喝酒。“乐乐快看，着火了！”女儿对着大吴家的女儿喊道。乐乐和她妈妈哈哈大笑，对我女儿说，“那不是火，是红绸，不信你仔细看看。”原来是铜盘里的红绸在灯光映射下被风吹动，就像一簇簇燃烧的火苗在跳舞。碗碟茶杯筷子上齐，乐乐妈妈给我倒了一杯茶水，我正好口渴，就拿起往嘴边送，她又大叫，“别喝，那是洗碗水！”我一头雾水，明明是茶水嘛！老公说广东人在饭店吃饭前要先用茶水洗一遍餐具，我反问难道这些餐具都没洗过？乐乐妈妈接话说，“怕不卫生嘛。”

六道菜上齐了，精致得我不敢动筷，说精致，是造型美观但分量好少，比起大盘东北菜，这几个菜简直就是小巫见大巫。还有一瓦煲猪骨汤，先喝汤后吃菜也是广东吃法，而东北是汤菜一起吃。女儿说汤有股中药味，喝一口就不肯再喝了。客家酿豆腐、白切鸡、炒空心菜、蒸鱼、烤生蚝、凉拌莴笋丝，口味淡得令我几次问服务员，是不是没放盐，服务员抿嘴笑，反问我是不是第一次吃粤菜，之后给我拿来了一碟酱油。乐乐妈妈说，“东北菜口味重，粤菜口味清淡，我刚来时也吃不惯，慢慢就适应了。”再看其他桌的食客，喝酒像喝茶一样斯文，没有人劝酒，没有人举杯说祝酒词，这又和东北有大不同。大家闲聊慢品偶尔碰个杯，喝多喝少随意。

菜过五味酒至半酣，朦胧的夜色放松的身心。小妹，买单！大吴喊了一下。服务员报出的数字让我从混沌中猛然清醒，就这么几道菜竟然花了400元啊。大吴拿出几张百元钞票递过去，我们起身离开。

大吴一家打车回家，我们趁着月色散步回去。隐约听到后面有人喊着，“老板，等一下”，我们并未在意，老公不是老板，肯定在叫别人。转过小巷，路上安静多了，还是有个声音在喊，“老板，等一下”，我们回头，看到那个服务员气喘吁吁跛着脚来到面前。我试探着问，是不是刚才买单钱算错了，差多少，我们补上。服务员连连摇头，将手里攥着的一张百元钞票递过来，“刚才怪我疏忽，没发现那个买单的老板多给了一张，请你们还给他吧，对不起。”我们连声说谢谢，她再次道歉，跛着脚消失在月色中。老公打电话给大吴，他说没注意多给钱。

我暗想，一百元对于大吴这个老板根本不算钱，对于打工妹来说就是意外之财，如果服务员偷偷留下一百元，她会吃顿好菜或者买条裙子，偏偏追着我们来还钱，是犯傻还是胆小呢？

“深圳骗子多，有很多女孩子为了钱什么都做。”这是我来深圳前经常听到的话。可是，我明明看到了一个打工妹为了还区区一百元而扭伤脚，我并没记住她的相貌，只记住了那个跛脚的背影。

二

家是一处不到40平方米的出租屋，空房，月租1000元，一房一厅一卫一厨一阳台。从老家托运过来的物品渐渐充满每个角落，女儿的小床依偎在我们的双人床旁，使狭小的卧室更显拥挤。窗子上嵌着防护栏，只能防盗不能防蚊虫，每天被蚊子蟑螂骚扰却也无可奈何。站在走廊环顾整栋公寓楼，像宿舍一般，一个平台十几家，外楼梯四面环绕，二楼中间有个天井，有一个彩色的儿童滑梯，种着几株假槟榔，一些不知名的花草，一个爬满藤萝的小亭，每日里一些孩童在滑梯里嬉戏，或有年轻的妈妈、年老的婆婆追着宝宝们喂饭。卧室窗子外对着一处游泳池，夏天的午后，泳池里就陆续走来穿着各色泳装的男男女女，傍晚时人越来越多，伴着流行歌曲在泳池内游泳或纳凉。我也曾带着女儿去过几次，一次10元，女儿只会简单的几个游泳动作，往往是游不了两分钟就要套上游泳圈躺在水面上漂荡。我不会游泳也羞于下水，看着别人如五彩斑斓的鱼一般在水中游动，心中煞是羡慕。

陌生的环境陌生的面孔，右边出租屋还没招到租户，左边出租屋住了一个单身大男孩。适逢暑期，每天只有我带着女儿在家，女儿初到这里没有玩伴，我就成了她唯一的玩伴，我们在窗外的走廊放一盆水，里面几只塑料小鱼，女儿拿着一根钓竿去钓，想用钩子勾住鱼嘴上的圆环实在是不容易，几次不成便没了耐心，偶尔我钓到一条，女儿就拍手咯咯笑不停。笑声引来了隔壁的大男孩，他饶有兴致地观望了一会儿，就操起钓竿亲自给女儿示范，十有九中，女儿惊喜地尖叫，大呼叔叔太厉害了！大男孩也许和我们一样孤独，渴望有个人能说说话，主动和我聊了起来。他是做业务的，常年在外，在深圳住了快两年，女朋友是北京人，希望他早点回去。他喜欢深圳的活力奔放，却也舍不得和女朋友分手，时常纠结。有时几天见不到他回来，有时他两三天不出去，全凭有无业务而定，女儿和他混熟了，将他视为更好的玩伴。直到有一天，女儿闷闷不乐地告诉我，厉害叔叔要走了。我问去哪儿，女儿说去找阿姨。隔天，大男孩抱着一个瓦煲对我说，他就要回北京和女朋友团聚了，这个瓦煲可以煲粥煲汤，我们或许用得上。其实我对老广粥汤尚不会做，却也不忍拂了他的好意，收下笨重的瓦煲，我道声谢谢，一路顺风。大男孩笑了，一脸阳光。我们彼此不知姓名，女儿问我厉害叔叔以后还会回来吗，我望着天上的白云，不知它将飘向哪里。我来了，他走了，世间的人如同天上的云，飘来飘去，谁又能预知它的未来呢？

深圳的夏天烈日炎炎，白天除了午睡其他时间舍不得开空调，我和女儿热得汗水淋漓，将返潮的被子、棉衣拿出来晾晒好，我就带着女儿去附近的好又多超市闲逛蹭空调。超市里的儿童玩具和画刊读物能让女儿自娱自乐，回家时再买点她喜欢的零食小吃，她就快乐得像只小鸟般雀跃了。回家发现晾晒在右侧出租屋晾衣绳上的棉衣被堆放在家门口，是谁这么无礼？一个女人在麻利地晾晒衣物，没有一句客套，只对我说，她是新搬来的房客。我期待早点搬来一户邻居，也好没事时聊聊天有事时互相帮衬下，可她的这个举动让我心凉半截。我默默将家门口的棉衣收进屋内，顺带关上了房门，虽然平时白天我都是敞开房门的。

大人间不来往并没能阻止小孩子间的玩耍。没两天女儿就和新搬来的那户人家两个小姐弟混熟了。姐弟两个一个4岁一个3岁，经常能听到姐姐佳佳告状，弟弟贝贝被妈妈训斥。女儿却偷偷告诉我，她更喜欢贝贝，圆圆的头，虎头虎脑的像大头儿子，其实是佳佳欺负弟弟还骗人。女儿时常夸隔壁阿姨会做各种美食，还送给她一起品尝。从女儿断续的话语中我得知她们是潮汕人，女人带一对儿女，男人给老板开车，经常是早出晚归。潮汕女人的能干是出了名的，四楼还有一户潮汕人家，她们两家是同乡，我倒是和四楼的女人先对上话了。四楼女人有个淘气包儿子小威，与我女儿年龄相仿，长得瘦猴似的，上蹿下跳，天井里唯一的儿童滑梯他也经常霸占不许女孩子玩，女儿不服气又打不过，于是看到他妈妈来我家隔壁就趁机投诉。想不到

荔枝公园的小桥上、湖水旁的美好时光，成为忘不掉的快乐记忆（冰凌花 供图）

这个女人长得倒是肥硕，高声亮嗓，一脸憨笑，听了女儿的投诉后就说，乖女，等阿姨回家好好教训他。接着又用不标准的普通话和我诉苦，小威爸爸在香港做生意也难得回家，小威不受管束经常跌得到处是伤，不知是不是孙猴子投胎，没一刻安静时候，不像你家女儿又乖又可爱，这栋楼的小孩子都喜欢和她玩。见她善谈，我就问她如何煲汤，她讲了要领又说让我稍等，不一会儿，又特意跑上楼一趟，拿给女儿两个热腾腾的糯米鸡，还送给我两包煲汤药材。她扭着肥硕的身子消失在走廊拐角，片刻楼内又响起一声吆喝：“泥猴，回家吃饭了，再不回小心吃巴掌。”这样的话语要响彻几遍，她家的泥猴才会带着一身脏钻回家。有一次我们看到泥猴左小腿上了夹板，竟然还用右腿单腿蹦台阶玩，小威妈笑着骂他：“不长记性，疼死你算了。”玩耍是小孩子间友情的纽带，女儿很快成了孩子王，在她的队伍里有佳佳贝贝姐弟、四楼的唐唐、璐璐，还有两个天井对面的小男孩。也许是小威妈的训斥也许是女儿的号召力，小威没再为难过女儿她们，但也不屑一起玩，仍然单打独斗乐于做个独行侠。

三

当初女儿来深圳错过了小学报名时间，无奈只有先读一年学前班，比较了工交二幼和基建幼儿园后，选择了工交二幼。深圳幼儿园的学费让我庆幸没早几年来，否则一学期几千真是吃不消。在学前班认识了同为东北老乡的达达妈，她在达达三岁时就来到深圳了，达达爸爸做IT行业，两人挣钱买了两套房，现在住的这套在园岭新村，园岭小学二分部门口正对着，顶楼复式，高了点，夏天也有些热，但她说只是过渡，等以后孩子上中学了就出手，一样卖个好价钱。那时的房价才几千元一平方米，对我而言都买不起，我不太相信她这顶楼能卖上好价钱。她还劝我早点做买房打算，即使小学能上园岭小学，初中凭学位房入学，没房子就算是深户也进不了红岭中学。听她的话似乎有些道理，同老公讲，他说现在没能力考虑买房，再说小学还有六年，不信到时买不起房子，先攒钱吧。

女儿上幼儿园需要早晚接送，我刚上了几天班，就因为晚去接她而遭到老师的抱怨，和老板请求早点下班接孩子又被拒绝，无奈之下我选择了做一个全职妈妈。生活在忙碌中周而复始，曾经的工作和梦想都被狠狠抛在了远方。下午3点多，我准时出现在幼儿园门口，与大多数爷爷奶奶妈妈们一样等待小鸟们飞出来各寻各妈。达达妈笑容满面恭喜我说你家甜甜被选中了，我一头雾水。她说，深圳少儿频道的导演来选秀，有个少儿节目叫《饭没了秀》，你看过吧，就是强子哥哥做主持人的。提起强子哥哥，我恍然大悟，女儿经常挂在嘴边，但我还是不敢相信女儿被选中。我正将信将疑，接到了

幼儿园里，时时传来欢乐的笑声

一个自称周导的电话，在核实一切信息后我才确信是真的。女儿的台词由我写，装扮由我自行准备，只给一次与强子哥哥排练的机会，时间紧迫，我在家里一遍遍教女儿背台词。喜庆的东北花夹袄，红绸子绑的羊角辫，脖子上一串火红的小辣椒饰品，一到电视台周导就被女儿的装扮逗乐了，他说当时选中我女儿就是看她说话机灵大胆，典型的东北妞，要的就是这个效果。女儿是第二个上场的魔力宝宝，火红的小辣妹装扮，一上场就给观众一圈飞吻，惹来观众阵阵掌声。强子哥哥先按台词和她对答几句，突然提了台词上没有的问题，我在旁边心提到嗓子眼，女儿却用稚嫩风趣的话语配合肢体动作赢得台下阵阵喝彩声。节目播出时，我看了女儿的表演也忍俊不禁，临场发挥更适合她的活泼天性。

因为这次表演，我决定从小培养女儿的文艺爱好，在她顺利进入园岭小学二分部后，每个双休日，我都带她去青少年活动中心，也就是“大家

与女儿在少儿图书馆度过了愉快的亲子时光（冰凌花 供图）

乐”上课。语言表演、民族舞、独唱、珠心算，几乎双休日都在赶场。最初女儿兴致蛮高，每个班的老师都夸女儿外形好有天赋，一个学期下来，女儿变得不耐烦，语言表演要背好长的文章，课文都背烦了，哪里高兴背这些。无奈，尊重女儿意见，停了语言表演班。民族舞总是练基本功，一个学期还没学会一个舞蹈，女儿又不耐烦，无意间发现拉丁舞很好看，嚷着要学拉丁舞，当家长的只有再尊重孩子意见，改学拉丁舞。独唱班好是好，偏偏女儿自唱歌后咳嗽了一个寒假，医生建议停止唱歌，又只能半途而废。功课紧了兴趣班就没时间了，放弃了兴趣班只学英语和奥数，却成效不大。狠狠心，报了课外班，就在园东花园楼下，学费堪比房租贵。课外班的老师果真是尽职尽责，女儿的成绩缓步上升，学习劲头十足。

乐乐虽然住在罗湖，也被妈妈带来“大家乐”学习跆拳道，而达达妈因为儿子学习跆拳道和乐乐妈相识，两人都是我的朋友加老乡，如果赶上同一时段上课，我们3个全职妈妈会在“大家乐”的家长等候区热聊一番，都是东北人，虽然和达达妈不同省份，却仍然是东北一家亲，聊起来毫无拘束感。在我们3个女人中，乐乐妈算是活得比较精致的，家庭条件最好，达达妈炒楼也挣钱，但不爱打扮，肤色微黑，脾气也硬朗。而我经济上最不济，连房子都还不知何年何月能买上，她们两个却羡慕我有一个漂亮乖巧的好女儿。乐乐妈抱怨乐乐一个小姑娘偏偏喜欢打打杀杀学什么跆拳道，而达达妈和达达爸经常吵架，多半是为了钱到底填了谁家的窟窿。

四

6年里，房子月租金从1000涨到1200直到1400。其间也考虑买房，无奈老公月薪有限，怕月供吃力，就抱着等等看的思想，决定继续租房。

随着女儿长大需要升入初中，我们决定搬家，找一处两室一厅的房子，让女儿有一个独立的空间。终于找到了一处园岭新村112栋的学位房，两室一厅80平方米，房租却贵了一倍，还好这处房子带装修和部分家具。最让我欢喜的是有一面大书柜，我将几年来闲暇写作发表作品的样书样刊，还有买来的书籍分别罗列，女儿也将她心爱的玩具小摆设点缀其中，既有书香又有童趣。窗外环绕着榕树、荔枝树，小鸟的啁啾声不绝于耳，女儿说清晨伴着鸟的歌唱起床，每天都是一个快乐的开始。窗台上种了几盆花，偶尔一两只胆大的鸟儿会飞下来，在花盆里觅食。有一种全身黄绿色的小鸟非常可爱，只有手指长短，比较贪吃，却也机灵，我刚要用手机拍下来，它们就闻声而逃。

父母第一次来深圳，就是在我生病期间。待我的身体在父母的照料下已经好转，母亲的关节炎因雨季发作，父母订好车票要走，房东突然通知我说要卖房子，这对于我们来说无异于一个响雷。我的身体还没完全康复，找房搬家是个多么繁杂的事情，母亲担心我的身体，可她自己已病倒，父亲狠下心说，我们还是回去吧，在这里不能给孩子帮忙，还要给她添乱么。母亲临走时嘱咐我，一定要找一处比这套房好些的房子。

每天都有人来敲门看房，为了顺利卖房，女房东和我商量时语气格外亲热，仿佛我们拥有共同的房子。房东是公务员，当年分得这套房子才花了一万多元，后来风闻要求公务员不许多套房产，不得不出手一套，况且当时房价已经涨了很多，最后卖给了一对即将结婚的新人，280万元。几年之后，园岭的房价又不断攀升，没等到拆迁，仍挡不住学位房高高在上的价格，也许房东后悔卖早了，损失了几百万。也许买房的后悔了，那个卫生间下水道经常堵塞，房东从没管过，当时他们看房我坦言过，可能买房的小两口以为我找借口阻止其买房，根本不信。一年后他们还是查不到原因，忽然客气地打电话向我探寻，我如实相告。房东在成功卖房后曾轻描淡写地告诉我，下水道堵塞是因为她女儿的乒乓球掉里面了。因为她女儿的乒乓球，我们家每次冲凉只能站在一只大塑料盆里接水，之后我再用小盆淘水倒进马桶，否则就会水漫卫生间。一年里我找人两次疏通下水道也没有明显效果，而我不知淘了多少盆洗澡水，房租却没有降一分钱。

终于在暑假看了几套房子后，选定了一处，离原来住处不远，月租3000元，比先前住的那套房子还小了一些，虽然也是两室一厅，却是与别人家共走一个门。这是一套大三房后改出的两套小两房，看着相对整洁明亮，房租比大两房也便宜几百，于是就租下了。同属于园岭新村，相距几百米，我利用买菜的小车将零散物品一趟趟搬运，和蚂蚁搬家差不多，在深圳的高楼大厦间穿梭。我不正是一只小小的蚂蚁吗？为了生活，从一个出租房被迫搬进另一个出租房，那些琐碎的物品在有钱人眼里一文不值，除了百十元的衣物，就是卖废品才几毛钱一斤的书刊，而我却将它们视若珍宝，走到哪里都舍不得遗弃。小小的房间吞下那么多的物品，以至于两个卧室成了小仓库。

五

园岭新村一共有112栋楼，我住过112栋，后来又搬到106栋，大门口挂着一块“黑龙江招待所”的牌匾，向人打听过，里面并无这个所在，不知何年何月留下的招牌仍然勾起我的乡愁。园岭的房子多是环廊相连，我尝试过两次，都如同走迷宫一样绕晕自己。葱郁的榕树、迷宫般的环廊、斑驳的墙体、穿着蓝白学生服的小学生，构成了一幅幅园岭图画。在工交二幼和园岭小学二分部的交汇处有一块百平方米的空地，榕树盘根错节，两三种简易的健身器材，成了放学后孩子们的乐园和家长们交流的集散地。谁家的孩子受表扬，谁家的孩子不听讲，谁家的妈妈做菜好，谁家的婆婆刁难人……孩子们在家长中间疯跑嬉闹，家长们则三个一群两个一伙，一会儿窃窃私语一会儿放声大笑。天色转暗，家长们醒过神来背起书包，扯着没疯够的孩子往家赶，孩子们还恋恋不舍地回头彼此大喊“明天见”。

八卦岭天桥连起了园岭街道的鹏盛社区和园东社区，两个社区我都住过，因为担任过社会职务，和两个社区的工作站站长也都相熟。以前作为居民个体并不觉得社区工作有多繁杂，待深入社区后才对他们的工作有更深体会。而我无权无职，所能做的就是了解社情民意起到沟通桥梁的作用。我们

八卦二路旭飞花园，其设计风格在今天已经难得一见（冰凌花 供图）

现场走访过鹏盛村，作为老式单身公寓小区，居民缺少挂晒衣服的地方，导致乱挂晒情况严重，严重影响市容环境，后来经代表们协调处理，统一规范安装了晾衣架。还有商户反映八卦一路美食街在晚上6点至8点间交通非常拥堵，然而八卦一路工厂区有家印刷厂却时常在这个时间点装货、卸货，大货车、叉车占据了整条道路，致使交通瘫痪。后来联系了交警部门加强管理，保证路面畅通。也有很多群众和企业反映的难题无法得到解决，涉及多个部门甚至相关政策，而我虽然只参与解决了一两件小事，内心也有种踏实和喜悦的感觉，虽然这些小事与我个人的生活无半点关联。与我生活紧密相关的仍然是高昂的房价、上涨的房租，哪家的菜价便宜，哪个培训班老师受欢迎。

新一佳是园东社区规模较大的超市，如同鹏盛社区的好又多，罗湖松园社区的家乐福，这3家大型超市与我家的距离都适中，选择日常购物相当方便。当然，在园岭居民区通往少儿图书馆的小路两侧，三五步就是一个独立的菜摊，新鲜的蔬菜水果任人挑选，方便那些懒得去超市的人，或临时买菜的人。我偶尔从图书馆回来路过也会问问价，挑两根碧绿的青瓜、称一串黑紫色的葡萄，或者什么都不买，只是用眼睛饱览果蔬大全，听一听讨价还价。这里没有高低贵贱之分，买菜的穿着随意，和卖菜的多半相熟，大都是邻里街坊，差个几毛钱也不计较，秤高了也不觉得亏本，这样的市井生活像一股新鲜血液流淌在居民区的血管里，让老旧的园岭焕发出生机勃勃的一面。

在八卦二路居住时，为了给女儿买教辅书，我知道了八卦岭书城，那里是教辅书的批发零售地，且是打折出售。居住在园岭的家长们几乎没有不知道此地的，经常是新学期开学后，家长带着老师罗列的书单，在一家家教辅书店穿梭，如同淘宝。除了教辅书，那里也有一些文学书籍和期刊，但所占比例不大，我偶尔也会为一两本文学期刊问遍卖家，有幸购得一本能开心半天。后来又经常去附近的一家求实书城，除了图书还有各种文具卖。搬到园岭新村后，距离少儿图书馆近了，带着女儿办了借书证，看着一个个很小的孩子在父母陪同下安静地看书，我为他们感到幸福，在老家的小城，小孩子是没有这种待遇的。少儿图书馆也有很多适合成人阅读的中外名著，我时常借女儿之光为己谋私。少儿图书馆还经常举办一些征文活动，女儿积极参与过一次读写比赛并获了奖。其实不止有少儿图书馆，社区也有阅览室，比如鹏盛社区和园岭新一佳旁边的图书阅览室我都去过，只要在深圳市图书馆办了借书证，都可以通借通还，非常便利。

荔枝公园简直可以称作园岭人的后花园，与少儿图书馆相邻，也是一处文艺气息浓厚、风景优美的好去处。可以在公园里散步休憩，也可以吹拉弹唱跳舞打拳，竹林沐风，湖上泛舟，亭台楼榭桥，处处是风景，引得游人无数。距荔枝公园虽近，我去的次数仍屈指可数，节日游园倒是成了必备一项。每逢节日，火红的灯笼在仿汉白玉桥上一字排开，游人或在桥上眺望荔湖上的游船，以桥、湖、船为背景笑对镜头留下美好瞬间，或在一簇簇绿植间漫步穿行，或在铺满石子的湖边陪小儿女捉小鱼小虾。间或驻足看一看身着艳丽维吾尔族服装的新疆舞舞者，他们是一对老年男女，皮肤的褶皱在阳光的照耀下变得熠熠生辉，灵活的动作、轻快的旋转，舞出了青春不老。引吭高歌的美声、优美婉转的民族唱法也会吸引我循声而去。这里没有华丽的舞台，表演者却倾情投入，有固定的观众也有临时的游人跟着哼唱打着节拍，经常是脚步渐渐远去，一颗心还回荡在乐曲中。情侣桥上一对对手挽手有说有笑，垂钓区全神贯注的钓鱼人坐成一尊尊雕像，波光粼粼的湖面偶尔有白色大鸟掠过，顽皮的孩童一声大叫，惹得钓鱼人微微皱眉，鱼儿脱钩了，夕阳将散碎的金子洒满湖面。

大大小小的书城报刊亭，园岭小学本部、一分部、二分部和一所红岭中学，少儿图书馆和社区街道阅览室，课外班各大培训机构，将园岭的文化氛围烘托得相当热烈。在此必须着重提一提课外班教育，这里是学生的校外“学校”。学费并不便宜，但还是吸引了一拨又一拨学生和家长慕名而来，包括我和女儿也是抱着试试看的心态。最初我笑称女儿和其他孩子都是奔着课外班的抽奖礼物去的，女儿不止一次抽中她喜爱的文具和公仔，甚至有一次手气太好，抽中了特等奖山地车一台，后来我慢慢从女儿欢快的言谈中发现她是真的喜欢这里。从小学六年级到初中3年间，女儿接触了很多邦德老师，她们中女老师居多，年轻有活力，和学生的关系不是刻板的师生关系，而是朋友关系，学生不愿意和父母说的话题可以和老师自由交流，老师的讲课方式也灵活多样百问不厌。我印象深刻的是两个女老师，一个教英语的余老师，一个教物理的张老师，身材娇小性格开朗，统一的制服配上几厘米高的细跟鞋，有时被女儿的马虎气得也吼两声，女儿和她们的关系还是如朋友如姐妹。在女儿考学后她们也自立门户，张老师在园岭租了一套房子开班授

社区一角的独特设施，成为居民的聚集地

课，讲课强度很大，她还拖着怀孕之身，宽松套头衫加一双踏实的平底鞋，娇小的身材被丰腴笨重替代，眼角的笑纹里掩不住将为人母的欣喜，老公因工作原因常年在外，她只能自己照顾自己。开朗直率、讲课深入浅出的张老师赢得了学生家长们的喜爱，水果和营养品很多都是热情的家长送来的。她不是深户，老家的婆婆让她回去待产，但她却准备在深圳生养未来的宝宝。我感觉她和深圳的个性很像，有活力不服输，是很多年轻人打拼奋斗的写照。

六

2014年暑假结束，我刚从老家探亲回来，就遭遇房东再次涨价，这一次突然涨了五百，让我实难接受。看着逼仄的房间，女儿高中已考取了四大名校之一，却还要在这样的环境中学习成长，我的眼泪再次夺眶而出。再苦也不能苦孩子了，宁可贷款也要买房，要给女儿一个梦寐以求的自己的家。最后和房东商定，按涨价后的租金租到年底，年底前我一定要买房！打听了一下园岭新村的房价，令人窒息，既然不需要考虑学位，也不必再将目光局限于此。我将视线放在了曾经的关外，天天跑去看房问价，中介变成了熟人。买好一套二手房，简单装修后，终于在年底结束了长达10年的租房史，同时也告别了园岭，奔向一个陌生的地方。

离开园岭后，偶尔也会回那边办事，在八卦二路上我还被一个人喊美女，回头张望，竟然是唐唐的妈妈，一个河南美妈，高个子白皮肤，一张能说会道的巧嘴。唐唐妈妈说已经将所租的房子买了下来，还装修了，非要拉着我去她家参观。我也颇感好奇，那么小的房子她能如何装修，便欣然前往。不到40平方米的一室一厅被改造成更小的两室一厅，用袖珍形容某些房间更贴切，麻雀虽小五脏俱全，功能倒是很齐全。唐唐妈说，等以后挣多点儿钱再换个大房子。

倏忽间又是几年过去，女儿在北京某高校就读，暑假回来陪我去一家社康看完牙，时间尚早，我们就趁机在园岭走走逛逛，希望找寻旧时记忆。昔日的园岭小学三个分部校园已重新装修，二分部的名字变更为园岭实验小学，我给女儿在校门口拍照留念。园东花园小区楼下商铺也被改造成天街一号这样的时尚大商场，很多记忆变得模糊不清，仿佛上个世纪的印痕。我们租住过的112栋，买房的夫妇家小孩也该上学了吧。106栋同一屋檐下的一家三口是否也像我们一样有了一套属于自己的房子呢？八卦一路美食街的很多餐饮换了又换，也有几家长盛不衰，边王饺子馆、胜记酒楼，还有女儿念念不忘的龙帝桂林米粉店，或多或少勾起我们尘封的味蕾记忆。

终于转到了八卦二路，我和女儿不约而同想去我们来深圳的第一个家看看，沿着斑驳陆离的时光隧道，我们先来到六楼曾经租住的门口，房门紧闭，窗帘严实，无法看到室内一丝光景。右手边的房门倒是开着，门口一张上下铺，不知是否还住着那对小姐弟，抑或早已换成了陌生人。女儿尝

撞色设计，粗糙但不失可爱，充满童心

试着叫了声“佳佳，贝贝”。一个穿着睡衣的女孩子揉着惺忪睡眼，迟疑地张开嘴叫道，你是甜甜姐姐？见我女儿应答，又腼腆地叫了我一声阿姨好。没错，这个身高已经和女儿差不多的女孩子就是佳佳，弟弟贝贝和她妈妈出门还没回来。佳佳马上就要上高中了，变得比小时候话语少了些，更多的是微笑着听，她还告诉我们，四楼的小威和唐唐也都没搬走，我和女儿决定去看看昔日的邻居们。小威妈对于我们的到来很惊喜，不断地拿出在香港买的零食招待，她这套房子原本是自己的，后来也装修了一番。小威就在敞开的门里睡觉，听到我们的说话声后才起床出来相见。这个从小就上蹿下跳的泼皮猴长高了长帅了，仍然瘦，言谈举止却与儿时判若两人，女儿与他多年未见，想不到两人还有共同的话题。小威从小喜欢打电脑游戏，这也曾是他妈妈苦恼之事，现在上了大学计算机专业，缺点转化成优势，小威妈妈显得很欣慰。因还要去看看唐唐，我们谢绝了小威妈妈的挽留匆匆告别。唐唐长高了，一眼就认出了我和女儿，亲热地拉着我女儿的手问长问短，她妈妈还没下班回来，听说甜甜姐姐在北京上大学，她说自己已经考上了深圳重点高中，以后也会实现梦想的。夕阳投射的余晖下时光静止，看着小女孩转眼变成了青春少女，弯弯的眼暖暖的笑，一切仿佛回到昨天。

我和达达妈早已失去联系，前几年从乐乐妈口中断断续续听说过一点消息，达达妈将园岭的复式楼卖掉了，自己办了个培训班，和达达爸离婚了，经济自由了。我听了并不惊讶，达达妈的个性如此，不会屈服于任何人。

令我万万没想到的是，乐乐妈也离婚了，我租住在八卦二路的第一个出租屋，就是她刚来深圳的落脚点，她那时每天拉上窗帘关着门，怕住户杂乱而提心吊胆，后来仅仅一年，老公大吴挣了钱买房子买车，她还经常带我去万象汇、京基100逛商场，名牌衣服挂满衣柜，生活无忧，却变了轨道。更令我没想到的是，在深圳十余年她过着贵妇般的日子，后来却狠心抛下一切，回到生她养她的故乡小城安度余生。走之前，她给我留下一个锦盒，里面是一把门钥匙让我替她保管，那是属于她的豪宅，而这把钥匙还能再给她一个完整的家吗？

写下此文正值深圳的春天，噪鹃时而鸣叫，其声婉转急促，让我想起了园岭的榕树间，常能看到一道黑影，听到一声声鸟的鸣叫，与噪鹃之声毫无二致。我当时没见过真容，也不知其名，于是就给它取名“叫春鸟”，它一叫，春天就来了。春天来了，一切都会变好吧？

园岭画缘

文 / 陆佳

1983年5月23日上午7时后，我身背挂包，手提红色胶桶，来到广州火车站。

春夏之交的广州并不特别热，刘红军早早来到火车站，等林瑞洲和我抵达后，便带我们踏上开往深圳的列车，随着路轨发出“轰隆——轰隆——轰隆隆——”的响声，火车缓慢起程了。

窗外，我熟悉的广州城市景象正一个个往后移去，逐渐消逝在眼前。马上要离开生我养我的地方，到一个完全陌生的、宣传为四大经济特区之首的边陲小镇，想象着自己这个乳臭未干的毛头小伙要来参与建设这个据说是要赶上“亚洲四小龙”的未来新城市，内心真是五味杂陈，忐忑、忧虑、渴望、希冀一下子全涌上心头。

看着坐在我对面叫刘红军的这个瘦高个子，皮肤黝黑，头发浓密，三七分头整洁而不乱，一副白框眼镜后一双不大的眼睛炯炯有神，显得聪慧而睿智，典型的知识分子形象，这就是我们后来尊称的刘总。为吸引更多有才华有志向的青年人参与特区文化建设，他马不停蹄，风尘仆仆，几乎跑遍全省，创业精神和效率令人钦佩！

我，便是他选中的其中一人。想想这也是一种缘分，在茫茫人海中相遇，刘总是怎样找到我的呢？

据刘总后来说，他是专门跑到广州日报找到报社领导说明情况，而当时著名画家卢延光老师也刚好在现场，经他们推荐找到我的。因为我当时在广州为众多报刊画插图和连环画，算是略有成绩的青年作者。当时报社领导推荐了几个人选，刘总逐一考察后才选中我的。之后他来我家见我父母亲，极力说服并请求他们支持，让我到一个将要崛起的新兴城市创业。刘总的可贵之处是真挚诚恳，实事求是，事先向我父母说明深圳的条件有限，目前情况下会非常艰苦，并拿出报社简陋草棚的办公场地照片给他们看。我父母是中共党员，明知条件艰苦，他们也十分愿意让我这个从小养尊处优的省城男孩到那样的环境中接受锻炼，刘总听后很是感动。那时候我刚开始和现在的太太黎志华“拍拖”，坦白说情窦初开的我是不愿与恋人分开来特区的，父母知道后就认真细致地做我的思想工作。经过一番激烈的内心挣扎后我终于想通了，决心接受挑战，跟着这个瘦高个子到深圳闯荡，去创一番事业。

陆佳在美编室工作时之情形（陆佳 供图）

想着想着，很快，郊野的景象映入眼帘并飞驰而过，火车经停几个站后快到深圳了。这时，窗外下起了滂沱大雨，隐约闻到些臭味。火车进站了，透过车窗只见天色昏暗，雨势越来越大，猪粪的臭味更大。刘红军对我们说：“到深圳了，下车吧”，我这才回过神来拿上行李下车。

放眼望去，月台上停满的列车和拥挤的人流显得乱哄哄的。那时的深圳火车站是客货共用，由内地运往香港的生猪专列（开放式猪笼车）都停靠在车站，雨水加上上下车旅客的人流，再混杂着猪粪的气味，怎一个“臭”字了得！感觉自己也变得一身臭了。在阵阵狂风暴雨的吹打下远眺南边山头，一架低飞的直升机在一个插有米字旗的岗亭上方盘旋，一看便知那边就是香

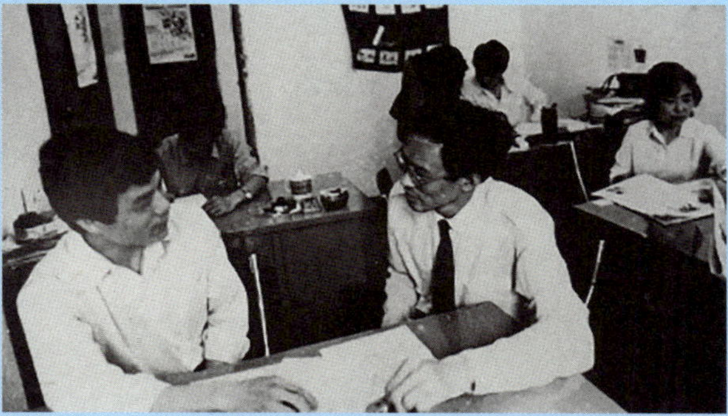

报社人员心无旁骛地工作。图为刘红军（中）和刘志兴（左）在研究体育报道，张敏毅（右）正专注地工作（陆佳 供图）

港。1980年代初，去香港有如登天，尽管早知道只是一河之隔，但身临此地看到对岸哪怕是一座小山头，还是有几分神秘感的。

当年在火车站月台放眼就可把深圳全景尽收眼底。刘红军指着北面某处说："看，那就是团市委所在地，我们报社就在那里，看到了吗？"我翘首远眺，看到的只是远处大雨下朦胧秀丽的山峦和一些错落无序的建筑，边看边似是而非、唯唯诺诺地点点头，表示看到了。但说实在话，什么也看不到！

刘红军异常焦急地左顾右盼，他说团市委会派车来接，那时没有现代通信工具，只能等、等、等……看着刘总烦躁不安的样子，我们也帮不上忙。最后，他当机立断地说："算了，不等了，我们自己想办法过去。"便带着我跟林瑞洲沿着破烂不堪的月台，踩着泥泞步行到华侨酒店一侧的火车站西广场。所谓西广场，实际上是一个停满各式车辆的停车场，各种大巴、中巴、的士、货车、两轮摩托车、单车，还有三轮摩托车，当然还有来自四面八方的各式人等，到处都是"乱糟糟"的，看到香港过来的港客，拎着大包小包匆匆挤着找车的情景至今难忘。

刘红军很快叫来一辆“东风”牌三轮摩托货车，我们三人不管三七二十一，带着大箱小包的行李一起挤上了这辆破车，随着发动机的隆隆响声驶向目的地。透过车厢帆布残破的缺口望出去，建设路方向那边是一片繁忙的建筑工地，遍布起重吊机、脚手架。被刚刚那场豪雨冲刷过的马路（实际上是黄泥路），已经变成坑坑洼洼泥泞不堪的烂路了，三轮摩托车艰难地行驶着，路上的颠簸已把我们抛得头昏脑涨，连黄胆水都快吐出来了。

不久转入解放路，经过深圳市公安局后就看到一个大型修车场（现在大剧院位置），走完解放路向右，一条新路展现眼前，这就是刚修筑完工的红岭路，因为路基是在比较低洼的地方新建，看上去更像是水库的堤坝。右边是错落低矮的村舍（蔡屋围），左边望去是一片荔枝林（荔枝公园）。

往前走没多远，三轮车就停在路左边白桦林和小山丘前的一片黄泥地上。三人拖着散了架的身躯从这辆破三轮上爬下来，站稳好一会儿才缓过劲。啊！雨停了，空气中透着白桦树清新的芳香，刚才的污秽和郁闷一扫而光。

转头望向树林，什么都没有，随着刘红军的引领，步上小山坡，一间简陋甚至有些破烂的草棚赫然出现在眼前，这就是刘总在广州给我家人所看那幅照片的现场。必须承认，图像的感觉和现场实景真是两回事儿！伫立草棚前，只感到一片茫然，脑袋空空的：这是真的吗？未来我要扎根这里？

回到现实走进草棚，只见屋内放着四张双人铁床，中间放了四张办公桌，屋顶装有两排日光灯，正对门有一个窗户，分配给我的床就在这个窗户下面。与其说是窗户，不如说是用竹子和干稻草搭建的一个透光的洞。百无聊赖下，我拿起一根竹竿撑起这扇草搭的窗门，顿时一股清风吹进棚屋。

刘总说这里暂时就住三个人，林瑞洲和我，还有一个财务，啊！还有一个女人？男女混住？观念中总以为财务人员都是女的。但很快就被告知，哪有这等好事！是一个叫施耀强的男财务与我们同住，该同事这两天出外办事未回。

陆佳创作的插画，展现其初到深圳所见所闻（陆佳 供图）

一番折腾后，草棚暂时平静下来。不久，刘红军、林瑞洲的两个新闻系同学来了，一个叫黄励军，一个叫傅建国，他们的到来让草棚气氛一下子又热闹起来，但没聊多久，他们就兴高采烈地聚餐去了，撇下我一人独守草棚。草棚一下子变得异常宁静、寂静……静得让人感到害怕。但我还是想认真看一下周围的环境，便缓步走出草棚。门右边丛林下有一间空无一人的工棚，是对面园岭新村工地工人的住所，这时他们正在工地干活。再往林中走去便是一片荔枝林，即现在荔枝公园的前身。在我床前窗户不远处，只见一堆瓦缸一字排开，这些东西我略知一二，那是广东农村的习俗，先人去世土葬后过上几年，后人便把先人的尸骨取出洗干净，放到这些瓦缸中，然后每年清明节前来祭拜，这些瓦缸就是所谓的“金塔”。见到这堆“金塔”，我倒吸一口冷气，惨，晚上怎么睡？夜阑人静时，我便要与这些尸骨比邻而眠，这可怎么受得了啊？！我快步走回草棚，思想斗争，大脑交战，留，还是溜？现在走还来得及，反正跟他们不熟，工作还未开展，我的手已下意识地收拾起那几件衣服，脑袋激战得快要炸裂，烦，烦，烦啊！最后只好放下手中的一切冲出草棚，抬头望向灰白色的天空，大口地、深深地呼吸着白桦林散发出的芬芳，啊，气味好清新啊，太美了！这时候我慢慢冷静下来，想到这是一个刚开始建设的城市，她就像一个清新纯洁的少女，洁白无瑕，是一块未开垦的处女地啊。回广州？不，我已踏出这一步，所有亲朋好友、老师同事都知道我投身特区参与创业，现在又跑回去，打退堂鼓半途而废？不行，那可是懦夫胆小鬼行为，我可是男人啊。既然已走出这一步，就绝不能走回头路。再说广州是老城，除了论资排辈还有很多条条框框，很难有我发挥的空间。再看深圳这片土地，一切都是新的，像是一块雪白的画布，在上面可以尽情泼洒我青春的色彩，更可绘就全新的图画实现自己的理想。

想到这里，我迷失的心智回到现实，白桦树的芬芳洗涤净化了我的心灵。冷静、安静、平静下来后，我作出了决定，一心一意跟着刘总扎根深圳，从此彻底地与我的过去告别。

园岭新村8栋一楼，报社美编室外景，这里是陆佳从事美术编辑工作和生活的地方，室内景况就是他工作、生活的空间（陆佳 供图）

经历了一段时间的草棚生活后不久，我所在的报社单位搬到对面新落成的园岭新村8栋。新的社址共有三个单元，里面容纳了报社办公室、编辑部、资料室、美编室、财务室、摄影暗房等所有部门和部分同事的宿舍，也就是说我们既在这里工作，也在这里住。我就住在美术编辑室。刚搬进来时没有电视，没有收音机，只有深圳有线广播站接入每个单元的一个简易喇叭小木箱，跟农村的有线广播没什么两样。这就是深圳经济特区早期的条件，也是我的真切体验。

由于没有正式的会议室，每次开会都在我美编室旁的办公室进行。我不是学新闻的，但我觉得每次编辑会议对我来说都是一次很好的学习机会，让我对新闻学有了不断深入的认识，以至现在和行家聊起来我都好像真学过新闻似的。

我和同事人人各司其职，全身心埋头在各自岗位。报社的环境和条件

陆佳创作的插画，展现其初到深圳所见所闻（陆佳 供图）

陆佳创作的插画，展现其初到深圳所见所闻（陆佳 供图）

陆佳创作的插画，展现其初到深圳所见所闻（陆佳 供图）

虽然清苦，但我们都乐在其中。除了不停地干，还有个“吃”的问题怎么解决？于是我们就定了个“规矩”：几个住报社的同事轮流下厨并排好班，今天是谁，明天是谁。我们享受这种工作状态，这叫：苦，并快乐着。工作起来，寂静无声；工作之余，欢声笑语。

作为美术编辑，我主要负责版面形式和插图、题饰等绘制工作。在这过程中，我确实真正体会到艺术创作的快感。1980年代是一个新旧交替、气象万千、信息大爆炸的年代，我们这批年轻人是最早冲在时代浪尖上拼搏，并深切体会到信息革命带来观念不断改变的一代人。回看来深圳以前的插图平淡乏味，和在深圳的作品相比，已不可同日而语。新旧观念的碰撞使自己在艺术上有了深刻的改变，而这些改变是必然和长远的。

经过一个时期的实践，我对艺术形式有了更进一步的认识，开始理解插图和连环画并不单纯是在为文章和脚本配图，而应该是有更深含意的一种艺术再创造。插图不应该被视作简单的图解，它既与文字有紧密相连的关系，也对文字有相对独立的创作。作家是文字的灵魂，文字作品作为一种提示，让画家通过文字这一主线，进入主观的创作空间，化被动为主动，将对文章主题的理解提升到无限的自我思想境界，这时，插图已成为自我的、充满着画家本人思想意识的、拥有独特个性的作品，并以此来感染读者。因此画家、作家是一种互为补充的关系，这是我历经多年插图创作后的心得和体会。

要有高质量的艺术作品，就要有高素质的生活品位。生活是创作的源泉，也是艺术家的生命，一个充实的生命，应当不断追求幸福快乐和光辉灿烂的人生。

所以，在做好本职工作外，我也有责任多去推动和活跃特区青年艺术创作活动。1985年，我和伙伴全力投入筹备深圳第一个青年人美术组织。首先要起好组织的名称，我在广州时有过参与筹办广州青年美术协会的经验，但如果照搬这个经验则没什么意思，最主要是考虑到深圳是改革开放的新城，深圳特区的青年艺术工作者是在时代浪尖上搏击的新青年。反复权衡后，大家都倾向于用“时代”代替“青年”这个词，毕竟象征意义更重要，最终确定了“深圳时代美术协会”这一名称。名称有了，至于题写名称的大家，我们自然就想到关山月老先生。在刘红军总编的大力支持下，我以家父和关老世交的关系很快和关老取得联系，然后专诚到广州美院关老的住所拜会老人家。听过我们的陈述，关老欣然为我们题写了“深圳时代美术协会”的墨宝。经过一番紧张的筹备，协会于1985年8月19日正式成立，仪式简朴、庄重、活泼，青年美术者们坚定地表示，要投身到深圳时代洪流的艺术事业

中去。

我也在1987年参与筹备组建深圳画院，并在其成立后任专职创作画家，成为国家高级美术师、中国美术家协会会员。

回首往昔青葱岁月，真如《绒花》唱的：“世上有朵美丽的花，那是青春吐芳华……”风风雨雨几十年，一路走来，自觉没有荒废人生，深圳岁月是我冲上云霄的重要基石，也是我个人风云激荡、激情燃烧的几年，成就了我的艺术人生。刘红军就是我的伯乐，我的知心大哥，我将永远铭记刘总对我的栽培和厚爱。

早期建设者、深圳最早引进的人才，大多居住在这里，形成了深圳最早移民社区、市民社区。深圳特区的新办公大楼、市政公园、市政道路，图书馆、博物馆、体
最深圳的文化之一，园岭故事值得写出来、讲开来。深圳文化学者、深商研究学者老亨先生策划、深圳市福田区园岭街道办事处主持编撰的这本《园岭叙事》，第一次系统地叙述了园岭的生发、开发史，以往
究式的枯燥乏味，而是以众多人物记忆的方式讲述园岭。几十位园岭人物的故事很生动，人物讲述的故事也很生动，读来如老友茶叙，有心得，又心怡。据说，这是《我们深圳》从书“深圳社区记忆”系列的
、冰凌花、魏沛娜，旅居新加坡多年的双语作家陈志清，深圳睦邻文学大奖获得者憩园、水去先生等文学俊才，均参与了本书的采写和创作。书中特意保留了这些作家原汁原味的园岭故事。老亨先生解释了如
断地涌现出来，大家一起把园岭故事讲出来、讲开来。2020年是深圳经济特区成立40周年，深圳市福田区成立30周年，还是全国地方史志完成“两全目标”之年。园岭记忆，是福田记忆、深圳记忆、中国国家
、大鹏所城、东门老街去回溯；要说深圳的改革开放，也许蛇口和罗湖桥的起步更早一些；要说深圳经济特区的规划和建设，上步、福田、园岭，就有说不完的故事，写不完的篇章。上步工业区、八卦岭工业
式住宅区，特区的早期建设者、深圳最早引进的人才，大多居住在这里，形成了深圳最早移民社区、市民社区。深圳特区的新办公大楼、市政公园、市政道路，图书馆、博物馆、体育馆、科学馆、报馆、剧院
事值得写出来、讲开来。深圳文化学者、深商研究学者老亨先生策划、深圳市福田区园岭街道办事处主持编撰的这本《园岭叙事》，第一次系统地叙述了园岭的生发、开发史，以往关于园岭的著述甚多，但就
多人物记忆的方式讲述园岭。几十位园岭人物的故事很生动，人物讲述的故事也很生动，读来如老友茶叙，有心得，又心怡。据说，这是《我们深圳》从书“深圳社区记忆”系列的第一本，往后还可以这种方
加坡多年的双语作家陈志清，深圳睦邻文学大奖获得者憩园、水去先生等文学俊才，均参与了本书的采写和创作。书中特意保留了这些作家原汁原味的园岭故事。老亨先生解释了如此这般的策划意图：园岭是
园岭故事讲出来、讲开来。2020年是深圳经济特区成立40周年，深圳市福田区成立30周年，还是全国地方史志完成“两全目标”之年。园岭记忆，是福田记忆、深圳记忆、中国国家记忆的一部分。抢救历史，
溯；要说深圳的改革开放，也许蛇口和罗湖桥的起步更早一些；要说深圳经济特区的规划和建设，上步、福田、园岭，就有说不完的故事，写不完的篇章。上步工业区、八卦岭工业区，是深圳经济特区成立以
者、深圳最早引进的人才，大多居住在这里，形成了深圳最早移民社区、市民社区。深圳特区的新办公大楼、市政公园、市政道路，图书馆、博物馆、体育馆、科学馆、报馆、剧院等“八大文化设施”，大多
深圳文化学者、深商研究学者老亨先生策划、深圳市福田区园岭街道办事处主持编撰的这本《园岭叙事》，第一次系统地叙述了园岭的生发、开发史，以往关于园岭的著述甚多，但就事论事居多，散佚支离不
岭。几十位园岭人物的故事很生动，人物讲述的故事也很生动，读来如老友茶叙，有心得，又心怡。据说，这是《我们深圳》从书“深圳社区记忆”系列的第一本，往后还可以这种方式去往深圳更多街道社区
清，深圳睦邻文学大奖获得者憩园、水去先生等文学俊才，均参与了本书的采写和创作。书中特意保留了这些作家原汁原味的园岭故事。老亨先生解释了如此这般的策划意图：园岭是深圳的“上只角”，大园
。2020年是深圳经济特区成立40周年，深圳市福田区成立30周年，还是全国地方史志完成“两全目标”之年。园岭记忆，是福田记忆、深圳记忆、中国国家记忆的一部分。抢救历史，“打捞”园岭，书写园岭
，也许蛇口和罗湖桥的起步更早一些；要说深圳经济特区的规划和建设，上步、福田、园岭，就有说不完的故事，写不完的篇章。上步工业区、八卦岭工业区，是深圳经济特区成立以后最早规划、最成规模的
，大多居住在这里，形成了深圳最早移民社区、市民社区。深圳特区的新办公大楼、市政公园、市政道路，图书馆、博物馆、体育馆、科学馆、报馆、剧院等“八大文化设施”，大多集聚在这里，构成了深圳
者老亨先生策划、深圳市福田区园岭街道办事处主持编撰的这本《园岭叙事》，第一次系统地叙述了园岭的生发、开发史，以往关于园岭的著述甚多，但就事论事居多，散佚支离不成体系，这次算是有了第一
很生动，人物讲述的故事也很生动，读来如老友茶叙，有心得，又心怡。据说，这是《我们深圳》从书“深圳社区记忆”系列的第一本，往后还可以这种方式去往深圳更多街道社区作客叙谈，摆“龙门阵”。
者憩园、水去先生等文学俊才，均参与了本书的采写和创作。书中特意保留了这些作家原汁原味的园岭故事。老亨先生解释了如此这般的策划意图：园岭是深圳的“上只角”，大园岭是深圳的“大IP”，《园
立40周年，深圳市福田区成立30周年，还是全国地方史志完成“两全目标”之年。园岭记忆，是福田记忆、深圳记忆、中国国家记忆的一部分。抢救历史，“打捞”园岭，书写园岭故事、弘扬园岭精神，《园
更早一些；要说深圳经济特区的规划和建设，上步、福田、园岭，就有说不完的故事，写不完的篇章。上步工业区、八卦岭工业区，是深圳经济特区成立以后最早规划、最成规模的工业区，电子产业、印刷产
深圳最早移民社区、市民社区。深圳特区的新办公大楼、市政公园、市政道路，图书馆、博物馆、体育馆、科学馆、报馆、剧院等“八大文化设施”，大多集聚在这里，构成了深圳这个新型城市的骨骼和精神
田区园岭街道办事处主持编撰的这本《园岭叙事》，第一次系统地叙述了园岭的生发、开发史，以往关于园岭的著述甚多，但就事论事居多，散佚支离不成体系，这次算是有了第一本讲得清“小园岭、大园岭
很生动，读来如老友茶叙，有心得，又心怡。据说，这是《我们深圳》从书“深圳社区记忆”系列的第一本，往后还可以这种方式去往深圳更多街道社区作客叙谈，摆“龙门阵”。《园岭叙事》是一本非虚构
才，均参与了本书的采写和创作。书中特意保留了这些作家原汁原味的园岭故事。老亨先生解释了如此这般的策划意图：园岭是深圳的“上只角”，大园岭是深圳的“大IP”，《园岭旧事》《园岭迷藏》《园
立30周年，还是全国地方史志完成“两全目标”之年。园岭记忆，是福田记忆、深圳记忆、中国国家记忆的一部分。抢救历史，“打捞”园岭，书写园岭故事、弘扬园岭精神，《园岭叙事》是个尝试、是个开
区的规划和建设，上步、福田、园岭，就有说不完的故事，写不完的篇章。上步工业区、八卦岭工业区，是深圳经济特区成立以后最早规划、最成规模的工业区，电子产业、印刷产业、服装产业等深圳后来的
区。深圳特区的新办公大楼、市政公园、市政道路，图书馆、博物馆、体育馆、科学馆、报馆、剧院等“八大文化设施”，大多集聚在这里，构成了深圳这个新型城市的骨骼和精神。所有的这一切，都攸关园
撰的这本《园岭叙事》，第一次系统地叙述了园岭的生发、开发史，以往关于园岭的著述甚多，但就事论事居多，散佚支离不成体系，这次算是有了第一本讲得清“小园岭、大园岭”，讲得清园岭的过去、现
有心得，又心怡。据说，这是《我们深圳》从书“深圳社区记忆”系列的第一本，往后还可以这种方式去往深圳更多街道社区作客叙谈，摆“龙门阵”。《园岭叙事》是一本非虚构作品，立足于纪实，却不乏
创作。书中特意保留了这些作家原汁原味的园岭故事。老亨先生解释了如此这般的策划意图：园岭是深圳的“上只角”，大园岭是深圳的“大IP”，《园岭旧事》《园岭迷藏》《园岭之恋》都是演绎园岭IP极
志完成“两全目标”之年。园岭记忆，是福田记忆、深圳记忆、中国国家记忆的一部分。抢救历史，“打捞”园岭，书写园岭故事、弘扬园岭精神，《园岭叙事》是个尝试、是个开端。感谢所有为本书编撰
福田、园岭，就有说不完的故事，写不完的篇章。上步工业区、八卦岭工业区，是深圳经济特区成立以后最早规划、最成规模的工业区，电子产业、印刷产业、服装产业等深圳后来的支柱产业，在这里起步，
楼、市政公园、市政道路，图书馆、博物馆、体育馆、科学馆、报馆、剧院等“八大文化设施”，大多集聚在这里，构成了深圳这个新型城市的骨骼和精神。所有的这一切，都攸关园岭，都发生在大园岭这块
，第一次系统地叙述了园岭的生发、开发史，以往关于园岭的著述甚多，但就事论事居多，散佚支离不成体系，这次算是有了第一本讲得清“小园岭、大园岭”，讲得清园岭的过去、现在和未来的专著了。《
这是《我们深圳》从书“深圳社区记忆”系列的第一本，往后还可以这种方式去往深圳更多街道社区作客叙谈，摆“龙门阵”。《园岭叙事》是一本非虚构作品，立足于纪实，却不乏文学的创意。资深作家
这些作家原汁原味的园岭故事。老亨先生解释了如此这般的策划意图：园岭是深圳的“上只角”，大园岭是深圳的“大IP”，《园岭旧事》《园岭迷藏》《园岭之恋》都是演绎园岭IP极具张力、极具想象力
之年。园岭记忆，是福田记忆、深圳记忆、中国国家记忆的一部分。抢救历史，“打捞”园岭，书写园岭故事、弘扬园岭精神，《园岭叙事》是个尝试、是个开端。感谢所有为本书编撰做出努力的各位创作者
完的故事，写不完的篇章。上步工业区、八卦岭工业区，是深圳经济特区成立以后最早规划、最成规模的工业区，电子产业、印刷产业、服装产业等深圳后来的支柱产业，在这里起步，并形成气候。通心岭住
路，图书馆、博物馆、体育馆、科学馆、报馆、剧院等“八大文化设施”，大多集聚在这里，构成了深圳这个新型城市的骨骼和精神。所有的这一切，都攸关园岭，都发生在大园岭这块热土上。园岭有深圳最
岭的生发、开发史，以往关于园岭的著述甚多，但就事论事居多，散佚支离不成体系，这次算是有了第一本讲得清“小园岭、大园岭”，讲得清园岭的过去、现在和未来的专著了。《园岭叙事》对园岭发展的
“深圳社区记忆”系列的第一本，往后还可以这种方式去往深圳更多街道社区作客叙谈，摆“龙门阵”。《园岭叙事》是一本非虚构作品，立足于纪实，却不乏文学的创意。资深作家、纪录片导演何良，前深
故事。老亨先生解释了如此这般的策划意图：园岭是深圳的“上只角”，大园岭是深圳的“大IP”，《园岭旧事》《园岭迷藏》《园岭之恋》都是演绎园岭IP极具张力、极具想象力的文学发引。《园岭叙事》
忆、深圳记忆、中国国家记忆的一部分。抢救历史，“打捞”园岭，书写园岭故事、弘扬园岭精神，《园岭叙事》是个尝试、是个开端。感谢所有为本书编撰做出努力的各位创作者、受访者、支持者以及默默
上步工业区、八卦岭工业区，是深圳经济特区成立以后最早规划、最成规模的工业区，电子产业、印刷产业、服装产业等深圳后来的支柱产业，在这里起步，并形成气候。通心岭住宅区、园岭新村住宅区、白
馆、科学馆、报馆、剧院等“八大文化设施”，大多集聚在这里，构成了深圳这个新型城市的骨骼和精神。所有的这一切，都攸关园岭，都发生在大园岭这块热土上。园岭有深圳最棒的学校之一、最棒的书吧
于园岭的著述甚多，但就事论事居多，散佚支离不成体系，这次算是有了第一本讲得清“小园岭、大园岭”，讲得清园岭的过去、现在和未来的专著了。《园岭叙事》对园岭发展的脉络梳理得很清晰，重点也
一本，往后还可以这种方式去往深圳更多街道社区作客叙谈，摆“龙门阵”。《园岭叙事》是一本非虚构作品，立足于纪实，却不乏文学的创意。资深作家、纪录片导演何良，前深圳青年杂志社社长、总编辑
这般的策划意图：园岭是深圳的“上只角”，大园岭是深圳的“大IP”，《园岭旧事》《园岭迷藏》《园岭之恋》都是演绎园岭IP极具张力、极具想象力的文学发引。《园岭叙事》之后，期待更多园岭题材的
忆的一部分。抢救历史，“打捞”园岭，书写园岭故事、弘扬园岭精神，《园岭叙事》是个尝试、是个开端。感谢所有为本书编撰做出努力的各位创作者、受访者、支持者以及默默奉献的团队工作人员。要说
，是深圳经济特区成立以后最早规划、最成规模的工业区，电子产业、印刷产业、服装产业等深圳后来的支柱产业，在这里起步，并形成气候。通心岭住宅区、园岭新村住宅区、白沙岭住宅区，是深圳特区成
“八大文化设施”，大多集聚在这里，构成了深圳这个新型城市的骨骼和精神。所有的这一切，都攸关园岭，都发生在大园岭这块热土上。园岭有深圳最棒的学校之一、最棒的书吧之一、最深圳的传奇之一、
深圳的改革开放，也许蛇口和罗湖桥的起步更早一些；要说深圳经济特区的规划和建设，上步、福田、园岭，就有说不完的故事，写不完的篇章。上步工业区、八卦岭工业区，是深圳经济特区成立以后最早规
最早引进的人才，大多居住在这里，形成了深圳最早移民社区、市民社区。深圳特区的新办公大楼、市政公园、市政道路，图书馆、博物馆、体育馆、科学馆、报馆、剧院等“八大文化设施”，大多集聚在这
者、深商研究学者老亨先生策划、深圳市福田区园岭街道办事处主持编撰的这本《园岭叙事》，第一次系统地叙述了园岭的生发、开发史，以往关于园岭的著述甚多，但就事论事居多，散佚支离不成体系，这
园岭人物的故事很生动，人物讲述的故事也很生动，读来如老友茶叙，有心得，又心怡。据说，这是《我们深圳》从书“深圳社区记忆”系列的第一本，往后还可以这种方式去往深圳更多街道社区作客叙谈，
邻文学大奖获得者憩园、水去先生等文学俊才，均参与了本书的采写和创作。书中特意保留了这些作家原汁原味的园岭故事。老亨先生解释了如此这般的策划意图：园岭是深圳的“上只角”，大园岭是深圳的

相关附录

通心岭的『南泥湾』

深圳市委背后的通心岭“老五幢”楼，是深圳建设初期的机关宿舍楼。在这里首批安居的住户，均是早期从各地调进特区工作的干部。日后，人们称这里是通心岭的“南泥湾”。

这个美称何来？话还得从头说起。

那时，这里一片荒凉：楼的周围，是杂草丛生的山坡地；楼的东面，是一片水草茂密的低洼地；楼的西北面，是大小不一、高高低低的一大片稻田；楼的南面，是唯独一条能供人骑自行车且高低不平甚至坑坑洼洼的、可通往市委大楼和市区的泥路。除此之外，其他包括卖粮、油、鱼、肉、菜以及燃料、副食品等在内的生活设施，是空白。

住在通心岭的干部，要维持正常的基本生活，必须在下班后骑自行车或步行到南塘肉菜市场购买生活必需品。如是晴天，虽然尘土飞扬，但在烂路上行走还不成问题，骑自行车与徒步的区别，只不过是来回时间差的区别；如是雨天，虽然不会尘土飞扬，但那泥泞的烂路，令人骑自行车或徒步都深感不便。在这样的居住环境和交通条件下，为了日常生活要如此奔波，三月五月还可以挨过去，长年累月要那样紧张度日，就使人有点不好受了。况且，当时调进特区工作的干部，大都是有孩子在身边的双职工，且月收入较低，雇请不起保姆，即使是粗茶淡饭过日子也要靠夫妇俩的紧密合作去维系，如果遇上双双加班未能买菜回家，那孩子只能用方便面解决肚饥问题了。

居住于通心岭老五幢的大部分干部，并没有被当时的艰苦生活环境影响工作情绪，反而不约而同地认为，要缓解天天面对的买菜难问题，比较有效的暂时措施是，充分利用宿舍区附近的大片闲地开荒种菜，自己动手解决吃菜问题。于是，“南泥湾”精神在通心岭发扬光大，通心岭的“南泥湾”这个美称也由此而来。八十年代初的几年时间里，选地、开荒、种植、管理、收成等农活，便成为在此居住干部下班后的又一重要任务。人们还清楚地记得，那个时候，每天下午下班后，许多干部换上便装、扛着锄头、挑着粪桶，与家人一起前往菜地劳动，或是浇水施肥，或是除草松土，期待通过自己付出的辛劳而得到较好的回报，即能自食其力地解决买菜难的烦恼。不了解内情的人来到这里，察看在傍晚时分那么繁忙的情景，心里会问：“农民群众还没放工吗？”熟悉内情的人士回答说：“那是市机关干部在劳作哩。”

也许有人认为：“把开荒种菜，与南泥湾精神挂起钩来，未免太夸张了。”产生如此看法，并不奇怪。其实，是否要把人们的认识统一到“通心岭的‘南泥湾’”上来并不要紧，要紧的是，在生活环境差的时候，切忌怨天尤人、束手待毙，要自己动手才能丰衣足食；在生活环境好的时候，不能丢掉优良传统，不能养成依赖思想、只动嘴不动手，久而久之成为离开了“他人代劳”就难以生活的人，那就不好了。这就是把开荒种菜与南泥湾精神挂钩所涵盖的本意。

吴连成：《深圳文史（第七辑）》，海天出版社，2005年版

三千万贷款的威力

深圳曾被外国媒体誉为“一夜城”，还有“三天盖一层大楼”的荣耀，这里有建设大军的辛勤劳动，也有建设银行一份功劳。

1981年，谷牧同志视察深圳，市政府同志提出把罗湖火车站前出现在深南路边的一大片山头、荒地、鱼塘推平填平，移山填洼，开发出可建设土地，以土地进行投资，要求贷款3000万元。最后这笔贷款任务就落在建设银行身上。建设银行活跃起来了，罗湖土地尘土飞扬起来了。副市长邹尔康做报告说：“尘土飞扬是好事，说明我们干得欢！”

3000万元搬掉了80万方石山，把0.8平方公里的浅洼地填高了一米多，成为深圳开发建设的土地。外资进来投资建设项目的资金，51%转作购买土地，也是房地产公司参股的资金，同时上缴市财政列为土地开发费的收入，以此归还贷款和安排基础工程（“三通一平”至“七通一平”）的建设。从此深圳财源滚滚，基础工程建设的投资也解决了。

建设银行长期和建筑企业打交道，对他们为建设冒严寒、顶烈日、日夜奋战的精神非常敬佩，因此千方百计地为他们创造更好的施工条件。我们为来支援深圳的工程兵报销废旧物资几亿元，使他们卸下沉重的包袱；我们专门设置了施工机械设备贷款，帮助他们购买过去没有的施工高层所需的塔吊等设备；对国拨资金转作流动资金贷款暂不收取利息，减轻负担；工程兵驻地茅棚受风火灾，我们贷给他们住宅贷款让他们盖起楼房；我们帮助建筑企业推行承包责任制，实行奖罚制度，调动职工的积极性；我们积极参与推行工程招标以及包工包料制度，积极解决企业流动资金，使工程所需资金和材料能够及时解决；我们贷给一些企业建设商品房资金，使他们既是建筑企业又是地产企业，迅速满足了深圳地区商品住宅的需要。我们还和建委（建设局）、财政局联合评选建筑企业财务先进单位和先进工作者，召开表彰大会，调动财务工作者支持施工建设的积极性。

（李兆永，曾任建设银行深圳市分行行长）

李兆永：《深圳文史（第八辑）》，海天出版社，2006年版

特区初期见闻

1981年9月5日，深圳市划分为深圳经济特区及宝安县，恢复宝安县建制。深圳经济特区划分为四个区，即：罗湖、上步、南头、沙头角。各区均为县级建制。经济特区划定为327.5平方公里，建立第二边防线，与宝安县相隔离。

1981年10月2日早上，我乘车从韶关出发，因广州到深圳要经过东江河，车辆要排队过渡费了很多时间。晚上6时多才到达深圳市委大楼。当时的值班同志从饭堂（用竹子临时搭建）弄来两大碗饭菜，我和司机吃过饭后，便到接待处休息。开启了我之后难忘的深圳岁月。

深圳过去不注意发展生产，生产和经济工作较为落后，群众的生活较艰苦。据统计，宝安县1979年生产总值19638万元，人均606元。建立特区后，随着大规模建设的展开，陆续调进大批干部和工人，给市场商品供应带来很大压力，给群众生活带来很多困难。蔬菜缺乏是最大的问题，有的甚至卖到1元1斤。理发要排队，寄包裹要排队，打长途电话要排队，住旅馆要排队。

调进企事业单位的干部、职工，多数住在铁皮房里，办公也在铁皮房里。如1982年5月24日成立的特区报社，就在通心岭的铁皮房里办公。又如1983年9月，从基建工程兵集体转业到深圳的深圳市建安机电设备安装公司，员工们都住在建筑工地的铁皮房、茅屋房里，办公也在工地，到处是灰尘，道路也不通，生活、工作相当艰苦，小孩读书也得不到很好解决，困难重重。

这里蚊子特别多，到夜晚头顶上飞着一群群，随便用手一抓，就能抓住好几个，有“南头苍蝇、深圳蚊”之说。从宾馆到市委大楼，走路约要40分钟，当时交通工具缺乏，我们6位同志乘坐同事的一辆面包车上下班，该车底盘还是穿孔的，跑起来灰尘滚滚，坐一次要洗一次脸。

建设特区初期，市政府有计划地开展了大规模的以基础工程为主的城市建设，集中开发罗湖和上步两个城区，共24平方公里。大搞“七通一平”（通给水、通排水、通电力、通电信、通燃气、通热力、通道路、场地平整），到处是工地，一片大干快上的景象。每个工地都日夜开工，混凝土搅拌机的轰隆声、气锤此起彼落的打桩声、汽车装卸运输的奔腾声，加上每个新工程项目的奠基、开工、封顶、入伙剪彩都放鞭炮、敲锣打鼓、舞狮子，这些，组成了像是“深圳在前进”的大合唱，使整个深圳沉浸在一片战天斗地的人民战争的汪洋大海之中。

经过四年的奋战，共完成基建投资人民币19亿多元，竣工面积340多万平方米。特区24平方公里新城区内形成总长170公里、路面积420万平方米的道路网，建成一大批工业厂房、职工住宅、酒楼、宾馆。共竣工住宅面积155万平方米，建成800多幢17层以下楼房。1981年开始建18层以上高层楼宇，竣工的已有19幢，面积17.7万平方米，在建14幢也将完成。这些变化真是令人兴奋，鼓舞斗志，也就忘记一切艰苦。

建设资金不足，是特区遇到的头一个难题。比如当时的上步区工业发展公司和哈尔滨通江晶体管厂合办的通华电子有限公司，建厂资金只有40万元，除了买设备、租房子，剩下发工资、买材料的钱都不够。后来他们通过和香港的公司合作，研制出灵敏度极高的报警器，畅销内地及中国香港、英国等国家和地区。建厂不到一年，人均上缴纯利润4万元，全员劳动生产率达到26万多元，使企业生产资金得到了解决。

张中林：《深圳文史（第十一辑）》，海天出版社，2008年版

一阵炮响，一声春雷，深圳这个贫穷的边陲小镇顿时在沉睡中醒来，这片荒凉的土地，一时间成了一个热闹的建设工地。但是当时的深圳严重缺乏专业施工队伍，全地区只有一个700多人的集体性质的建筑公司，一个10多人的建筑设计室，三个水泥厂，一个红砖厂，一个石灰厂，大型的建设项目根本无法开展。在这种情况下，深圳市委、市政府把特区建设工作的情况向党中央、国务院作了详尽的汇报。为了保证深圳城市建设大规模地快速推进，中央决定派遣基建工程兵冶金系统一部开赴深圳，支援特区的开发与建设。

1979年9月，按照国务院、中央军委的命令，中国人民解放军基建工程兵冶金系统调集五个建制连共1041人组成先遣团，从鞍山市开赴深圳，拉开了基建工程兵建设深圳特区的序幕。

先头部队驻扎在通心岭片区。那时的深圳，基本上是荒坡野岭，到处是荆棘杂草，生活环境十分恶劣。

特区刚刚成立不久，政府工作人员甚至领导们都在清一色的平房中办公，且办公地点分散，东一块西一块，加上通信不发达，大都只能依靠自行车进行工作联络。特区政府急需自己的办公场所。

基建工程兵接下了这个神圣的任务。

这是基建工程兵进入深圳打响的第一仗。两个连队不分白天黑夜地干，很多干部战士干脆住在了工地。设备严重缺乏，连铁锹也是两人合用一把。晴天，顶着烈日，挥汗如雨；大雨来临，他们就排起长蛇阵，用脸盆将积水一盆盆泼出……地基打好了，楼层开始建了……几乎三天一层的办公大楼，在前来观看的政府工作人员眼前飞蹿。这速度惊动了城内外。

段亚兵：《深圳拓荒人——基建工程兵创业纪实》，人民出版社，2014年版

红岭南（节选）

现代化国家建设一个新城，基础工程必然放在首位。1982年春天，深圳市基础工程工作组成立了。何谓基础工程？深圳要开发，要成为现代化城市，首要的就是基础工程，包括平整土地、路面建设，雨水沟、污水沟、通信电缆、电力电缆、供水管道、路灯照明设施、石油液化气管道，简称“七通一平”工程。

1982年的首要任务，是完成深圳市区29条主干道工程（“七通一平”工程），同时还有配套的独立项目、污水处理厂、污水泵房、变电站、石油液化气站。29条主干道全长54公里，路面积193万平方米，相当于原有面积的20倍之多，比1949年广州城市马路面积还要大。工程原材料预算，需要沥青约14000吨，水泥54000吨，片石70万立方，钢材4100吨，木材4600立方，填土200万立方，挖土300立方。更困难的是，要拆民房8万平方米，有500户之多。施工队伍上万人。

这样的工程要四五年才能完成，但深圳市基础工程工作组只有一年的时间。而此时工作组只有13人，其中6人为现场管理工程师，平均每位工程师要管30多万平方米的路面。

于是，他们定了几条规矩：指挥部设在现场，研究问题在现场，解决问题在现场，调动人力在现场。回看当年深圳，很多建设第一线的单位都采用这种战争年代惯用的名称，借用军队的名称，或许他们意识到，只有军队才能完成如此艰巨的重任。不禁想起建材局许志坚局长那句话：不搞好，埋在地下也要挖出来！

一年后，也就是1983年，29条道路分别通车了。

张黎明：《她的老街：1979—1983》，深圳报业集团出版社，2016年版

八卦岭，一个无关『八卦』的地方

但凡上世纪八九十年代来深圳的人，对“八卦岭”这个地名一定不会陌生。

这个地名让人浮想联翩，但“八卦岭”既不八卦，也没有八卦阵。八卦岭片区总占地面积100多万平方米，厂房林立，街巷纵横，吸纳了众多的工厂和中小型企业。同时，这里位于罗湖和福田的分界区域，离蔡屋围金融中心区仅两公里左右，在总体呈长条形带状发展、东西纵深几十公里长的深圳版图上，八卦岭无疑是处于整个城市的核心区位上。但在开发之前，这片区域还只是一片片连绵的小山丘。

1982年，深圳市工业发展服务公司（深业鹏基集团有限公司前身）承担起八卦岭工业区的开发任务。在当时，第一代工程兵来到深圳八卦岭，推平山丘，建起多栋厂房和员工宿舍，这些厂房和宿舍都有自己的代号，一字排开。

八卦岭工业区成片的建设开发引起了客商的浓厚兴趣。随着厂房逐批交付使用，来自五湖四海的客商纷纷争先到此占领一席之地，投资办厂、开设公司。第一批建设的标准厂房甚至出现了供不应求的局面。

随着八卦岭工业区日渐兴旺，越来越多的企业选择深圳经济特区，落地八卦岭。企业的入驻不仅带来资金和技术，还有更多的就业机会。越来越多人背井离乡来到深圳八卦岭，加入到流水线生产工人的大军中。但是，随着深圳城市中心建设发展，地价、房租、水电费用等生产成本日益增加，工业的快速发展因此受到限制，进而出现很多工厂往原二线关外搬迁的现象，而八卦岭工业区的功能渐渐向综合商用转变。有媒体于1999年8月报道称，在八卦岭工业区注册的近500家企业所使用的厂房，截至当时已有160多家部分或全部改变其原使用功能；100多万平方米的工业厂房中，有30余万平方米已改作商业等用途。

马骥远，陈雯莉：《晶报》，2018.09.27

最深圳的文化之一，园岭故事值得写出来、讲开来。深圳文化学者、深商研究学者老亨先生策划、深圳市福田区园岭街道办事处主持编撰的这本《园岭叙事》，第一次系统地叙述了园岭的生发、开发史，以往关
究式的枯燥乏味，而是以众多人物记忆的方式讲述园岭。几十位园岭人物的故事很生动，人物讲述的故事也很生动，读来如老友茶叙，有心得，又心怡。据说，这是《我们深圳》丛书“深圳社区记忆”系列的
、冰凌花、魏沛娜，旅居新加坡多年的双语作家陈志清，深圳睦邻文学大奖获得者憩园、水去先生等文学俊才，均参与了本书的采写和创作。书中特意保留了这些作家原汁原味的园岭故事。老亨先生解释了如此
断地涌现出来，大家一起把园岭故事讲出来、讲开来。2020年是深圳经济特区成立40周年，深圳市福田区成立30周年，还是全国地方史志完成“两全目标”之年。园岭记忆，是福田记忆、深圳记忆、中国国家记
、大鹏所城、东门老街去回溯；要说深圳的改革开放，也许蛇口和罗湖桥的起步更早一些；要说深圳经济特区的规划和建设，上步、福田、园岭，就有说不完的故事，写不完的篇章。上步工业区、八卦岭工业区
式住宅区，特区的早期建设者、深圳最早引进的人才，大多居住在这里，形成了深圳最早移民社区、市民社区。深圳特区的新办公大楼、市政公园、市政道路，图书馆、博物馆、体育馆、科学馆、报馆、剧院等
事值得写出来、讲开来。深圳文化学者、深商研究学者老亨先生策划、深圳市福田区园岭街道办事处主持编撰的这本《园岭叙事》，第一次系统地叙述了园岭的生发、开发史，以往关于园岭的著述甚多，但就事
多人物记忆的方式讲述园岭。几十位园岭人物的故事很生动，人物讲述的故事也很生动，读来如老友茶叙，有心得，又心怡。据说，这是《我们深圳》丛书“深圳社区记忆”系列的第一本，往后还可以这种方
加坡多年的双语作家陈志清，深圳睦邻文学大奖获得者憩园、水去先生等文学俊才，均参与了本书的采写和创作。书中特意保留了这些作家原汁原味的园岭故事。老亨先生解释了如此这般的策划意图：园岭是深
园岭故事讲出来、讲开来。2020年是深圳经济特区成立40周年，深圳市福田区成立30周年，还是全国地方史志完成“两全目标”之年。园岭记忆，是福田记忆、深圳记忆、中国国家记忆的一部分。抢救历史，
溯；要说深圳的改革开放，也许蛇口和罗湖桥的起步更早一些；要说深圳经济特区的规划和建设，上步、福田、园岭，就有说不完的故事，写不完的篇章。上步工业区、八卦岭工业区，是深圳经济特区成立以
者、深圳最早引进的人才，大多居住在这里，形成了深圳最早移民社区、市民社区。深圳特区的新办公大楼、市政公园、市政道路，图书馆、博物馆、体育馆、科学馆、报馆、剧院等“八大文化设施”，大多
深圳文化学者、深商研究学者老亨先生策划、深圳市福田区园岭街道办事处主持编撰的这本《园岭叙事》，第一次系统地叙述了园岭的生发、开发史，以往关于园岭的著述甚多，但就事论事居多，散佚支离不成
岭。几十位园岭人物的故事很生动，人物讲述的故事也很生动，读来如老友茶叙，有心得，又心怡。据说，这是《我们深圳》丛书“深圳社区记忆”系列的第一本，往后还可以这种方式去往深圳更多街道社区作
清，深圳睦邻文学大奖获得者憩园、水去先生等文学俊才，均参与了本书的采写和创作。书中特意保留了这些作家原汁原味的园岭故事。老亨先生解释了如此这般的策划意图：园岭是深圳的“上只角”，大园岭
。2020年是深圳经济特区成立40周年，深圳市福田区成立30周年，还是全国地方史志完成“两全目标”之年。园岭记忆，是福田记忆、深圳记忆、中国国家记忆的一部分。抢救历史，“打捞”园岭，书写园岭故
，也许蛇口和罗湖桥的起步更早一些；要说深圳经济特区的规划和建设，上步、福田、园岭，就有说不完的故事，写不完的篇章。上步工业区、八卦岭工业区，是深圳经济特区成立以后最早规划、最成规模的工
，大多居住在这里，形成了深圳最早移民社区、市民社区。深圳特区的新办公大楼、市政公园、市政道路，图书馆、博物馆、体育馆、科学馆、报馆、剧院等“八大文化设施”，大多集聚在这里，构成了深圳这
者老亨先生策划、深圳市福田区园岭街道办事处主持编撰的这本《园岭叙事》，第一次系统地叙述了园岭的生发、开发史，以往关于园岭的著述甚多，但就事论事居多，散佚支离不成体系，这次算是有了第一本
很生动，人物讲述的故事也很生动，读来如老友茶叙，有心得，又心怡。据说，这是《我们深圳》丛书“深圳社区记忆”系列的第一本，往后还可以这种方式去往深圳更多街道社区作客叙谈，摆“龙门阵”。
者憩园、水去先生等文学俊才，均参与了本书的采写和创作。书中特意保留了这些作家原汁原味的园岭故事。老亨先生解释了如此这般的策划意图：园岭是深圳的“上只角”，大园岭是深圳的“大IP”，《
立40周年，深圳市福田区成立30周年，还是全国地方史志完成“两全目标”之年。园岭记忆，是福田记忆、深圳记忆、中国国家记忆的一部分。抢救历史，“打捞”园岭，书写园岭故事、弘扬园岭精神，《
更早一些；要说深圳经济特区的规划和建设，上步、福田、园岭，就有说不完的故事，写不完的篇章。上步工业区、八卦岭工业区，是深圳经济特区成立以后最早规划、最成规模的工业区，电子产业、印刷产
深圳最早移民社区、市民社区。深圳特区的新办公大楼、市政公园、市政道路，图书馆、博物馆、体育馆、科学馆、报馆、剧院等“八大文化设施”，大多集聚在这里，构成了深圳这个新型城市的骨骼和精神。
田区园岭街道办事处主持编撰的这本《园岭叙事》，第一次系统地叙述了园岭的生发、开发史，以往关于园岭的著述甚多，但就事论事居多，散佚支离不成体系，这次算是有了第一本讲得清“小园岭、大园岭”
很生动，读来如老友茶叙，有心得，又心怡。据说，这是《我们深圳》丛书“深圳社区记忆”系列的第一本，往后还可以这种方式去往深圳更多街道社区作客叙谈，摆“龙门阵”。《园岭叙事》是一本非虚构作
才，均参与了本书的采写和创作。书中特意保留了这些作家原汁原味的园岭故事。老亨先生解释了如此这般的策划意图：园岭是深圳的“上只角”，大园岭是深圳的“大IP”，《园岭旧事》《园岭迷藏》《园
立30周年，还是全国地方史志完成“两全目标”之年。园岭记忆，是福田记忆、深圳记忆、中国国家记忆的一部分。抢救历史，“打捞”园岭，书写园岭故事、弘扬园岭精神，《园岭叙事》是个尝试、是个开
区的规划和建设，上步、福田、园岭，就有说不完的故事，写不完的篇章。上步工业区、八卦岭工业区，是深圳经济特区成立以后最早规划、最成规模的工业区，电子产业、印刷产业、服装产业等深圳后来的支
区。深圳特区的新办公大楼、市政公园、市政道路，图书馆、博物馆、体育馆、科学馆、报馆、剧院等“八大文化设施”，大多集聚在这里，构成了深圳这个新型城市的骨骼和精神。所有的这一切，都攸关园岭
撰的这本《园岭叙事》，第一次系统地叙述了园岭的生发、开发史，以往关于园岭的著述甚多，但就事论事居多，散佚支离不成体系，这次算是有了第一本讲得清“小园岭、大园岭”，讲得清园岭的过去、现在
有心得，又心怡。据说，这是《我们深圳》丛书“深圳社区记忆”系列的第一本，往后还可以这种方式去往深圳更多街道社区作客叙谈，摆“龙门阵”。《园岭叙事》是一本非虚构作品，立足于纪实，却不乏
创作。书中特意保留了这些作家原汁原味的园岭故事。老亨先生解释了如此这般的策划意图：园岭是深圳的“上只角”，大园岭是深圳的“大IP”，《园岭旧事》《园岭迷藏》《园岭之恋》都是演绎园岭IP极
志完成“两全目标”之年。园岭记忆，是福田记忆、深圳记忆、中国国家记忆的一部分。抢救历史，“打捞”园岭，书写园岭故事、弘扬园岭精神，《园岭叙事》是个尝试、是个开端。感谢所有为本书编撰做
福田、园岭，就有说不完的故事，写不完的篇章。上步工业区、八卦岭工业区，是深圳经济特区成立以后最早规划、最成规模的工业区，电子产业、印刷产业、服装产业等深圳后来的支柱产业，在这里起步，
楼、市政公园、市政道路，图书馆、博物馆、体育馆、科学馆、报馆、剧院等“八大文化设施”，大多集聚在这里，构成了深圳这个新型城市的骨骼和精神。所有的这一切，都攸关园岭，都发生在大园岭这块
，第一次系统地叙述了园岭的生发、开发史，以往关于园岭的著述甚多，但就事论事居多，散佚支离不成体系，这次算是有了第一本讲得清“小园岭、大园岭”，讲得清园岭的过去、现在和未来的专著了。《
，这是《我们深圳》丛书“深圳社区记忆”系列的第一本，往后还可以这种方式去往深圳更多街道社区作客叙谈，摆“龙门阵”。《园岭叙事》是一本非虚构作品，立足于纪实，却不乏文学的创意。资深作家、
这些作家原汁原味的园岭故事。老亨先生解释了如此这般的策划意图：园岭是深圳的“上只角”，大园岭是深圳的“大IP”，《园岭旧事》《园岭迷藏》《园岭之恋》都是演绎园岭IP极具张力、极具想象力的
之年。园岭记忆，是福田记忆、深圳记忆、中国国家记忆的一部分。抢救历史，“打捞”园岭，书写园岭故事、弘扬园岭精神，《园岭叙事》是个尝试、是个开端。感谢所有为本书编撰做出努力的各位创作者、
完的故事，写不完的篇章。上步工业区、八卦岭工业区，是深圳经济特区成立以后最早规划、最成规模的工业区，电子产业、印刷产业、服装产业等深圳后来的支柱产业，在这里起步，并形成气候。通心岭住
路，图书馆、博物馆、体育馆、科学馆、报馆、剧院等“八大文化设施”，大多集聚在这里，构成了深圳这个新型城市的骨骼和精神。所有的这一切，都攸关园岭，都发生在大园岭这块热土上。园岭有深圳最棒
岭的生发、开发史，以往关于园岭的著述甚多，但就事论事居多，散佚支离不成体系，这次算是有了第一本讲得清“小园岭、大园岭”，讲得清园岭的过去、现在和未来的专著了。《园岭叙事》对园岭发展的
“深圳社区记忆”系列的第一本，往后还可以这种方式去往深圳更多街道社区作客叙谈，摆“龙门阵”。《园岭叙事》是一本非虚构作品，立足于纪实，却不乏文学的创意。资深作家、纪录片导演何良，前深圳
故事。老亨先生解释了如此这般的策划意图：园岭是深圳的“上只角”，大园岭是深圳的“大IP”，《园岭旧事》《园岭迷藏》《园岭之恋》都是演绎园岭IP极具张力、极具想象力的文学发引。《园岭叙事》
忆、深圳记忆、中国国家记忆的一部分。抢救历史，“打捞”园岭，书写园岭故事、弘扬园岭精神，《园岭叙事》是个尝试、是个开端。感谢所有为本书编撰做出努力的各位创作者、受访者、支持者以及默默
上步工业区、八卦岭工业区，是深圳经济特区成立以后最早规划、最成规模的工业区，电子产业、印刷产业、服装产业等深圳后来的支柱产业，在这里起步，并形成气候。通心岭住宅区、园岭新村住宅区、白
馆、科学馆、报馆、剧院等“八大文化设施”，大多集聚在这里，构成了深圳这个新型城市的骨骼和精神。所有的这一切，都攸关园岭，都发生在大园岭这块热土上。园岭有深圳最棒的学校之一、最棒的书吧
于园岭的著述甚多，但就事论事居多，散佚支离不成体系，这次算是有了第一本讲得清“小园岭、大园岭”，讲得清园岭的过去、现在和未来的专著了。《园岭叙事》对园岭发展的脉络梳理得很清晰，重点也
一本，往后还可以这种方式去往深圳更多街道社区作客叙谈，摆“龙门阵”。《园岭叙事》是一本非虚构作品，立足于纪实，却不乏文学的创意。资深作家、纪录片导演何良，前深圳青年杂志社社长、总编辑
这般的策划意图：园岭是深圳的“上只角”，大园岭是深圳的“大IP”，《园岭旧事》《园岭迷藏》《园岭之恋》都是演绎园岭IP极具张力、极具想象力的文学发引。《园岭叙事》之后，期待更多园岭题材的
忆的一部分。抢救历史，“打捞”园岭，书写园岭故事、弘扬园岭精神，《园岭叙事》是个尝试、是个开端。感谢所有为本书编撰做出努力的各位创作者、受访者、支持者以及默默奉献的团队工作人员。要说
，是深圳经济特区成立以后最早规划、最成规模的工业区，电子产业、印刷产业、服装产业等深圳后来的支柱产业，在这里起步，并形成气候。通心岭住宅区、园岭新村住宅区、白沙岭住宅区，是深圳特区成
“八大文化设施”，大多集聚在这里，构成了深圳这个新型城市的骨骼和精神。所有的这一切，都攸关园岭，都发生在大园岭这块热土上。园岭有深圳最棒的学校之一、最棒的书吧之一、最深圳的传奇之一、
深圳的改革开放，也许蛇口和罗湖桥的起步更早一些；要说深圳经济特区的规划和建设，上步、福田、园岭，就有说不完的故事，写不完的篇章。上步工业区、八卦岭工业区，是深圳经济特区成立以后最早规
最早引进的人才，大多居住在这里，形成了深圳最早移民社区、市民社区。深圳特区的新办公大楼、市政公园、市政道路，图书馆、博物馆、体育馆、科学馆、报馆、剧院等“八大文化设施”，大多集聚在这
者、深商研究学者老亨先生策划、深圳市福田区园岭街道办事处主持编撰的这本《园岭叙事》，第一次系统地叙述了园岭的生发、开发史，以往关于园岭的著述甚多，但就事论事居多，散佚支离不成体系，这
岭人物的故事很生动，人物讲述的故事也很生动，读来如老友茶叙，有心得，又心怡。据说，这是《我们深圳》丛书“深圳社区记忆”系列的第一本，往后还可以这种方式去往深圳更多街道社区作客叙谈，
邻文学大奖获得者憩园、水去先生等文学俊才，均参与了本书的采写和创作。书中特意保留了这些作家原汁原味的园岭故事。老亨先生解释了如此这般的策划意图：园岭是深圳的“上只角”，大园岭是深圳的

后记

很多人都以为园岭很小，不过就是园岭新村这一小片。其实园岭很大。深圳经济特区建立不久，深南路以北、泥岗路以南，红岭路以西、华强路以东，这一大片新开发区都属于园岭街道辖区。这个全新的片区，有着全新的建筑，吸引来全新的移民，是新设立的深圳市、新建立的深圳经济特区的大本营。把这个片区的历史梳理清楚，大半部深圳特区史也就差不离了。

即使把园岭街道范围缩小到今天的红荔路以北、泥岗路以南、红岭路以西、华强北路以东，面积减少大半，关注点聚焦到八卦岭工业区、白沙岭居住区、园岭新村居住区、笋岗体育中心片区，园岭故事也依然不可胜记。《园岭叙事：深圳社区记忆》约了好些特约稿，关于飞地书局的、关于康泰娱乐城的、关于园岭补习培训的、关于在园岭居住生活记忆的，都没有篇幅采用了。还有好些访谈，受访者讲了好多好多，可是真正用到书中的内容不及十分之一、几十分之一。

2011年10月20日，“80后”诗人憩园到深圳第一个落脚之地就是八卦岭，他捡到一片巴掌大的梧桐树叶，激动得笑出声来。那时他就喜欢上了深圳。2014年，憩园以一组《失眠诗》夺得深圳睦邻文学奖年度大奖。2016年，第四届睦邻文学奖又在他所在的飞地书局举行颁奖礼，飞地书局就开在八卦岭一片瓷砖市场中间的一栋厂房里。现在，憩园离开了飞地书局，飞地书局也搬离了八卦岭。尽管飞地书局和广西师范大学出版社深圳公司可算是八卦岭乃至深圳的文化地标，可千头万绪，从哪里说起好呢？就不说了。

彭娟千挑万选，还是选择在园岭买了学位房。她是个带娃的妈妈，也是个才华横溢的写作者。她用自己的文学才华辅导自己的女儿作文，同时也给女儿的同学辅导写作，没想到风生水起，吸引到很多孩子来上她的课外补习班。这课外补习的事，也不是三言两语说得清楚道得明白的，说短了不行，说长了也不行，索性也不说了。

诗人江飞泉在园岭寄居多年，牵牵连连许多人和事，寻寻觅觅许多景和物，不写则已，一下笔就是洋洋数万言。期待将来出单行本吧，反正他的故事还有很多、很长，这次只好忍痛割爱了。

说这些，是想告诉大家，《园岭叙事》之于园岭故事实在是挂一漏万的，它能为园岭故事起个开头，初步搭成个故事框架，就已然功德圆满了。

这次《园岭叙事》是以社区记忆的方式呈现的，参考现有文献之余，还组织了一系列现场走访。大疫之年，园岭街道文化站和基层社区组织有效动员了数十位非常有代表性的园岭居民参与了这一系列访谈。感佩之余，脑子里久久不能忘怀的是这些受访者令人动容的园岭情。他们的叙说，不可能全部收载书中，这也可以说是挂一漏万的。

1982年11月，时年36岁的林权然跟随基建工程兵31支队调进深圳，在竹子林住了10天，随后就被抽调进入深圳市基础工程工作组。他说自己“就像深圳发展中无数参天大树底下的小草”。小草的故事往往更有烟火味，更感人肺腑。光是他和深南大道的故事就一时说不完，这次只能拮取他的故事的一小部分。

同为基建工程兵的关承启1983年转业至深圳，时年27岁，面对周边全是草，看不到庄稼的一片荒野，他最终选择留了下来，并参与了深圳首个高层住宅小区的建设。从此，他工作在白沙岭、居住在白沙岭，不离不弃他的心心念念的“0.8小区”。访谈中，他对“0.8”诠释得最生动、最感人。

1987年8月，江苏南通人宋炳新从野战部队66军退伍，随妻子转业到深圳，一年后才转正落户成为深圳人。他佩服深圳时任领导人的超前眼光，踏踏实实地从办公室秘书做起，一直做到公司董事长。他对园岭的寄望是，规划先行。没有政府的好的规划，一切无从谈起。

核电专家高胜玉从北京来到深圳，先是住在下步庙，后来住在白沙岭。住下步庙时，深南路边上的天虹商场冷冷清清，服务员比顾客还多；现在的白沙岭，人气爆棚，车满为患。而这所有的一切，都起因于少年时第一次打手摇电话时不小心的触电。他为了征服电，就学了电，进了电力系统，来到深圳建设核电站，繁荣了深港，繁荣了园岭、白沙岭。今年84岁高龄的高胜玉，熟悉园岭的点滴变化，连社区标语标点的小改动，都一清二楚。他就像个尽责的家长，视园岭为孩子，为不合理的改造提意见，鞭策它成长。

1983年11月，刚刚毕业的缪焕林被分配到了邮电局，办公地点是市委大楼左侧新建的特区报采编大楼。来报到的路上，他满怀激动，心想，市区比老家大鹏总要先进得多吧。然而迎接他的，是山头、坟地、水塘、牛群，稀拉的低矮平房，以及睡40个人的大通铺。最令他震撼的，是一旁的深南大道："把我吓坏了，建那么大的路干吗？"

缪焕林见证了此后几年园岭的飞速建设期，住宅区、厂房、学校、医院……邮电局也终于在八卦岭有了自己的生产作业场所。缪焕林一直从事报刊发行工作，亲历了邮政综合楼嬗变成为图书批发中心的历史过程，伴随了八卦岭工业区从"三来一补"、电子业，到服装、印刷、餐饮服务、文化创意的升级转变。他分享了记忆中的好多趣事：当初在八卦岭工业区打工的基本清一色是女的，中午下班就七八个一堆，蹲在路边吃饭。这时，只要任一男的路过，都会瞬间觉得浑身不自在，因为正有好几十双女孩的眼睛盯着你看。当时园岭附近很多坟冢，许多新来的同事不知道，常去边上玩，缪焕林经常开玩笑，编鬼故事吓唬他们……

王健在深圳生活了30多年，却依旧乡音不改。这位乐观爽朗的四川人，1988年6月13日，作为川化集团的管理人员，乘坐飞机经由广州，来到深圳，管理一家合资化工生产企业。企业从作为深圳市重点工业项目，到风光不再需外迁东莞，前后仅10余年时间。王健选择在这座城市定居成家，是爱上了这里的年轻朝气和层出不穷的新鲜事物。1990年，他有幸能在体育馆现场观看中国国际女排邀请赛；1992年，他又幸运搭上了股票市场的快车道。而他发现，如今深圳街头年轻人的数量已不如当年，现在深圳薪资与内地其他城市相差不大，却要面临更高的房价和生活压力，有此矛盾，难怪年轻人减少了。

郑雄文初来乍到时，妥妥是枚年轻人。1982年，读完初三的他跟随父母工作的调动，住在了通心岭，接着在红岭中学读高一，然后又成为运动员，代表深圳四处比赛。1986年他因身体原因退役后，在警校工作了两年，于1988年9月1日，正式调入鹏基物业，一直负责八卦岭的物业管理。兜兜转转，郑雄文最终回到了这个充满青春回忆的地方。他很满意的事，是他和团队与业主沟通，成功地将瓷砖卖场模式引进到八卦岭。

1994年，创办八卦一路第一家餐馆的金利龙酒楼老板陈晓明，是个湖南人，长于书香家庭，文质彬彬。他的姐姐是老师，妹妹在音乐厅工作，弟弟在国资委，而他自己从大学毕业后也进入了国企工作。1989年他调来深圳，先后在中昊集团和外资企业历练，最后下海开餐馆，成了家族里第一个“生意人”。更大胆的决定是，陈晓明要做粤菜，不做湖南菜。在广东生活这么多年，这位湖南人广东话还说得不溜，但饮食习惯已经深深广东化了。粤菜的清蒸、水煮方式，非常适合湿热的环境，让他品尝到了不同于湖南菜重油重盐重辣的味道。在他身上，看得到良好饮食习惯带来的积极效果，60岁的陈晓明，浓黑的头发，良好的气色，神采奕奕。

邻着金利龙酒楼的，是一家名为“豪林居”的潮汕菜餐馆。老板张楚雄1994年来到深圳，在连菜市场在哪里都不知道的情况下，凭着在老家当过厨师的经验和胆量，餐馆就于当年匆忙开张了。初期，员工只有不到10个人，要负责100来平方米的店面，市场采购、拉客叫卖、店内服务张楚雄都亲自上阵。潮汕菜品质高低很大程度上取决于食材，马虎不得，张楚雄至今还是亲自采购。“一开始只有一辆单车，自己装了个篮子。不够装了，改为骑三轮车，当时不允许踩三轮车上路，我经常被罚。现在开汽车了。”巅峰时期，员工增至200多人，他们大都是乡邻，张楚雄都视为兄弟姐妹，视他们的父母为自己的父母，“只要在我餐厅工作10年，我每个月都给他们的父母发敬老金。”

张楚雄称八卦岭是自己创业的风水宝地，华神龙火锅的钟洪杰对此也深有体会。这位来自四川眉山的深圳资深餐饮人总结道，2003年到2013年，八卦岭迎来了10年黄金时间。林立的工厂，密集的人流，消费主义兴起，餐饮业界尚未饱和，旺盛的需求催生了八卦岭食街，成为当时的一大风景。而华神龙火锅的成功之道，就是因变应变，抓住了深圳人的胃。

餐饮的门槛不高，但若想经营好，里面的道道不少，不去思考，免不了被淘汰出局。所以，这也是一个残酷的竞争圈子。每一位餐饮人都曾梦想过能做成代代相传的百年老店，但他们也更尊重孩子的选择和兴趣。陈晓明的儿子读了电影专业，现在开了一家网红餐厅。张楚雄的女儿毕业于哥伦比亚大学，现在麦肯锡工作，与餐饮业风马牛不相及。

八卦岭还承载着沈忠诚的服装梦。2001年，这位湖南长沙小伙子，毕业后来到深圳，从设计师做到设计总监，创立了自己的工作室与女装品牌，借助工厂店的热潮，站稳了脚跟。访谈过程中，陷入回忆的沈忠诚的口头禅是："这真的蛮有意思的。"他的意思是创业之路打怪升级，充满挑战与乐趣。这中间，互联网是他最大的隐形对手。2016年，他主动示好，拥抱互联网，"化干戈为玉帛"，彻底退出服装行业，通过之前的资源积累，搭建了一个以银行积分会员为目标客户的网上商城，创立了一家供应链公司。

从创业者的打拼经历，我们仿佛看到了千千万万深圳逐梦者的身影，他们以个人的智慧，白手起家，敢闯敢创，不断调整步伐，以期实现自己的梦想，在风口上可能会飞起来，飞着飞着也可能会瞬间跌落，但他们一直不断扇动翅膀，再为自己掀起一场风。

园岭像一块磁铁，吸附了来往人员的脚步。

1987年，来自广东肇庆的陈志慧调入深圳市技术监督局，成为一名公务员。她信奉"人要活得精彩，什么都要经历"的生活理念，下海做了外资企业员工，后又成为私营企业老总，转身又担任了南天社区的党委秘书。她笑称自己常被家人打趣说是"瞎折腾"，每天忙得团团转。

但有一个折腾，让家人心服口服，那就是把家搬到园岭。单位曾给陈志慧分配了一套3房2厅房子，在罗湖，南北通透，非常舒适，但为了儿子上学，陈志慧骑着单车，看遍了深圳各个小区，对比绿化、交通，以及最重要的教育环境，最后选中了白沙岭的国城花园。她的儿子从机关幼儿园、园岭小学读到实验中学，最后考取了重点高校，出国留学，今年30岁了，典型的“园岭出品”。

随着时间积淀，园岭的教育资源愈发炙手可热，每个学位都是香饽饽。潘素素长时间从事园岭小学招生工作，对园岭的教育资源、学位分布，还有学校发展的历史故事、教学特色，如数家珍。她证实了园岭学位的紧张：“按照规定，45人一个班，但是我们人数最少的一个班都有52人，最多的达58个。是的，完全超编了。我们也想小班化，但做不到，必须先满足居民入学需求。”潘素素担心我们不熟悉学校的事，专门细心地准备了文稿，为采访行文提供了极大的便利。正因为有着这样一批真诚热心、尽心尽责的好园丁，园岭才成为大家心向往之的教育宝地。

高质量的义务教育资源，也带动了园岭琳琅满目的教辅培训。“这是园岭给我们创造的条件。”刘文杰的感慨，源自亲身经历，她的儿子不仅在园岭出色完成了学业，考上大学，还培养了书法这项业余爱好。刘文杰自1991年来到深圳，加入城市建设开发集团，由房地产开发到物业管理，见证了许多小人物从无到有的成功奋斗历程。社区里有一位听力有障碍的女孩，在外婆的鼓励下，坚持学习钢琴，获得了许多奖项，顺利考上了深圳艺术学校。“这里的学习氛围、素质教育，有助于孩子找到自己热爱的事情。”在她的心里，老家武汉肯定是一个城市体系更为健全的大城市，但深圳“这里是空白的，你可以用双手创造”。

深圳的美好，当时远在郑州的关婷听得耳朵都起茧了。1991年，姐姐一家自从定居在深圳后，便对深圳赞不绝口，不断怂恿她南下。当时，关婷已经是郑州市妇幼保健院的主治医生。离开是需要勇气的，她和丈夫商量后，1993年年底，两人决定来深圳。

关婷调到了深圳市计划生育服务中心工作，成为一名普通一线医生，主要从事计划生育技术服务，后来随着国家生育政策调整，在2018年4月，正式挂牌深圳市卫生健康发展研究中心。而丈夫因没有对口单位，只好转行。

“我们是先到了深圳，生活了，最后爱上了这里。”回望过去，尽管夫妻两人在事业上某种程度有所牺牲，但他们没有后悔。关婷喜欢这里的好环境。好环境，一是自然的，指的是气候宜人；一是人文的，那就是观念开放与规矩公平。近些年，关婷每隔一段时间就回老家看看，发现城市之间的财富差距缩小了，但观念的差距，依旧存在鸿沟。

邓荣森在深圳，实现了自己魂牵梦绕的文学梦。1985年年底，他从梅州调来中国工商银行深圳市分行。为了核定贷款审批，他常常需要四处考察，车公庙、香蜜湖、华强北、上步中路等泥泞不平的小道上留下了他那辆破旧单车的道道辙印。不久之后，那一片片沼泽地上簇簇拔起了幢幢高楼。

邓荣森感受着深圳奇迹，自己的职业生涯也是一片坦途。

2001年，银行改制，时年55岁的他惦记着心中舍弃不掉的文学梦想，成了银行系统首个主动提出内退的高层领导。他自小好读书爱诗词，想抓住未来的日子，抛开工作和生计，沉浸于自己的兴趣。

长青诗社成为他兴趣的阵地。这个正规的诗词社团原属老干部活动中心，慢慢地汇聚了许多喜欢诗词的同道中人。下至20多岁的年轻人，上至80多岁的长者，在荔枝公园开设公益诗词课，一期一会。还举办诗词赛，首届就征集到了几万份稿件。

从小爱好书法的赵克理已在园岭居住了35年，他为能在空闲时间教社区孩子学习书法，感到心满意足。所有教学都是免费的，小小的书法班就设在园岭新村某栋的一楼里，“谁愿意学，我都愿意教”。

教书法、跑步、唱歌、跳舞，他的退休生活多彩多姿。或许应该这样说，“多彩多姿”也适合形容他的整个人生。赵克理是北京人，大学毕业后分配到东北，成为一名冶炼工程师，之后又在工学院教了两年专业课。不惑之年来深圳，应聘进了深圳市工业发展服务公司。工作内容是全新的，主要管人事、后勤、车队、食堂、宿舍、招工等繁杂事务。生活条件是艰苦的，当时园岭所见都是水坑、山头，没有煤气管道，需要自己骑单车去黄贝岭、清水河拉煤气罐。问他是不是很辛苦，他爽朗笑道：这与冶炼相比，算得了什么。

赵克理今年78岁，记忆力还出奇地好。他清楚地记得，1985年7月17日，是他来到深圳的日子。那时，罗湖火车站很小，进出口很窄。从深圳到广州，只有一条马路，如果塞车，路程要5个小时。体育馆正在建，搭架子，菜市场都是一铁皮棚。他甚至还准确记得在深圳两次搬家的日子。

他搬家，唯一的要求是不离开园岭。孩子在宝安发展，担心他一个人生活不便，想接他一起过去。他摇头，“我在这里有一堆的朋友，还要参加社团活动呢。”他是社区九九合唱团的成员，吹拉弹唱样样在行。他言语中对生活的热爱、激情和精气神，让采访他的年轻人自愧不如。

和上述所有人都不一样，丁振邦笑称自己是来深圳养老的。他爱唱歌，带领长城社区老年协会白桦林合唱团斩获深圳市级演出金奖；他爱创作，用文字记录了自己以及身边老年朋友的生活。丁振邦原是辽宁沈阳某学校校长，1995年，选择提前退休，和老伴儿一起过来照顾生孩子的女儿，日后还负责了外孙的教育工作。

为了孩子的教育，女儿一家从罗湖的布心花园搬到了百花公寓，后又搬到了华侨城高档住宅小区波托菲诺，但丁振邦更愿意待在园岭，就此长住下来。在他的感受中，园岭街道的配套设施非常完善，商业、医疗、教育、文化都好，生活得很舒适。更重要的，是这里的烟火气，以及融洽的邻里关系，这与罗湖重商业利益、华侨城重个人隐私的社区氛围截然不同。“我在这边居住这么久，出门忘记带钱，我也能借到钱。”

如今，他一手带大的孙子偶尔过来看望他，两人就一起去周围走走，看看园岭的变化。两人或走或停，慢悠悠的，任由昏黄的夕阳渐渐拉长了影子。这时候，望着高大、聪慧的孙子，丁振邦感到自己的深圳时光没有白白流逝。

是的，《园岭叙事》就是这样一部由深圳市民、园岭居民的社区记忆构成的书，线条清晰、重点突出，但是记忆的主角是我们身边的普通人。改革开放、城市变迁的宏大叙事都放在我们普通人的心目中展开，正是这本书别开生面之处。当然，所有这些都基于严谨的社区研究和严肃的文献整理，只是那些灰色的理论术语都在行文中退隐到背后，让位于一个又一个鲜活生命的动人故事。这样的园岭故事，这样社区记忆，你喜欢吗？

在采访过程中，好多人都谈及园岭的绿色家园、花草树木，潘素素当年路遇台风就是抱着一棵棵路边小树躲避风雨的。40年过去了，树小墙新的园岭，现在长成了参天大树。40年来的你我他，也像一颗颗撒在园岭的树种子，扎根生长，开枝散叶。这里的土壤孕育滋养了人们，人们也以葱郁繁茂，余荫一方。

最深圳的文化之一，园岭故事值得写出来、讲开来。深圳文化学者、深商研究学者老亨先生策划、深圳市福田区园岭街道办事处主持编撰的这本《园岭叙事》，第一次系统地叙述了园岭的生发、开发史，以往关于
究式的枯燥乏味，而是以众多人物记忆的方式讲述园岭。几十位园岭人物的故事很生动，人物讲述的故事也很生动，读来如老友茶叙，有心得，又心怡。据说，这是《我们深圳》丛书“深圳社区记忆”系列的第一
冰凌花、魏沛娜，旅居新加坡多年的双语作家陈志清，深圳睦邻文学大奖获得者憩园、水去先生等文学俊才，均参与了本书的采写和创作。书中特意保留了这些作家原汁原味的园岭故事。老亨先生解释了如此
断地涌现出来，大家一起把园岭故事讲出来、讲开来。2020年是深圳经济特区成立40周年，深圳市福田区成立30周年，还是全国地方史志完成“两全目标”之年。园岭记忆，是福田记忆、深圳记忆、中国国家记
大鹏所城、东门老街去回溯；要说深圳的改革开放，也许蛇口和罗湖桥的起步更早一些；要说深圳经济特区的规划和建设，上步、福田、园岭，就有说不完的故事，写不完的篇章。上步工业区、八卦岭工业区，
村住宅区，特区的早期建设者、深圳最早引进的人才，大多居住在这里，形成了深圳最早移民社区、市民社区。深圳特区的新办公大楼、市政公园、市政道路，图书馆、博物馆、体育馆、科学馆、报馆、剧院等
事值得写出来、讲开来。深圳文化学者、深商研究学者老亨先生策划、深圳市福田区园岭街道办事处主持编撰的这本《园岭叙事》，第一次系统地叙述了园岭的生发、开发史，以往关于园岭的著述甚多，但就事论
多人物记忆的方式讲述园岭。几十位园岭人物的故事很生动，人物讲述的故事也很生动，读来如老友茶叙，有心得，又心怡。据说，这是《我们深圳》丛书“深圳社区记忆”系列的第一本，往后还可以这种方式
加坡多年的双语作家陈志清，深圳睦邻文学大奖获得者憩园、水去先生等文学俊才，均参与了本书的采写和创作。书中特意保留了这些作家原汁原味的园岭故事。老亨先生解释了如此这般的策划意图：园岭是深圳
园岭故事讲出来、讲开来。2020年是深圳经济特区成立40周年，深圳市福田区成立30周年，还是全国地方史志完成“两全目标”之年。园岭记忆，是福田记忆、深圳记忆、中国国家记忆的一部分。抢救历史，“
；要说深圳的改革开放，也许蛇口和罗湖桥的起步更早一些；要说深圳经济特区的规划和建设，上步、福田、园岭，就有说不完的故事，写不完的篇章。上步工业区、八卦岭工业区，是深圳经济特区成立以后
者、深圳最早引进的人才，大多居住在这里，形成了深圳最早移民社区、市民社区。深圳特区的新办公大楼、市政公园、市政道路，图书馆、博物馆、体育馆、科学馆、报馆、剧院等“八大文化设施”，大多集
深圳文化学者、深商研究学者老亨先生策划、深圳市福田区园岭街道办事处主持编撰的这本《园岭叙事》，第一次系统地叙述了园岭的生发、开发史，以往关于园岭的著述甚多，但就事论事居多，散佚支离不成体
岭。几十位园岭人物的故事很生动，人物讲述的故事也很生动，读来如老友茶叙，有心得，又心怡。据说，这是《我们深圳》丛书“深圳社区记忆”系列的第一本，往后还可以这种方式去往深圳更多街道社区作
清，深圳睦邻文学大奖获得者憩园、水去先生等文学俊才，均参与了本书的采写和创作。书中特意保留了这些作家原汁原味的园岭故事。老亨先生解释了如此这般的策划意图：园岭是深圳的“上只角”，大园岭是
2020年是深圳经济特区成立40周年，深圳市福田区成立30周年，还是全国地方史志完成“两全目标”之年。园岭记忆，是福田记忆、深圳记忆、中国国家记忆的一部分。抢救历史，“打捞”园岭，书写园岭故
也许蛇口和罗湖桥的起步更早一些；要说深圳经济特区的规划和建设，上步、福田、园岭，就有说不完的故事，写不完的篇章。上步工业区、八卦岭工业区，是深圳经济特区成立以后最早规划、最成规模的工
大多居住在这里，形成了深圳最早移民社区、市民社区。深圳特区的新办公大楼、市政公园、市政道路，图书馆、博物馆、体育馆、科学馆、报馆、剧院等“八大文化设施”，大多集聚在这里，构成了深圳这
者老亨先生策划、深圳市福田区园岭街道办事处主持编撰的这本《园岭叙事》，第一次系统地叙述了园岭的生发、开发史，以往关于园岭的著述甚多，但就事论事居多，散佚支离不成体系，这次算是有了第一本
很生动，人物讲述的故事也很生动，读来如老友茶叙，有心得，又心怡。据说，这是《我们深圳》丛书“深圳社区记忆”系列的第一本，往后还可以这种方式去往深圳更多街道社区作客叙谈，摆“龙门阵”。《
者憩园、水去先生等文学俊才，均参与了本书的采写和创作。书中特意保留了这些作家原汁原味的园岭故事。老亨先生解释了如此这般的策划意图：园岭是深圳的“上只角”，大园岭是深圳的“大IP”，《园岭
40周年，深圳市福田区成立30周年，还是全国地方史志完成“两全目标”之年。园岭记忆，是福田记忆、深圳记忆、中国国家记忆的一部分。抢救历史，“打捞”园岭，书写园岭故事、弘扬园岭精神，《园岭
更早一些；要说深圳经济特区的规划和建设，上步、福田、园岭，就有说不完的故事，写不完的篇章。上步工业区、八卦岭工业区，是深圳经济特区成立以后最早规划、最成规模的工业区，电子产业、印刷产业
深圳最早移民社区、市民社区。深圳特区的新办公大楼、市政公园、市政道路，图书馆、博物馆、体育馆、科学馆、报馆、剧院等“八大文化设施”，大多集聚在这里，构成了深圳这个新型城市的骨骼和精神。
田区园岭街道办事处主持编撰的这本《园岭叙事》，第一次系统地叙述了园岭的生发、开发史，以往关于园岭的著述甚多，但就事论事居多，散佚支离不成体系，这次算是有了第一本讲得清“小园岭、大园岭”，
生动，读来如老友茶叙，有心得，又心怡。据说，这是《我们深圳》丛书“深圳社区记忆”系列的第一本，往后还可以这种方式去往深圳更多街道社区作客叙谈，摆“龙门阵”。《园岭叙事》是一本非虚构作
，均参与了本书的采写和创作。书中特意保留了这些作家原汁原味的园岭故事。老亨先生解释了如此这般的策划意图：园岭是深圳的“上只角”，大园岭是深圳的“大IP”，《园岭旧事》《园岭迷藏》《园岭
30周年，还是全国地方史志完成“两全目标”之年。园岭记忆，是福田记忆、深圳记忆、中国国家记忆的一部分。抢救历史，“打捞”园岭，书写园岭故事、弘扬园岭精神，《园岭叙事》是个尝试、是个开端。
的规划和建设，上步、福田、园岭，就有说不完的故事，写不完的篇章。上步工业区、八卦岭工业区，是深圳经济特区成立以后最早规划、最成规模的工业区，电子产业、印刷产业、服装产业等深圳后来的支
。深圳特区的新办公大楼、市政公园、市政道路，图书馆、博物馆、体育馆、科学馆、报馆、剧院等“八大文化设施”，大多集聚在这里，构成了深圳这个新型城市的骨骼和精神。所有的这一切，都攸关园岭，
的这本《园岭叙事》，第一次系统地叙述了园岭的生发、开发史，以往关于园岭的著述甚多，但就事论事居多，散佚支离不成体系，这次算是有了第一本讲得清“小园岭、大园岭”，讲得清园岭的过去、现在
有心得，又心怡。据说，这是《我们深圳》丛书“深圳社区记忆”系列的第一本，往后还可以这种方式去往深圳更多街道社区作客叙谈，摆“龙门阵”。《园岭叙事》是一本非虚构作品，立足于纪实，却不乏文
创作。书中特意保留了这些作家原汁原味的园岭故事。老亨先生解释了如此这般的策划意图：园岭是深圳的“上只角”，大园岭是深圳的“大IP”，《园岭旧事》《园岭迷藏》《园岭之恋》都是演绎园岭IP极具
完成“两全目标”之年。园岭记忆，是福田记忆、深圳记忆、中国国家记忆的一部分。抢救历史，“打捞”园岭，书写园岭故事、弘扬园岭精神，《园岭叙事》是个尝试、是个开端。感谢所有为本书编撰做出
田、园岭，就有说不完的故事，写不完的篇章。上步工业区、八卦岭工业区，是深圳经济特区成立以后最早规划、最成规模的工业区，电子产业、印刷产业、服装产业等深圳后来的支柱产业，在这里起步，并
、市政公园、市政道路，图书馆、博物馆、体育馆、科学馆、报馆、剧院等“八大文化设施”，大多集聚在这里，构成了深圳这个新型城市的骨骼和精神。所有的这一切，都攸关园岭，都发生在大园岭这块热
第一次系统地叙述了园岭的生发、开发史，以往关于园岭的著述甚多，但就事论事居多，散佚支离不成体系，这次算是有了第一本讲得清“小园岭、大园岭”，讲得清园岭的过去、现在和未来的专著了。《园
这是《我们深圳》丛书“深圳社区记忆”系列的第一本，往后还可以这种方式去往深圳更多街道社区作客叙谈，摆“龙门阵”。《园岭叙事》是一本非虚构作品，立足于纪实，却不乏文学的创意。资深作家、
些作家原汁原味的园岭故事。老亨先生解释了如此这般的策划意图：园岭是深圳的“上只角”，大园岭是深圳的“大IP”，《园岭旧事》《园岭迷藏》《园岭之恋》都是演绎园岭IP极具张力、极具想象力的文
之年。园岭记忆，是福田记忆、深圳记忆、中国国家记忆的一部分。抢救历史，“打捞”园岭，书写园岭故事、弘扬园岭精神，《园岭叙事》是个尝试、是个开端。感谢所有为本书编撰做出努力的各位创作者、
的故事，写不完的篇章。上步工业区、八卦岭工业区，是深圳经济特区成立以后最早规划、最成规模的工业区，电子产业、印刷产业、服装产业等深圳后来的支柱产业，在这里起步，并形成气候。通心岭住宅
，图书馆、博物馆、体育馆、科学馆、报馆、剧院等“八大文化设施”，大多集聚在这里，构成了深圳这个新型城市的骨骼和精神。所有的这一切，都攸关园岭，都发生在大园岭这块热土上。园岭有深圳最棒
的生发、开发史，以往关于园岭的著述甚多，但就事论事居多，散佚支离不成体系，这次算是有了第一本讲得清“小园岭、大园岭”，讲得清园岭的过去、现在和未来的专著了。《园岭叙事》对园岭发展的脉
“深圳社区记忆”系列的第一本，往后还可以这种方式去往深圳更多街道社区作客叙谈，摆“龙门阵”。《园岭叙事》是一本非虚构作品，立足于纪实，却不乏文学的创意。资深作家、纪录片导演何良，前深圳
故事。老亨先生解释了如此这般的策划意图：园岭是深圳的“上只角”，大园岭是深圳的“大IP”，《园岭旧事》《园岭迷藏》《园岭之恋》都是演绎园岭IP极具张力、极具想象力的文学发引。《园岭叙事》之
、深圳记忆、中国国家记忆的一部分。抢救历史，“打捞”园岭，书写园岭故事、弘扬园岭精神，《园岭叙事》是个尝试、是个开端。感谢所有为本书编撰做出努力的各位创作者、受访者、支持者以及默默奉
步工业区、八卦岭工业区，是深圳经济特区成立以后最早规划、最成规模的工业区，电子产业、印刷产业、服装产业等深圳后来的支柱产业，在这里起步，并形成气候。通心岭住宅区、园岭新村住宅区、白沙
、科学馆、报馆、剧院等“八大文化设施”，大多集聚在这里，构成了深圳这个新型城市的骨骼和精神。所有的这一切，都攸关园岭，都发生在大园岭这块热土上。园岭有深圳最棒的学校之一、最棒的书吧之
园岭的著述甚多，但就事论事居多，散佚支离不成体系，这次算是有了第一本讲得清“小园岭、大园岭”，讲得清园岭的过去、现在和未来的专著了。《园岭叙事》对园岭发展的脉络梳理得很清晰，重点也非
本，往后还可以这种方式去往深圳更多街道社区作客叙谈，摆“龙门阵”。《园岭叙事》是一本非虚构作品，立足于纪实，却不乏文学的创意。资深作家、纪录片导演何良，前深圳青年杂志社社长、总编辑董
般的策划意图：园岭是深圳的“上只角”，大园岭是深圳的“大IP”，《园岭旧事》《园岭迷藏》《园岭之恋》都是演绎园岭IP极具张力、极具想象力的文学发引。《园岭叙事》之后，期待更多园岭题材的诗
的一部分。抢救历史，“打捞”园岭，书写园岭故事、弘扬园岭精神，《园岭叙事》是个尝试、是个开端。感谢所有为本书编撰做出努力的各位创作者、受访者、支持者以及默默奉献的团队工作人员。要说深
是深圳经济特区成立以后最早规划、最成规模的工业区，电子产业、印刷产业、服装产业等深圳后来的支柱产业，在这里起步，并形成气候。通心岭住宅区、园岭新村住宅区、白沙岭住宅区，是深圳特区成立
“八大文化设施”，大多集聚在这里，构成了深圳这个新型城市的骨骼和精神。所有的这一切，都攸关园岭，都发生在大园岭这块热土上。园岭有深圳最棒的学校之一、最棒的书吧之一、最深圳的传奇之一、最
圳的改革开放，也许蛇口和罗湖桥的起步更早一些；要说深圳经济特区的规划和建设，上步、福田、园岭，就有说不完的故事，写不完的篇章。上步工业区、八卦岭工业区，是深圳经济特区成立以后最早规划
早引进的人才，大多居住在这里，形成了深圳最早移民社区、市民社区。深圳特区的新办公大楼、市政公园、市政道路，图书馆、博物馆、体育馆、科学馆、报馆、剧院等“八大文化设施”，大多集聚在这里
、深商研究学者老亨先生策划、深圳市福田区园岭街道办事处主持编撰的这本《园岭叙事》，第一次系统地叙述了园岭的生发、开发史，以往关于园岭的著述甚多，但就事论事居多，散佚支离不成体系，这次
岭人物的故事很生动，人物讲述的故事也很生动，读来如老友茶叙，有心得，又心怡。据说，这是《我们深圳》丛书“深圳社区记忆”系列的第一本，往后还可以这种方式去往深圳更多街道社区作客叙谈，摆
文学大奖获得者憩园、水去先生等文学俊才，均参与了本书的采写和创作。书中特意保留了这些作家原汁原味的园岭故事。老亨先生解释了如此这般的策划意图：园岭是深圳的“上只角”，大园岭是深圳的“

参考资料

参考资料

图书

深圳市政协文史资料委员会编著：《深圳文史（第一辑）》，内部资料，1999年版

深圳市政协文史资料委员会编著：《深圳文史（第五辑）》，海天出版社，2003年版

深圳市政协文史资料委员会编著：《深圳文史（第六辑）》，海天出版社，2004年版

深圳市政协文史和学习委员会编著：《深圳文史（第七辑）》，海天出版社，2005年版

深圳市政协文史和学习委员会、深圳市档案馆编著：《深圳文史（第九辑）》，海天出版社，2007年版

深圳市政协文史和学习委员会编著：《深圳文史（第十一辑）》，海天出版社，2008年版

深圳市政协文化文史和学习委员会、深圳博物馆编著：《深圳文史（第十四辑）》，海天出版社，2014年版

王穗明主编、林清副主编：《深圳口述史》海天出版社，2015年版

深圳创新发展研究院编著：《改革者：百位深圳改革人物》，中信出版社，2019年版

报刊文章

《王之：再造长城》，《万科周刊》，2000.03.05

《流行音乐：从歌舞厅一直红到网络》，

《深圳商报》，2010.03.12

《万捷：借40万元起家 成长为印刷界“世界冠军”》，《深圳晚报》，2015.09.09

《但昭义：在深圳炼成黑白琴键上的“冠军教练”》，《深圳晚报》，2015.09.11

《王粤飞：平面设计人与设计之都共舞》，《深圳晚报》，2015.10.28

《王琛：摄影在深圳就像呼吸 无处不在》，《深圳晚报》，2016.01.13

《叶华明：回溯开拓中国 激光视唱产业火热岁月》，《深圳晚报》，2017.01.12

《孙振华：用公共艺术表达深圳精神》，《深圳晚报》，2019.05.24

《深圳人的一天，让我们对这座城多了一份温暖回忆》，《深圳晚报》，2019.11.29

总策划/出版人：
胡洪侠
策划编辑：
孔令军
责任编辑：
岳鸿雁
技术编辑：
杨杰 林洁楠 何杏蔚
装帧设计：
蒋南松

图书在版编目（CIP）数据

园岭叙事：深圳社区记忆 / 深圳市福田区园岭街道办事处编著. —深圳：深圳报业集团出版社，2020.8（2020.12重印）

ISBN 978-7-80709-932-1

Ⅰ. ①园… Ⅱ. ①深… Ⅲ. ①社区－概况－深圳 Ⅳ. ①D669.3

中国版本图书馆CIP数据核字(2020)第133895号

深圳市文化创意产业发展专项资金资助项目
《我们深圳》文丛

园岭叙事：深圳社区记忆
Yuanling Xushi Shenzhen Shequ Jiyi
深圳市福田区园岭街道办事处 / 编著

深圳报业集团出版社出版发行
（深圳市福田区商报路2号 518034）
中华商务联合印刷（广东）有限公司印制
新华书店经销

开本：889mm×1230mm 1/32
字数：240千字
版次：2020年8月第1版 2020年12月第2次印刷
印张：8.75
ISBN 978-7-80709-932-1
定价：50.00元